心霊的自己防衛

PSYCHIC SELF-DEFENCE

DION FORTUNE

ダイアン・フォーチュン

大島有子
訳

国書刊行会

心霊的自己防衛　目次

序……7
第一部　心霊的攻撃の種類
第一章　心霊的攻撃の徴候……23
第二章　心霊的攻撃の性質の本質……30
第三章　現代の魔女術の一事例……42
第四章　エーテル体の投射……49
第五章　吸血行為……56
第六章　幽霊の出没……63
第七章　非―人間……78
第八章　儀式魔術につきものの危険……90
第二部　鑑別診断
第九章　客観的な心霊的攻撃と主観的な精神障害の区別……107
第十章　邪道の結社の隠秘学以外の危険……115
第十一章　精神障害における心霊的要素……123

第三部　心霊的攻撃の診断

第十二章　心霊的攻撃に使用される方法……135
第十三章　心霊的攻撃の動機Ⅰ……146
第十四章　心霊的攻撃の動機Ⅱ……154

第四部　心霊的攻撃に対する防衛法

第十五章　心霊的攻撃と防衛の身体面……163
第十六章　攻撃の性質の診断……169
第十七章　防衛方法Ⅰ……177
第十八章　防衛方法Ⅱ……185
第十九章　防衛方法Ⅲ……193
第二十章　防衛方法Ⅳ……202

結論……215

附録　**隠秘学の実際**

神聖な中心地……221
黒魔術……229
魔術的身体……232
解説……239

序

心霊的攻撃とその最善の防衛方法についての書を著わすという仕事に着手するにあたって、私は問題の深刻さを感じている。それは誘惑の付きまとう仕事である。心霊的防衛方法の実践的知識を伝えるには、同時に心霊的攻撃方法の実践的知識について書かざるを得ない。秘儀参入者が必ず扉を閉ざして隠秘学を守ってきたのはもっともなことである。筆者の課題は、危険になるほど秘密を明かさずに十分に秘密を明かすことである。しかし、秘術の教えに関してはすでに余りにも多くの事柄が知られており、隠秘学を学ぶ人々のグループも急速に日々広がっているので、恐らく卒直にものを言うべき時が来たのかもしれない。この役目は筆者がかつて出たものではないが、引受けた以上は、神秘家が狂人と分かち合う精神の不思議な横道を長年に亘って経験する間に得た知識を役立てて、立派に遂行するよう全力をつくすつもりである。この知識は犠牲なしに得られたわけではないし、それを公表する時にも犠牲が全くないとは言えないと思う。

私はできる限りまた聞きの資料の使用を避けるように努めた。誰でも友人の友人が実際に幽霊を見たことがあるという人を知っているものである。それは誰にとっても大して役には立たない。私たちにとって必要なのは、目撃者を詰問することである。それ故、私は本論の説明のためにこの問題についての厖大な文献には頼らずに、私自身の経験の範囲内の事例や検討することができた事例に頼った。

この仕事に対して、私には理論上だけではなく実践上の資格があると主張して当然であると思う。最初、私は心理学に関心があったが、次に心理学への真の手掛かりとして隠秘学に関心を持つようになった。それは私自身が心霊的攻撃を経験し、そのため相当の期間健康を害してしまったからである。私自身、このような経験独得の恐ろしさや陰険さ、効力、そして心身に対する悲惨な影響を知っている。

人々に前に出て来て心霊的攻撃の証人となってもらうことは容易ではない。まず、信じてもらえないであろう、精神錯乱者という評判を得るであろうと思っているからである。次に、人格の根底をいじり回される恐怖は非常に特異で独得なものなので、精神は尻込みしてしまい、そのことについて語れなくなってしまうのである。

私の意見では、心霊的攻撃は一般の人々が認識しているよりも、隠秘学者が認識しているよりも遥かによくあることである。一般の人々は、確かに人間の精神の力を知ってそれを利用しようとする者たちによってなされるような類の事柄についての知識など全くない。魔女宗においては、この要素が大きな役割を演じ、魔女に対する世間の人々の恐怖感と嫌悪感の本当の原因となったと私は確信している。こういう精神の力はどの時代の隠秘学者も知っていた力だが、今日では実践者仲間の正体を知って大いに驚くような人々にも知られ、利用されている。クリスチャン・サイエンスの創始者エディ夫人は、そのやり方に関する純理論的見識を学ばずに、経験的にこの方法を偶然見つけたのである。夫人はこの方法を善用されるように教え、悪事に利用できる力は隠すようにした。だが、夫人自身その力が濫用された場合の可能性をよく認識していたということは、彼女のいわゆる「悪意ある動物磁気」に対する恐怖が示している。この恐怖は夫人の一生に影を投じたのである。クリスチャン・サイエンスの方法は、その厳格な規律と注意深い組織を持たないニュー・ソート運動の無数の学派や教派に利用された。発展段階の多くにおいて、宗教的面は見失われ、単に純粋に個人的目的のための精神操作の方法になってしまったのである。それは必ずしも故意に悪用されたわけではないが。その唱導者は、セールスの技術や社会で人気を得て主要人物となる技術、異性を引きつける技術金や成功を獲得する技術を教えると宣伝したのである。驚くほど多くのこの種の講座の広告があるということは、それがいかに俗受けのするものであるかがわかる。あるアメリカの雑誌の最近号には、多種多様な精神力の六十三の様々な講座の広告が出ていた。もし効果が全くないのなら、これほど人気はないであろう。この種の広告のいくつかを検討し、行間を読んで独自の結論を出し、それらが暗に示していることが何であるか考えてみよう。

「他人にあなたの考えを伝えよう。無料折本を注文しよう。『テレパシー、または精神通信』」

「健康、恋愛、金銭の悩みがありますか？　お力になりましょう。指導に従えば失敗はありません。全く個人的で専門家によるものです。家庭医のように慎重です。問い合わせ状には五ドル同封して下さい。御不満ならばお返しします」

「何がほしいのですか。何であれ手に入れるのにお力になりましょう。『追い払われた霊』を注文なさって試して下さい。全く無料です。御満足いただけるでしょう」

「催眠術。男や女を魅了するこの不思議な神秘の力を所有しませんか。人の考えに影響を与え、欲望をコントロールし、あらゆる状況を完全に支配する力を。催眠術の影響の極意を修得し、その力を開発した者にとって人生は魅力的な可能性に充ちています。自宅で修得し、薬を使わずに病気や悪癖の治療をしたり、友情や好意を得、収入を増し、野心を満たし、心配事や悩みを一掃し、記憶力をよくし、家庭内の問題を克服し、最高にスリリングな娯楽を提供し、成功の障害となるものをすべて克服できる素晴らしい催眠力のある意志力を開発することができます。

「瞬間的に催眠術をかけられます――電光石火の速さです――昼夜を問わず、いつでも自分を、他人を催眠状態に置き、苦痛や苦悩を一掃できます。私共の無料の本を読めば、この素晴らしい知識の極意がわかります。そこには、生活状態を改良するためにどのようにこの力を利用できるか正確な説明が出ています。この本は、キリスト教の牧師、弁護士、医師、実業家、社交界の婦人に熱狂的に支持されています。どなたにとっても有益です。無料です。私共の協会の宣伝のために無料で提供致しております」

これらは、ある大衆向けの週刊誌の一号に出ていた六十三の似たような広告から選んだ見本のいくつかである。住所の省略以外には全く編集せずに全文引用したものである。

このような広告が何を意味しているのか、広告が対象としていない人々、読者が支配力を持ちたいと思っている人々の観点から考えてみよう。この読者が十戒の第十番目の戒めを破り、隣人の妻や牡牛やロバや、その他の大切なものを欲したとしたら、その人々の立場はどうなるであろうか。この方法を精出して学んでいる者か持つべきでないものを欲したとしたら。法律的に怪しい人間であったとしたら。感情を害して復讐心を抱いているとしたら。権力欲の強い人間であったら。実験材料を精神力を学ぶ者に提供する兵士たちの運命はいかなるものか。こういう方法によって支配されるのはどんな感じがするか、有能な実践者によって最終的にどんな結果が得られるのだろうか。

つらいことであるが私自身の経験を述べようと思う。誰かが最初に前に出て、こういう力の濫用を暴露しなければならない。一般の人々がその重大性を認識していないので、濫用が盛んに行なわれるのである。

私が二十歳の娘であった時、ある女性に雇われたが、その女性は今思うとインドに長期滞在中に得たかなりの隠秘学の知識を持っていたに違いない。そのことについて彼女はよくそれとなくほのめかしたが、私には当時何のことだか全くわからなかった。だが、後年得た知識に照らして見ると理解できる。彼女はいつも自分の精神力の知識によって雇用者を動かしていたのであり、雇用者の間には非常に独得な精神的消耗状態に陥る者が絶えなかった。

彼女のもとで仕事を始めて間もなく、ある訴訟で証言をするよう求められた。彼女は感情の激しい女性で、通告なしに給料も払わずある雇用者をくびにしたところ、彼は給料分の金を要求して訴訟を起こしたのである。彼女は私にその雇人の態度は無給でくびにされて当然のものであったと証言してほしいと言った。私の証言を集めるのに、彼女は私の目をじっと凝視して、「しかじかのことがあったと言いなさい」と言った。関係者にとって幸いだったことに、私は日記をつけており、事件全体の日々の記録があった。この日記がなかったら、私はどうしようもなかったであろう。彼女と会った後、私はぼうっとして疲れ果て、服を着たまま床に就くと翌朝まで消耗して寝込んでしまうのであった。

その後すぐ彼女は再び私の証言が必用になった。彼女は私のすぐ上の雇用者をくびにしたかったので、それを正当化するだけの根拠を見つけたいと思ったのである。私は前回と同じ手を繰り返したが、今度は頼りとなる日記の記録がなかったので、非常に驚いたことに、私は、申し分なく正直であると確信していた人物の性格に対する一連の全く根拠のない非難に同意していた。前回と同じように、この後もすぐに疲れ果ててぐっすり寝込んでしまったが、もう一つの症状が現われた。彼女との話が終わって部屋を出て行く時に、地に足が着いていないような奇妙な感じがしたのである。床下からの風で膨らんだカーペットの上を歩いたことのある人なら私の言う意味がわかるであろう。隠秘学者ならエーテル体ダブルの噴出と関係があることに気づくであろう。

この奇妙な家で起きた次の事件は私ではなく、相当の資産のある孤児であった娘に関係した事件である。私の雇主はこの娘をいつも側に置き、遂にその資産全部を彼女の計画に投入するように説得した。だが、管財人たちが怒って押しかけて来て、雇主に財産を返させて、娘の持物は全部残したまま、後で荷造りして送るようにしてその場で娘を連れて行ってしまった。

この事件のすぐ後にもう一つの事件が起こった。その家には少々頭が「足りない」相当年配の老婦人がいた。人の良い老婦人だったが、子供っぽく風変わりだった。雇主は今度はこの婦人に注意を向け、同じ支配の過程が始まった。この場合は、口出しする管財人もいなかったので、哀れな老婦人は説得されて、それまで兄弟に管理してもらっていた諸事を雇主の意のままに任せることになった。私はすっかり疑念を抱くようになった。私は年老いた「おばちゃん」が欺されるのを見ていられなくなり、この一件に首を突込んで、「おばちゃん」に事態を悟らせ、雇用が留守のちょっとの間に、彼女の持物を箱に押し込み、親類のもとへ送り出してしまった。

この一件の共謀者であることがばれなければよいがと思っていたが、間もなくがっかりさせられた。ある晩、「消燈」の後で雇主の秘書が私のところへ来て「監督」——と私たちは雇主を呼んでいた——が「おばちゃん」の逃亡を工作したのが誰だか発見したので、面倒なことにならないうちに気をつけるように注意してくれたのである。雇主が非常に復讐心の強い人間であることを知っていたので、私は難を逃れる最善策は逃亡であると思ったが、逃げるのは全く簡単なことというわけではなかった。私が雇われていた機関は学校であったので、やめるには一学期前に通知しなければならなかったのである。執念深い女性の抑制力のない管理下で一学期間働く気はなかった。そこで職を捨ててもよいような機会を待った。雇主は感情が激しい人間だったので、そういう機会は間もなくやって来た。その翌日の晩、私は遅くまで起きて逃げ出すつもりで荷造りをしていた。そこへ職員の一人が入って来た。その娘は滅多に口をきかず、友人もなく、ロボットのように機械的に働いていた。私は彼女と何の交際もなかったので、その訪問には本当にびっくりした。

だが、その理由はすぐにわかった。

彼女は尋ねた。「出て行くつもりなんですね」

私はうなずいた。

「それなら『監督』に会わずに行きなさい。そうしないと逃げられないから。私も何度か出て行こうとしたけれど出て行けないのです」

しかし、私は若くて自分の未知の力を確信しており、自分に対して向けられた力を計る術《すべ》もなかったので、翌朝旅行用の服を着てスーツケースを手に階下に降り、恐るべき雇主に捨て身で立ち向かったのである。私は彼女に向かって彼女のことをどう思っているか、彼女のやり方をどう思っているか言うつもりでいたが、よくあるいやがらせや脅し以外のことが待っていようとは思ってもいなかった。

しかし、私は周到に準備した演説を始めることができなかったのである。私が出て行くつもりだということを知るとすぐに、雇主は言った。

「大変結構。出て行きたければ、行ってよろしい。けれども、出て行く前にあなたは自分が無能で自信がないということを認めなければなりません」

まだ闘志満々だった私は、もし無能ならばなぜ彼女自身が私をくびにしなかったのかと言い返した。いずれにせよ私は彼女の養成所《トレーニング・スクール》の産物であったのである。当然のことながら、私の言葉は事態を良くしなかった。

それからとても異常な連禱唱和が始まった。彼女はいつものように私を凝視して言った。

「あなたは無能であり、自分でもそれがわかっている。あなたは自信がない、あなたはそれを認めなければならない」

それに対して私は答えて言った。

「それは違います。私は自分の働きを知っているし、あなたも私が知っているということを御存知です」

二十歳の時の最初の職における私の適性について多分多くのことを言えたであろう。両肩に責任の重圧がかかっていたし、新たにまとまりのない部署に就いたところであったからである。だが、私の自信に対しては自信過剰であるということ以外にはケチをつけようもなかったはずである。私は大天使でも尻込みするようなところへも喜んで飛び込むつもりであった。

雇主は私を説得したり、ののしったりしなかった。彼女は先の二つの文句を繰返し、連禱の唱和の一部であるかのように反復した。私は彼女の部屋に十時に入り、二時に出た。彼女はこの二つの文句を数百回言ったに違いなかった。その部屋に入った時は、私は丈夫で健康な娘であった。出て来た時には、心身共に衰えて、三年間具合が悪かった。

何らかの直観で、自分が無能で自信がないと認めたら神経衰弱になってしまい、役立たずになってしまうということがわかっていたし、雇主のこの奇妙な処置が復讐行為であるということにも気がついた。なぜ逃亡という明らかな救済策を遂行しなかったのか今でもわからないが、こういう場合には何か異常な事態が近づきつつあると気づいた時には、多かれ少なかれ魅せられてしまっており、蛇の前の小鳥のように飛べず動けず逃げられないのである。

次第にすべてが現実的に感じられなくなってきた。何としてでも自分の魂の本来の姿を守らなければならないということだけしかわからなかった。一度彼女の暗示に同意してしまえば、私はおしまいだった。私たちの連禱唱和が続いた。

だが、私も百計尽きてしまった。視界が狭まってくるような奇妙な感じがするようになった。これはヒステリー症特有な現象であると思う。目の隅から、二つの暗闇の壁が両側で背後から忍び寄って来るのがわかった。それは幕の隅に背を向けて立っている時に、幕が被さってくるような感じであった。二つの暗闘の壁がぶつかれば、自分がだめになってしまうということがわかっていた。

それから奇妙なことが起こった。心の奥の声がはっきり聞こえたのである。

「本当に負けてしまう前に負けたふりをしなさい。そうすれば彼女は攻撃をやめるだろうから、おまえは逃げられる」――この声が一体何であったのか今でもわからない。

私はすぐにこの忠告に従った。本心とは裏腹に、私は雇主に自分が今までしたことすべて、そして至らなかったことすべてに対して許しを乞うた。私は職務に留まり、一生おとなしくすることを約束した。私は自分が彼女に向かって跪き、彼女は当然のことながらこの朝の仕事に満足して楽しそうに私に話しかけたことを覚えている。

それから彼女は私を解放してくれたので、私は部屋へ戻ってベットに横になった。だが私は彼女に手紙を書くまでは休めなかった。手紙に何を書いたか私は覚えていない。書き終えるとすぐに、私はそれを彼女の手に入るところに置くと一種の昏睡状態に陥ってしまい、翌日の晩までこの全くの人事不省の状態で横たわっていた。つまり、午後二時から翌日の午後八時までの三十時間である。その日は、雪がまだ残っている寒い春の日であった。ベッドの頭の側の窓は大きく開いていて、部屋には暖房が入っていなかった。私は上に何も掛けていなかったが寒さは感じず、飢餓感もなく、身体の一連の作用はすべて停止していた。私は身動き一つしなかった。心拍動と呼吸は非常にゆるやかで、数日間その状態が続いた。

遂に家政婦が私を発見し揺り動かし、冷たい水につけたスポンジを使って簡単に意識を取り戻してくれた。私はぼうっとしていて、動くことも食事をすることさえする気にはなれなかった。私はベッドに横になったまま放置され、私の仕事はほったらかしになり、家政婦が時々様子を見に来たが、私の状態については何も言わなかった。

雇主は一度も姿を見せなかった。

三日ほどして親友が会いに来てくれた。彼女は私が出て行ったとばかり思っていたが、まだいることを知ってやって来たのである。それは勇気のいる行為だった。私たちの雇主は恐るべき敵であったからである。「監督」との会見で何があったのかと尋ねられたが、私には答えることができなかった。私の心はからっぽで、スポンジで石板を消したかのように、雇主との会見の記憶は全くなくなっていたのである。心の奥底からひどい恐怖感が湧き上がり、それが自分に取り憑きつつあるということしかわからなかった。物や人に対する恐怖ではなかった。対象のない純粋な恐怖感であったが、それにもかかわらず恐しかったのである。激しい恐怖感を示す肉体的症状をすべて出して、私はベットに横たわっていた。口が渇き、手が汗ばみ、動悸が激しく、呼吸が浅く速くなった。ベッドの台のゆるんだ金属の球飾りがガタガタ揺れるほど鼓動が激しかった。私にとって幸いだったことに、友人が何かがひどくおかしいということに気づいて家族を呼んでくれたので、助け出されたのであった。家族の者は大いに疑念を抱き、「監督」は大いに困ったが、誰も何も立証できなかったので問題にはならなかった。私の心は空っぽだった。完全に怖気づいて、疲れきっていた。私の唯一の願いは逃げたいということだった。

だが、予想に反して私は回復しなかった。諸症状は徐々になくなっていたが、エネルギーをすべて失ってしまったかのように非常に疲れやすいという状態が続いた。心の底のどこかに恐ろしい経験の記憶が潜んでいるということはわかっていたが、敢えて考えたくなかった。考えれば、精神が完全に崩壊してしまうほどひどいショックと緊張を経験すると思ったからである。学校時代の算数の本が私の主な慰めとなった。何時間も単純な算数の問題を解いて、一体自分がどんな目にあったのかと考えながら記憶をたどり、それから驚いた馬のように尻込みして心がばらばらにならないようにした。遂に私は次のような結論に達して或る程度心が安らかになった。つまり、自分は過労から神経衰弱になったのであり、あの奇妙な事件はすべて想像の産物であると考えたのである。しかし、それは本当の出来事であるという思いが残り、安心できなかった。

事件後一年ほどしても健康状態は非常に悪く、田舎に静養に出かけた。そこで、私が倒れた時に居合わせたある友人と出会った。この出会いのおかげで私はお喋りをするようになった。私の体験を説明して片づけてしまえず、的を射た質問をする相手だとわかったからである。別の新しい友人も私の体験に興味を抱いて、私をかかりつけの医者のところへ引っ張っていったが、その医者の率直な意見では、催眠術をかけられたのであろうということであった。精神療法以前の時代であったので、精神病に対する医者の助けは限られており、元気を出してと言って強壮剤と鎮静剤をくれただけであった。強壮剤は効き目があったが、鎮静剤はだめだった。それは私の抵抗力を弱めたので、すぐに捨ててしまった。抵抗力がなくなるよりも不安に耐えた方がよいと思ったからである。というのは、私はずっとこの奇妙な効き目抜群の力が再び自分に向けられるのではないかという恐怖に取り憑かれていたからである。だが、この謎の力が世間でもよく知られていることがわかったので、それを恐れながらも、私の体験はすべて幻覚ではなく事実であり、勇気を出せば対処できるものであることを知って本当にほっとしたのである。

ありのままの事態に直面し、一体自分に何がなされたのかを追求し、その経験を二度と繰り返さないですむような防衛方法を見つけようと決心することによって、私はこの恐怖の虜の状態から抜け出した。それは非常に不快な経験であった。実際、失われた記憶の回復による反動は、記憶を失った時と大差ないほど激しいものであったが、遂に恐怖に苦しめられていた状態からうまく脱出できたのである。だが身体の健康を回復するには時間がかかった。私の身体は、完全に放電してしまったバッテリーのような状態にあった。充電し直すには長時間が必要であった。すっかり充電し終らないうちに使用すると、必ず急速にエネルギーを失った。長い間、私にはエネルギーの貯えがなかったので、ちょっと力を出しただけでも、昼夜を問わずぐっすり眠ってしまった。隠秘学の用語を使えば、エーテル体ダブルが損われ、プラナが漏れたのである。隠秘学の入門式に出て、訓練を受けるまで、正常に戻らなかった。儀式が始まって一時間もしないうちに、私は変化を感じたのである。それ以来、何らかの心霊作用によって傷ついた後に、体力・気力を失うような消耗の発作が一時的に戻ることがあっても、それは極く稀なことであった。

この体験を詳しく述べた理由は、節操のない人間によって精神のほとんど未知の力がいかに濫用され得るかという実例として役立つからである。どんなに信頼性のある歴史書からいくつ実例を挙げようとも、直接体験には遥かに及ばないものである。

中世にこういう事件が起きれば、教区の司祭は魔女狩りを組織したであろう。私自身の経験に照らして見ても、魔女術の実践をしているという評判のある人々がリンチにあったということは、全く驚くべきことではない。魔術の方法は、それほど恐ろしく不可解なものなのである。魔女裁判の記録は荒唐無稽であると思われるかもしれない。ゆっくりと火でロウ人形を溶かしたり、洗礼を授けた蛙を磔にしたり、“*Horse, hattock, to ride, to ride*”〔イゾベルガウティの残した呪文〕などの短い呪文を唱えたりという記録は馬鹿げていると。だが、精神力の使い方を理解すれば、すぐにこれらの行為は精神統一の助けにすぎないということに気づくであろう。敵のロウ人形に針を刺す行為と聖母のロウ人形の前にロウソクを点す行為は、本質的には同じである。どちらの行為も愚かな迷信であると思われるかもしれないが、一方を現実的で効力があるとみなし、他方の現実性と効力を否定することはできない。「我々の戦いの武器は、この世のものではない」という言葉は、キリスト数だけではなく、黒魔術の実践者にも当てはまるであろう。

私自身の体験は、隠秘学の領域よりも心理学の領域に属している。使用した方法は、不適当な目的に応用された催眠術の力である。だが、自分の体験を述べたのは、黒魔術でも催眠術が広く使われており、テレパシーによる暗示がこの現象の大部分を理解する手掛りであると確信しているからである。一オンスの体験は一ポンドの理論の値打ちがあるから、私にとって苦しいことであるが、自分の体験を引用したのである。この体験のおかげで私は精神分析学の勉強を始め、そして隠秘学を学ぶことになったのである。

実践心理学のより深い面に触れて、精神分析を受けて精神が解剖されていくのを見るようになるとすぐに、精神とは一般に容認された心理学の学説によって説明されている以上のものであることに気づいた。私たちは正確な科学的知識の小さな光の輪の中心に立っておりその周囲には広大な闇の世界がぐるりと取り巻いているということがわかったのである。そして、その闇の中でおぼろげな姿が動いているのであった。この精神の神秘な面を理解するために、まず私は隠秘学を学ぶようになったのである。

私は隠秘学の道の冒険を充分に経験し明らかに達人《アデプト》に数えられるような人物を知ったし、どんな降霊術の会でも見られないような現象を見たり、その現象に加わったこともある。心霊的な争いに参加したり、〈大いなる白き同朋団の導師たち〉のもとで各々の民族別に国々を監視する〈オカルト警察〉の当番で見張りに立ったり、日没から日の出まで眠れない〈オカルト不寝番〉をしたり、月の潮の流れが変わって猛襲が自然に消えるまで、必死に頑張って、耐久力で攻撃に対抗したりしたこともある。

こういうすべての経験を通して、私は隠秘学を心理学の見地から、心理学を隠秘学の見地から解放することを学んだのである。隠秘学は心理学を、心理学は隠秘学を再照合し、解き明かすからである。

私の専門知識を頼って、心霊的攻撃の疑いがある場合には人々が私のもとへやって来るので、彼らの経験を通して自分の経験を増し補うことができる。さらに、全く思いがけない方面でかなりの隠秘学の文献が見つかる——民間伝承や民族学、国家の魔女裁判の記録、さらにフィクションを装って、かなりの隠秘学の文献が存するのである。心霊現象には全く関心のない人々の手によるこれらの別々の記録は、しばしばオカルト攻撃を経験した者の供述を裏付けている。

他方では、心霊作用と主観的幻覚を非常に注意深く区別しなければならない。心霊的攻撃を受けていると訴える人が自分自身の分裂したコンプレックスの反響を聞いているのではないということを確認する必要がある。ヒステリー症、精神異常、心霊的攻撃の鑑別診断は、非常に微妙で困難な仕事である。一つの事例に複数の要素が出てくることが多いのではっきりしないからである。心霊作用による猛攻撃が原因で精神的虚脱状態になりその虚脱状態に乗じて、霊界からの侵入がある場合もある。いわゆるオカルト攻撃を調べる時には、これらはすべての要素を心に留めておかねばならない。本書における私の役目はオカルト防衛方法を示すだけではなく、鑑別診断の方法を教えることでもある。

これほど多くの隠秘学の情報が身辺にあるのだから、心霊的攻撃を見た時にそれとわからなければならない。このようなことは一般の人々が気づいている以上によくあるのである。この私の主張は、最近のイオナ島の悲惨な事件によって裏付けられる。あの変死事件が自然死であるという幻想を抱く隠秘学者は一人もいない。私自身も同じような変死事件をいくつも経験している。

『タヴナー博士の秘密』という小説において、私はフィクションを装って隠秘学の仮説の実例となる多くの事例を挙げてみた。これらの物語のいくつかは、不可視の力の作用を説明するために誇張してあるが、他は現実の事件によるものである。この中の数編は、一般読者にも読めるように、詳細に書かず、省略して書いたほどである。

別々の証言によって裏付けられた直接体験がこれほど多い場合は、無視すべきではない。殊に隠秘学の仮説による以外は、合理的解釈が難しいならば、本書で挙げた個々の事例は、幻覚、いかさま、ヒステリー症、純然たる嘘だと主張して片付けられるかもしれないが、この方法で一切合財を説明することは不可能である。火のないところにこれほど煙が立つわけはない。何らかの経験に基づかなければ、古代の人々が魔術師に信望を寄せたり、中世の人々が魔女を恐れたりしたはずはなかった。後で悲惨な事件が起こらなければ、誰も賢い女性の大言壮語など村の愚者の大言壮語ほどにも気にとめなかったであろう。このような迫害の動機は恐怖であり、その恐怖はつらい経験によるものであった。魔女の焚刑を引き起こしたのは役人ではなく、リンチに立ち上がった地方の住民全員であったのである。世間の人々の魔女に対する恐怖の背後には、何らかの原因があったに違いない。

隠秘学の邪道の複雑な不正行為は、回りくどいやり方であるだけでなく、広範囲に亙るものでもある。だが、正道の秘儀参入と隠秘学の知識にもいくらか恐ろしいところがあることを隠すつもりはないが、とにかく、それが最も高尚な神秘体験への道であり、人間の苦しみの重圧を取り除く手段であると私は主張する。隠秘学を学ぶ者すべてが自分の知識を濫用するとは限らない。多くの者たちは、いや大多数の者たちは、自分のことを考えず人類のために隠秘学の知識を預かり、癒し、祝福し、失われたものを取り戻したりしているのである。次のような疑問が生じるのももっともである――この知識を濫用して悲劇が起きることがあり得るならば、なぜその神秘のベールを剝がさなければならないのか。この問いに対する答えは、解答者の気質の問題である。どんな種類の知識にもそれなりの価値があると主張する者もいるし、寝た子を起こすなと言う者もいる。だが、残念ながら寝た子もひとりでに目を覚ます癖があるかもしれない。世間には隠秘学の情報が溢れているし、本書で述べたようなことの多くが私たちの間で気づかれずに起こっているので、善意のある人は、悪人が個人的目的のために悪用した様々な力を調査すべきである。これらのことは、神秘的人生における病理学なのであり、それをよりよく理解すれば、多くの悲劇が避けられるであろう。

他方では、誰も彼もが病理学の文献研究に没頭するのはよいことではない。生き生きした想像力と弱い頭というのは、危険な組合せである。かつてのベストセラー、『ボートの三人男』〔ジェローム・K・ジェローム作のユーモア小説〕を読んだことがある者なら、医学書を読んで雨降りの日曜の午後を過ごした人物の運命を覚えているであろう。この人物は、読み終った時には、「女中ひさ（膝蓋滑液囊炎）」を唯一の例外として、本に出てくるその他のありとあらゆる病気に罹っていると確信していたのである。

本書は、単に読者をぞっとさせることを目的としているのではなく、場合によっては犯罪のために悪用されることもある。異常心理の知られざる一面に対する真剣な一助として書かれたものである。本書は真摯な学究の徒、本書に著されているような問題に直面している人々、そしてその種の問題を理解し解決したいと思っている人々のための書である。日常生活の表面下で作用している様々な力の本質に目を開いてもらいたいがために、私は率直に語ることにしたのである。正常の薄皮を破って、これらの力と直面するということは誰にでも起こり得る。本書に引用された事例を読んで、神の御恵がなかったら、他人事では済むまいと思うのももっともである。本書を通して我が身を守る知識を伝えられれば、筆者の目的は達成されたことになるであろう。

第一部　心霊的攻撃の種類

第一章　心霊的攻撃の徴候

私たちをとりまく宇宙を見れば、その限りない複雑さは何らかの統御的意図によって調整されているに違いないと思わざるを得ない。どんな単純な生物でもよい、手にとってじっくり観察してみれば、そのきちんと並んだ多様な器官は、やはり確固とした一つの骨格上に形成されていることに気づくであろう。科学は、このような有機体の原理を解明できずにいる。自然界の原理ではないのであるから、自然科学のレベルでの探究は無意味である。生物組織の性質によるものではない。宇宙を動かしている力、つまり宇宙のあらゆる部分の基礎である骨組は、自然界とは異なる相で明示されるのである。それは、私たちが順応している三次元以上の種々の次元のある、私たちの普段の意識とは異質の意識によって知覚される相である。

私たちはその影響以外は見えない力の真只中で生きている。目には見えぬ存在に囲まれて暮らしているのだが、彼らの行為に大いに影響されながら、滅多に気がつかないのである。

このような精密機器でも捉えられない自然の目に見えない霊界では、自然の物質界にも影響を及ぼす多くのことが起こり得る。魚が海を棲処とするようにこの霊界を棲処とする存在があるのである。海底に潜るダイバーのように、訓練を積んだ精神力や特別な能力によってこの不可視の世界へ入っていくことができる人々もいる。また、防波堤が崩れた時のように、時には目に見えない力が押しよせて我々の生活に侵入することもある。

通常はそのようなことは起こらない。我々はこの見えざる力を知覚できないので、かえって安全なのである。だが、次の四つの場合に、二つの世界の間のベールが裂けて、私たちは霊界に触れることができる——霊界の力が集中している場所を訪れた場合、霊界の力を操作する人々に出会った場合、自らの興味によって霊界へ出かけて気づかぬ間に深みにはまった場合、または、このベールを引裂くような病理学的状況の犠牲となった場合。

霊界の入口は一見安全そうだが溺れやすい海岸のようなものである。そこには深い窪みや流れ、流砂がある。その海岸を熟知した泳ぎのベテランは比較的安全に入っていけるであろう。自らの衝動に身を委ねた未熟な泳ぎ手は、向こうみずな行為の結果、命を落とすかもしれぬ。しかしながら、霊界の力が必然的に悪であり、人間にとって有害であると考えるような誤ちを犯してはならない。水や火と同様に、霊界の力はそれ自体では無害だが潜在力は持っているのである。この力に逆らえば我々にとって悲惨な結果となる。一つの自然の法則を破ったことになるからである。だが、私たちに攻撃の意思がないように、霊界の力も私たちに襲いかかろうとしているわけではない。しかし、次のような事実を直視せねばなるまい。つまり、過去及び現在においても、霊界に詳しい人間が自分の知識を悪用する場合があるという事実、そして、私たちがその濫用の結果に巻き込まれる場合もあるという事実である。霊界が悪であり有害であるのは、霊界に通じた者が邪道の達人と呼ぶ無節操な人々の行為によって汚され悪用された場合だけであると言ってよい。

このような心霊作用による攻撃の性質を分析して原因を示すには、まず、目に見える外面的徴候について考えなければならない。診断が治療に先行するのは基本的ルールである。心霊作用による攻撃の種類は多様であり、その中の一つに対する解決策は他には無力であろう。

心霊的攻撃の最も一般的な種類は、我々の同朋の無知または邪心から生じたものである。邪心だけではなく無知と言うのは、すべての攻撃が故意によるわけではなく、自動車の横滑り事故の怪我と同じような偶発的損害の場合もあるからである。私たちは常にこのことを念頭に置かねばならない。霊界の力に苦しめられていると感じても、当然の如く悪意や邪心のせいにすべきではないのである。私たちを苦しめている当の本人も被害者であるかもしれないからである。或る人物と手を握ったところ、電気の通っている電線を踏みつけていたからといって、その意地の悪い人物を非難してはいけない。しかしながら、その人物のせいで強烈なショックを受けるのは当然であろう。それは多くの超自然的な攻撃にも当てはまることである。ショックを与えた人物がそのショックを生じさせたわけではないかもしれない。従って、私たちは決して攻撃に対して攻撃で応戦すべきではない。自分の道徳水準を攻撃者の水準にまで下げることになるからである。私たちはもっと人道的な方法に頼るべきであるし、そういう方法は攻撃と同じくらい効き目があり、操作も遙かに安全である。

人間は場所の影響によって霊界と接触することができる。実際には霊能力はないが、霊界の不可視の力を無意識に感じとれるほど敏感な人が、その力が非常に強い緊張状態で集中している場所を訪れるとする。私たちは霊界の力の中を動きまわっているものの（私たちの宇宙はこの力によって支えられているのであるから）、普通はそれに気づかない。しかし、力が集中している場所では、余程鈍感でない限り、私たちに作用して、識閾下の自我を揺り動かしている何物かに朧気に気づくようになるのである。

或る人々は、意識と無意識の間の壁が厚くて、何が何だかさっぱり分からないかもしれない。こういう人々は、霊界の力が集中している場所でも重苦しさや漠然とした悪意を感じるだけで、それも他所へ移れば消えてしまう。結果的には、こういう霊界との接触は気づかれないまま、長年に亘る病気や精神的苦痛に至る場合もあるのである。

しかし、気づかれるほど強力な一定の心霊作用による攻撃の場合は、普通は間もなく独得の夢を見るようになる。夢を見るだけではなく、誰かがのしかかっているような重苦しさを胸に感じることもある。圧迫感がある場合は、間違いなく局部攻撃である。圧迫感は、エーテル的物質つまりエクトプラズムが一点に集中したために生じる。エクトプラズムは実体を備えており、捕えて計量してみれば秤の目盛りが動くほどである。この実体はあるが稀薄な物質の性質については、それを具現化する霊媒を使った多くの研究がなされているが、ここで述べた以上の資料と証言を知りたい場合は、クロフォードの実験に関する本を参考にされるとよい。彼はベルファーストでゴライター・サークルを使って、またパリで他の実験者と共にエヴァ・Cという女性を使って実験をしている。クロフォードが原因不明の自殺を遂げて果てたということは注目される。

超自然的攻撃には、恐怖感と圧迫感が付きものであり、それは攻撃の先触れとなる最も確実な徴候の一つである。突然攻撃されることは非常に稀である。心身共に、そして状況も、普通と違うと思っているうちに、突如として目に見えない敵と闘わなければならなくなる。近づきつつある霊界の影響は、霊能者以外の者に明らかになるより前に、意識に影を落とす。私たちは意識的に知覚する以前に無意識的に知覚するのであり、忍び寄る一筋の影は、下から上へ向かって潜在意識抑圧力が貫かれていくことを示している。

攻撃が進むにつれて、神経の疲労は著しくなり、後述の或る条件のもとでは、神経組織をむしばまれた被害者は血の気のない脱殻と化し、ベットに横たわったまま動けなくなってしまうこともある。それでもはっきりとした病気は認められないのである。

これは極端な例であり、そのまま必然的結果に到っている。しかし、他の結果もあり得る。被害者の抵抗力が強い場合は、攻撃は肉体的面では足掛かりを得ることができないので、眠りに落ちる時に気づくような物質と精神の境界に限定されるのである。これは非常に恐しい経験である。被害者は怖くて眠れず、またはっきりと目覚めることもできない。恐怖と睡眠不足で疲れ果てた被害者は、間もなく神経衰弱になってしまう。

神経の消耗と精神的虚脱は白人の間で最も一般的な心霊作用による攻撃の結果である。少なくともヨーロッパでは、攻撃を仕掛ける者は被害者を死に到らしめることもしばしばある。しかしながら、被害者が純然たる恐怖感によって死亡した例もいくつかある。キップリングの『通路の果て』(The End of the Passage) という恐ろしい物語は、そのような出来事を扱っている。

しかし、攻撃にどういう程度であれ集中力のある場合は、純粋に客観的現象の他に主観的現象も起きる。反射 (Repercussion) はよく知られている現象である。それは精妙体に降りかかった出来事が濃密体に影響することで、その結果、睡眠中のちょっとした心霊作用による攻撃の後に、身体に打撲傷がつく。その打撲傷は、時には明確なパターンで現われる。私は山羊の蹄の型やクラブのエースの型がはっきりした痣《あざ》として皮膚に残っているのを見たことがある。その痣は普通の痣と同じように青色から黄色に変わって、数日間で消えてしまった。

悪臭も心霊作用による攻撃の顕現の一つである。その特有の臭いは腐敗した肉の臭気であり、気まぐれに出たり消えたりする。臭いが漂っている時は間違いなく現実に臭うし、霊能者であろうとなかろうと、その場に居合わせた者は誰でも気がつく。また、地のエレメントの儀式を間違った方法で行なった時に、私は下水のひどい悪臭を嗅いだことがある。

もう一つの奇異な現象は粘液物の沈殿である。私自身は実際に見たことはないが、この事例に関して確かな筋から聞いた直接体験による情報はある。粘液物の染みは、時にはナメクジの大群が整然とした隊形で行進したような形であったり、大きな泥の染みであったり、或る時は、はっきりした、多くの場合巨大な足跡であったりする。目撃者から私が聞いた事例では、その染みは象の足跡ほどの巨大なもので、海辺のバンガローの客間の床に現れたということである。

雪がある時には、時々奇妙な足跡が忽然と出現し忽然と消えることがある。私は、離れ家の屋根の上にこのような足跡がついているのを二回見たことがある。歩行者が飛行機から降り立ったかのように足跡は屋根の端についており、まっすぐ屋根を横切って、その差し掛け屋根が母屋と接する壁で途切れていた。足跡は戻ってついてはいなかった。一列の足跡がどこからともなく現れて、高い壁の中に消え去ったのである。

五十年ほど前、デヴォンで同じような出来事が大規模に起きた。この事件の報告は、グールド海軍中佐による『奇談』(Oddities)という非常に風変わりな本に出てくる。しかしながら、この場合は、人間の足跡ではなく、明らかにロバの蹄の跡であり、一列に続いて壁を通り抜け、屋根を越えて、一晩のうちに橋のない入江の両岸に二百マイルに渡ってついていた。確証的な証拠を得たいと思う者は、グールド海軍中佐の本でこの事件の詳細を参照されるとよい。

星幽界《アストラル》から聞こえてくる鐘の音として隠秘学者に知られている奇妙な現象がある。アーサー・コナン・ドイルもシャーロック・ホームズ譚の一つで、この鐘の音を利用している。この音は、澄んだ鐘の音色から、かすかなカッチという音に到るまで様々な種類がある。私がしばしば聞く音は、ワイングラスをナイフで叩く音に似ている。この音はほとんど姿を現わすことのできない存在の到来であり、必ずしも不吉な徴候というわけではない。物質界の扉を叩いて、その外に立つ存在に私たちの注意を引き、話をしようとしているだけかもしれないのである。しかし、この現象が他の星幽界の攻撃の徴候と共に起きた場合は、診断を確証する強力な証拠となるであろう。

この現象と関連して、時々原因不明の火災が発生することもある。それは人間の力ではない自然の力が活動していることを示している。物が宙を飛んだり、鐘の音や他の騒々しい音が聞こえたりするポルターガイスト現象が起ることもある。勿論、同一の事例に一つ以上の様々な型が見られる現象もあるであろう。

言うまでもなく、何らかの自然な物質的な説明を決して無視してはいけない。超自然的要素が非常に明白な場合においてもそうである。超自然的仮定を考慮する価値があるとする前に、可能な限りのあらゆる方面から入念に調査する必要がある。しかし、一方では、物質説に固執する余り、心霊的説に少しでも有利な可能性がある時に、その説を作業仮説として拒否すべきではない。結局は論より証拠であるし、もし超自然的仮説を立てて、他の扱い方すべてに反するような事件を解決することができるなら、私たちの主張を擁護する確固とした証拠となるのである。

また、最も思いがけないところで意図的な詐欺行為が行なわれることに留意しなければならない。私は、かなりの期間うまく心霊作用による攻撃の被害者になりすました麻薬中毒者を知っている。最近の『英国医事会報』(British Medical Journal)の或る執筆者は、鐘やノックの音、天井から落ちる水や油、その他の異常な出来事の事件に出会った時はいつでも、必ずヒステリー症の女中を探してみると述べている。悪魔のことを心配する前に、隠秘学者もこの執筆者と同じようにするよう忠告しておこう。しかし、一方では、隠秘学者であろうと科学者であろうと、賢明な人間ならば、現行犯で捕えない限り、ヒステリー症の女中のせいだと主張しないであろう。もし女中が犯人であれば、遅かれ早かれ現行犯で捕えられるであろう。

本物の銀行券というものがなければ、偽物の銀行券が通用することは決してない。偽の手本となるような何らかの本物の心霊現象がなければ、誰も詐欺的な心霊現象を起こそうとは思わないであろう。

一つの解釈を容認する時は、その解釈に有利な証拠の重みによるべきであって、他の採り得る説明が気にくわないという理由によるべきではない。物質的仮説で結論が出ないような場合は、非物質的解釈の可能性を調べるとよい。精神的に苦痛を受けるような事件のすべてが、脳や神経、内分泌腺の病気や本能の抑圧によって説明がつくわけではないのである。人間は精神と肉体だけの存在ではない。人間は霊的存在であり、その形体化したものが精神と肉体であるということを悟らない限り、私たちは生命の謎を解く手掛りを得られないであろう。

第二章　心霊的攻撃の性質の分析

心霊的攻撃の本質は、テレパシーによる暗示の原理と操作に見られる。テレパシーの知識と暗示の知識をまとめることができれば、私たちは攻撃の方法がわかるであろう。

暗示には、自己暗示・意識のある時の暗示・催眠術による暗示の三種類がある。しかし、この三種類の違いは、一見して思うよりも、根本的なものではない。潜在意識においては、三種類の暗示が目差すところは同じである。そこに到達して初めて暗示の効力が発揮されるのである。暗示は、脅迫とは違って、意識の一点を狙うという事実によって理性に訴えかける。暗示がうまくいった場合は、その成功は、強制的であろうと自発的であろうと、意識的人格の黙従によっているのである。しかし、暗示は意識に訴えかけないで、潜在意識における行動の源泉を手に入れて、潜在意識からそれを操作することを目差している。

この暗示と脅迫という二つの方法をたとえれば、玄関の呼び鈴のつまみを引っぱって鳴らす方法と、床板を持ち上げて呼び鈴のワイヤー自体を引っ張る方法にたとえられる。どちらの場合も結果は同じで、呼び鈴は鳴る。脅迫や議論は、執拗に道義的説得の小さな鐘の音に始まって、恐喝者の騒々しい鐘の音に到るまで、様々な程度の強さで呼び鈴のつまみを引く。暗示は、成行きに従って呼び鈴のワイヤーを様々な箇所で引っ張るのである。

自己暗示は、自分自身の意識から潜在意識へと行なわれる暗示である。ここで、なぜ暗示という装備に頼らずに、直接自分の潜在意識に命令できないのかという疑問を抱く読者もいるかもしれない。この問いに対する答えは非常に単純である。潜在意識は、意識よりも進化のより初期の段階に属しており、事実、言語の発展以前の段階に属しているのである。従って、言葉を用いて潜在意識に語りかけるのは、その人の知らない言葉で或る人に話しかけるようなものである。このような人を扱うには手話の助けを借りなければならない。潜在意識も同じである。潜在意識に向かって、これをしなさい、あれはしてはいけないなどと言っても無駄である。我々は潜在意識にさせたい行為の像を心に描き、それが潜在意識へ沈潜し始めるまで意識に留めていなければならない。潜在意識はこの像を理解し、それに従って行動するであろう。舞台上の気おくれを治したい役者は、自分の潜在意識に向かって「あがるな」と言っても、盲目の馬に向かってウインクをしたり、うなずいたりするのと同じで、効果はない。同様に、舞台上の気おくれという像を心に描いて、自分の潜在意識の自己に向かって「こうしてはいけない」と言ってみても結果は悲惨であろう。というのは、潜在意識の自己にとって、「〜するな」という禁止の語は意味を持たないので、像を見ても否定語を省いてしまうからである。潜在意識を効果的に扱うには、無意識にさせたい行為の像を心に描いて、潜在意識がその影響を受け、進んでその行為を行なうようになるまで、繰り返し像を描くことによって意識に留めなければならない。

これが、すべての暗示の最終結果であり、暗示の様々な種類は最終結果の相違によってではなく、潜在意識へと入る入口によって区別されるのである。自己暗示は、自分自身の意識から生じ、意識がある時の暗示は、他者の心に生じて我々の心へと話し言葉や書き言葉という普通の回路で送られてくる。催眠術による暗示は、意識に全く影響を与えることなく、潜在意識に直接入ってくる。

催眠術による暗示（文字通り、睡眠中に与えられる暗示を意味し、ある程度までは誤称である）には三種類ある。一つは、本物の催眠術による暗示であり、その対象者は催眠的按手や光る物体を見つめることによって人事不省になる。次は、正常な睡眠中になされる暗示である。クーエ（エミール・クーエ、一九一〇年ロンドンに患者自身による覚醒暗示治療を主体とするクリニックを創立）は子供に催眠術をかける時そうするように勧めているが、私の考えでは、これは非常に望ましくない行為である。そして最後はテレパシーによる暗示である。このような暗示の方法は、すべて潜在意識抑圧力の背後から精神に入る。つまり、暗示は意識とは別個のものであり、意識に協力を求めはしないし、また意識にも暗示を妨げる力はないのである。

大抵の場合、このような方法で行なわれた暗示は、決して外部から来るものとして認識されない。潜在意識の中で成熟し、影響を及ぼすようになって初めて気がつかれるのである。我々には、他者の精神によって我々の精神に蒔かれた不可視の種を見ることは出来ないが、それはやがて発芽して、あたかも意識から生れ出たかのように意識の入口の上へ勢いよく芽を出すのである。熟練した催眠術者は、必ず対象者の性癖と一致するような暗示をかけるように努める。そうしないと確立された無意識の複合体は、定着する前に暗示を追い出してしまうからである。暗示をかける者にできるのは、対象者の潜在的な考えや衝動を強め、刺激することだけである。全く性質の違う種を蒔くことは出来ないのである。ライラックの茂みにバラの芽を継ぎ木してみても、枯れてしまうであろう。

暗示による考えの種が成長するためには、相性の良い土壌を見つける必要がある。他者の精神が暗示を与えることは妨げられないかもしれないが、自分の性質の土壌を清めて、有毒な暗示の温床とならぬようには出来る。イラクサの若木を引き抜くのは簡単であるが、年を経て根を張りトゲをつけた大きな茂みを根こぎにするとなると話は違う。

正しくないわけではないが、自分の真の性質に反するようなことをするように催眠術によって暗示をかけられないと言われている。しかし、個人の本当の性質とは一体何であろうか。私たちは内面の猿や虎のような性質をすべて克服したのであろうか。それともただ檻の中に閉じ込めただけなのであろうか。暗示は、我々のすべての秘密の誘惑の檻の掛金をはずし、それらを我々にけしかけることが出来る。当然、聖者でなければこの攻撃を免れ得ない。もし暗示に抑制されない充分な時間的余裕が与えられれば、いかなる人間をもいかなる状態にでも陥れることが出来る。ある条件のもとでは、いかに純潔な女性でも娼婦になるし、いかに高潔な男性でも殺人犯になる。自分を守るには知識が必要であり、本書で私が意図としているのは、そのような知識を教えることである。

では、心霊的攻撃が厳密にいかに作用するか考察してみよう。精神の領域には、我々が理解しているような時間や空間は存在しない。このことを哲学的に論じるつもりはないが、霊界（the Inner Planes）を相手に仕事をするのに慣れた者なら誰でも共有する経験の一事実として述べているのである。もし私たちが或る人のことを思えば、その人に接触しているのである。その人の姿を心にはっきりと思い浮かべれば、面と向かっているのと同じである。ぼんやりと思い浮かべれば、遠くから見ているのと同じである。或る人に精神的に近付くことで、我々は、その人に関係のある何らかの考えを熟考することによって思念の雰囲気を創り出せる。精神的治療はこのようにして行なわれるのである。クリスチャン・サイエンスの確約は、治療者の心が或る感情の状態に入るために使用され、治療者の状態は、その人が心を合わせている患者の心にも効果的影響を及ぼすのである。

しかしながら、この力は良いことに使われるだけではなく悪用され得る。クリスチャン・サイエンスの創設者は、賢明にも、自分の教えを学ぶ者には危険な面がわからないように教えを説いた。一般世間が精神の力に無知である限り、その力を知っている者は沈黙していた方がよい。そのような知識が無差別に広まれば、それを悪用しようとする者の耳にも入るであろうから、世のためになるどころか害になるかもしれないからである。しかし、人間の精神の力について一般に多くが知られ、さらにはその力が行使されるようになった今、真の事実を知らしめ、この問題の全貌を公にすべきであると思う。私は力の及ぶ範囲で、それを実行に移すつもりである。

潜在意識に対するメッセージは、ごく単純な言葉で言い表わさなければならない。潜在意識の思考は、人間が話し言葉を使うようになる以前に発達した、原始的な精神機能の一種であるからである。暗示の第一の目的は、攻撃の対象であろうと治療の対象であろうと、暗示をかける相手の人間の魂の周囲に或る精神的雰囲気を作り、魂自体の内部にその雰囲気に対する共感を誘い出すことである。(『魂』—soul—という用語は、ここでは精神及び感情の両作用を含むが、霊の作用は除外する)この反応が得られたなら、勝負は半分ついたようなものである。内側から町の門は開かれ進入が自由になるからである。今やテレパシーによる明確な思念の暗示は、どんどん入り込んでいくことができる。

これはどのような超自然的攻撃の場合でも重要な点である。この点までは、防衛者に分がある。その人物に充分な知識があれば、つまり、私が本書を通して役立てたいと思っているような知識があれば、自分に有利な点をいつまでも骨を折らずに保持出来る。そして、隠秘学の知識という攻撃者の陣地で一戦を交えられなくとも、攻撃者に頑強に抵抗して勝てるのである。怖じけず、注意も払わないような人物に対して、この世でも、あの世でも、催眠術者は手も足も出ないのである。

攻撃者が人間の魂という町に進入するには、二つの門しかない。自己保存の本能と性の本能の二つである。成功するには、催眠術は、この二つの両方、または一方に訴えかけなければならない。どのように攻撃者は事を進めるのか？　内面の世界で犠牲者の魂の周辺に一つの雰囲気を創り出すのである。これは、攻撃者が犠牲者のことを考えつつ自分の意識内に同じ雰囲気を創らなければ達成出来ない。心霊作用による殺人を犯そうと思うなら、攻撃者は自分自身の魂を激しい殺意で充たし、その思いを溢れさせる。心霊的暴行を犯そうと思うなら、自分の魂を肉欲と残酷さで一杯にしなければならない。この種の行為を効果的に行なうには、冷酷な激情が不可欠である。さて、攻撃者がこのようなことを実行すると、どうなるのであろうか？　彼は、『深淵』に一つの基調を鳴り響かせたのである。答えが返ってくるであろう。この基調を自らの性質の基とするすべての存在—即ち、「空を行く闇のウリエル、アザゼル、アモン」らが応答し、その行為に加わるであろう。しかし、彼らは犠牲者に直接働きかけず、攻撃者を通して働きかけるのである。それは昔からある遊戯ナッツ・アンド・メイ（日本の遊戯「子取ろ、子取ろ」に相当する遊びか？）に似ている。この遊びでは、「メイを捕えに」やらされる鬼は、背後に一連の味方を従えたリーダーに腰をしっかりとつかまれる。この遊戯をしたことのある者なら覚えているであろうが、実際の圧力は各々自分自身の腹筋にかかってくるのである。

では、この魔術が実施された後は、どうなるのであろう。攻撃者は邪魔が入ることなく、犠牲者を料理出来るのであろうか？　そうなるであろうか？

これは、ファウストの物語の超自然的下敷きとなっている。悪魔はファウスト博士がマルガリータを獲得するよう喜んで助力するだけでなく、そうなることを切望しているが、約束の時にファウストの魂を奪いにやって来る。また、我々は、もしマルガリータが「珠玉の歌」に誘惑されなかったなら、犠牲にならずにすんだということを忘れてはならない。結局、守りの弱点は彼女自身の性格にあったのである。

テレパシーによる暗示のやり方を詳しく考察したが、それはあらゆる心霊的攻撃の基礎をなしている。肉体を持たぬ存在であろうと、異なる進化の秩序に属する存在であろうと、奈落の悪魔であろうと、単に結果を無視して有形の生に執着している利己的な友人の狼狽した魂であろうと、どの場合でも出だしは同じである。オーラが貫通されぬ限り、魂への進入はあり得ない。オーラは、常に、攻撃者に対する恐怖心や対抗心によって内面から貫通されるのである。もし、このような本能による感情的反応を抑えられればオーラの縁は突き通されないであろうし、心霊作用による侵入に対する確固とした防衛となるであろう。それは、健康で無傷の皮膚が細菌感染に対して防衛となるのと同じである。

しかし、時には攻撃者との関係が前世で結ばれる場合もある。従って、攻撃者は言わば裏門の鍵を持っていることになる。これは非常に難しい問題であり、解決するには外部の助力が必要である。被害者は、しばしば攻撃者との関係を断つのを嫌がることもある。攻撃者が肉体を持っていようといまいと、魅力や純粋な愛情の絆で結ばれているからである。このような場合は、解決はますます困難になる。

私が関わりを持った或る事件は、肉体を持った魂が肉体を離れて行なう心霊的干渉の様々な面について多くを語っているので詳細に亘って引合いに出す価値がある。

一九二六年の夏、私は新聞で或る男性とその妻の二人が二、三時間に相次いで死亡したという記事を読んだ。それより二年ほど前、私はその妻の友人から相談を受けたことがあった。友人は、相手の状態に深い不安の念を抱いており、心霊的干渉があるのではないかと疑っていた。

問題の妻——C夫人と呼ぼう——は、悪夢に悩まされ始め、強い恐怖感を覚えて目を覚し、脅迫の言葉が繰返し聞こえるようになっていた。同じ頃に夫のC氏は一見癲癇の発作のような病気にかかった。しかし、専門医の念入りな診断の結果、癲癇の形を取っているが本当の癲癇ではないとわかった。癲癇は、医学では完全にその性質が解明されていない先天性によるものか、怪我、病気等の何らかの脳障害によるものか、いずれかである。先天性癲癇では、幼少時に発病し、この病気による発作には他の症状が伴う。その症状は、検眼鏡ではっきり見える眼の変化のように、身体検査でわかるものである。従って、癲癇の診断は、明確に立証されるのである。さらに、癲癇の発作とヒステリーや心霊作用による発作とを確実に区別出来る徴候が一つある。本物の癲癇では、発作中に尿失禁する。これは、確実な徴候であり、この徴候が認められない場合は、他の原因はとにかく、癲癇による発作ではないと言ってよい。精神を苛《さいな》む病状を扱わねばならぬ者にとって、これは役に立つ特徴である。多くの発作を見る場合に、気質性のものを見分ける確実な方法は、非常に便利である。しかし、このような尿失禁のすべての症例が癲癇性であると結論してはならない。気質性・機能性の両方の原因が他に沢山あるからである。

C氏の場合は、この基本的徴候が欠けていた。さらに、彼の発作は常に睡眠中であり、病気というより夢遊病の一歩手前のひどい悪夢のようであった。この事例の奇妙な要素はC氏が発作を起こす前に、大抵夫人が悪夢を見るということであった。

これらの出来事は、大体一月に一回という規則正しい周期で起こった。女性の場合なら、当然のことながら月経の二十八日周期であるが、男性の場合は、そのような説明は手近にないので、周期性を明白にするために別の二十八日周期を探さなければならなかった。月経以外の二十八日周期とは、月の位相の周期だけであった。

次に私たちは、気質性の根拠のない癲癇の発作と、他人の悪夢、そして月の位相の相互関係という問題にぶつかった。この三つをまとめ、相互関係を説明出来る何らかの説を見つけなければならなかったのである。

一般に、夢は、潜在意識の知覚作用が夢という形を取って意識に反映されたものであり、形体化した霊魂が自らの存在を知らしめる最初の手段である。

　多くの隠秘学者は、脳腫瘍による癲癇と区別された先天性の癲癇は、過去の人生において、かける側であろうと、かけられる側であろうと、その患者が関係した黒魔術や妖術に根ざしていると考えており、発作は、肉体を持たない存在との星幽界での闘いが、〈撥返り〉という良く知られた現象によって肉体に反映されたものであるとみなしている。

　月は、すべての隠秘術において重要な役割を果たしており、その周期の位相に従って異なった潮流を利用出来るのである。ペルセポネー、ディアーナ、ヘカテーは、みな月の女神ルーナの相であるが、彼女らは大いに異なった三種の人格《ペルソナ》なのである。

　従って、この事例では、身体の調査が失敗したのであるから、霊魂の調査が実を結ぶように思われた。霊査の結果、次のようなことが明らかになった。

　C夫人については、全く何事も認められなかった。彼女は、弁護士の言う「事後共犯」にすぎなかったのである。しかし、C氏の霊魂の足跡はすぐに見つかった。それを辿ってみると、C氏は、現在の生を受ける前の生において二人の女性——母と娘——と関係があり、彼女たちは彼のために妖術を行なったようであった。二人の女性の若い方は、しばらく彼の愛人であった。母親は、魔術を使っての悪事ゆえに刑に処されたが、共犯者であった彼は逃げてしまったのである。

　次のような診断が下された。この問題の根本的原因は、若い方の魔女である、と。彼女が星幽体となって訪れると、C氏は発作を起こし、C夫人は悪夢を見るのである。それは月の位相と相互関係にあり、彼女は妖術に都合の良い位相を利用しているのである。残っている問題は、この女性は人間の姿をとっているのかどうかである。つまり、真夜中の訪問は、生体に投影された星幽体によるのか、それとも「第二の死」を免れた地縛霊によるのか、という問題である。

C夫人は、彼女のことを気遣っていた友人（私の友人でもあるわけだが）と信頼関係にあったので、この問題の主因は何らかの心霊力の影響であるという示唆に喜んで耳を傾けた。友人の解釈は、この一件についての彼女自身の直観と一致していたからでもあった。C夫人は、嘲笑されるのではないかと思い、自分の直観を打ち明けられずにいたのである。

夫の知人の中で、若い方の魔女であると思われる人物を確認出来るかどうか尋ねられると、すぐに彼女は簡単に二人の魔女を両方とも確認出来ると言い、次のような奇妙な話をした。

C夫人は、夫妻と同居している夫の年老いた母親が年長の魔女であると言ったのである。この穏やかな老女の側で本分を尽そうと心から思っていても、C夫人は彼女に対してわけのわからぬ恐怖と反感を抱いていた。夫が仕事に出かけた後は、彼女は義母を恐れて決して家に留まらず、用がない場合は、クラブへ行くほどであった。

夫妻の家をしばしば訪れる人々の中に、義母の親友で一風変わった気性の女性がおり、いつも義母を「お母さん」と呼んで、奇妙なくらい彼女を慕っていた。また、この女性は、C氏にもかなり思いを寄せていたが、少なくとも外面的には節度を越えるようなことは決してなかった。妻を心から愛していたC氏は、この女性に全く無関心であり、母親の友人として大目に見ていた。

ためらいもなく、C夫人は、この女性——X嬢を若い方の魔女だと言った。そこで、X嬢に関する調査をした結果、非常に不思議な話がわかったのである。

娘時代にX嬢は婚約したが、相手の男性は婚約発表の直後に奔馬性肺結核に罹り、ひどい喀血をして間もなく死亡した。

その後すぐ、彼女の妹も婚約したものの、相手の男性は、不思議なことに、不幸にも自分の吐いた血の海の中で亡くなるという同じ最期を遂げたのである。

歳月が流れ、X嬢は再び婚約した。間もなく二度目の恋人も病気になったが、今回は奔馬性結核ではなく、喀血が主な症状の長わずらいであった。男は、喀血を続けながらも何年間も生きながらえたのである。かなりの資産家であったX嬢は、家を借りて叔母を付添いとして住まわせ、婚約者を連れて来て世話をさせた。やがて叔母にも病気の症状が現われた。彼女は全く生気を失ったようで、時には何日間も昏睡状態に陥ることもあったが、その病気の明確な原因は最後までわからなかった。この奇妙な所帯は長年続き、X嬢は、発作を起こしながらも生きながらえている二人の瀕死の人間と大きな家で暮していたのであった。

X嬢は、C家を始終訪れたが、それはC氏の先妻の存命中も、後妻であった私の友人の友人の存命中も続いていた。C氏の最初の妻が亡くなった時、彼女はC氏が自分に関心を持つようになるのではないかと大いに期待したようであったが、それは実現しなかった。しかし、彼女は無念の涙をのんで、後妻の夫人が主婦の座に着いても、家族の親しい友人としての確固とした立場をうまく保ったのである。

C夫人に防衛手段をいくつか指示したところ、非常に彼女の役に立ったが、義母と親しいX嬢を家に寄せつけないわけにはいかなかった。しかしながら、やがて義母が亡くなると、C夫人は断固としてX嬢との絶交を宣言した。いつもX嬢を嫌っていたものの、母親のために寛大に扱っていたにすぎなかった氏は、妻の意見に同意した。

その後すぐに、C夫人は具合が悪くなり、徐々に気分がすぐれなくなった。はっきりした症状はなかったが、着実に進む衰弱と不快感のために、遂に夫人は医師の診察を受けた。急速に大きくなりつつある子宮癌という診断であった。手術を受けてしばらくは小康状態にあったが、それ以上良くならず夫人は着実に衰弱していったのである。最期の頃には、夫人は昏睡状態に陥り、同時にC氏も睡眠中に発作を起こしたらしく、二度と目覚めなかった。夫妻は、数時間を隔てて亡くなったのである。

C氏の最初の妻も子宮癌で死亡している。

同じ頃、X嬢の叔母と婚約者も数時間の差で亡くなり、X嬢の最後の消息は、重度の精神障害で田舎の私立病院へ移されたということであった。

別々に見れば、この奇妙で波乱に充ちた物語のどの出来事もうまく説明できるが、合わせて考えてみると、一つの奇異な話が浮かんでくる。何の先立つ情報もなく、心霊作用の面での調査によって、C氏に興味を持っている異常な能力のある人間の存在を「言い当てた」ことを思い出せばなおさらである。

隠秘学の仮説のいくつかは、癌という病気に多くの光明を投じている。癌は、肉体の疾病ではなく、霊体の疾病であり、「癌のエレメンタル」が感染要因であると考えられている。

前述の話に関して、証明も論駁も不可能であるが、次のような隠秘学の仮説によって多くのことが明らかになるであろう。この仮説に賛成できない場合は、読者は、前述の事件の諸事実を充分に説明する別の仮説を立てるよう創意を働かせるのも一興かもしれない。

X嬢は、潜在意識の中に、彼女が前世で魔術に関わっていた時の知識と能力を保持していたのである。また、彼女は、明らかに片思いであったが、C氏に対する恋情も忘れていなかった。彼女は、自らの能力を使って星幽体となり、夜に睡眠中のC氏を訪問したのである。詳細が不明なので、C氏の「発作」が組打ちなのか抱擁なのか判断できない。そのどちらか、または両方――争いに始まって抱擁に終る――であったかもしれない。C夫人の夢は、明らかに、C氏の発作を起こした星幽体の訪問に関係がある。残念ながら、発作が起きた時の月の位相を示す記録はないが、多分、ヘカテーの位相、即ち黒魔術の期間であったと思う。

X嬢の婚約者と叔母の状態、そして最初の恋人の死は、明らかに吸血鬼の仕業である。結核患者が、病気の抑制もなく、はっきりした悪化もなく、それほど長い間生き続けたとは信じ難い。X嬢と妹の恋人の死にもし何らかの関係があったとしても、それがどのような関係かはわからないが、将来の夫としてこの不吉な家族と関わりを持った三人の男性が同じ最期を遂げたことは奇妙である。叔母の不可解な病気と考え合わせれば、非常に胡散臭い。先に述べたように、これらの出来事の一つ一つは説明できるが、合わせて見ると、一考を要する。X嬢が婚約者を家に置きながら結婚をしなかったのも奇妙である。普通どう考えても、このような取り決めは、非常に不利であって、有利な点は一つもない。他方では、もし彼女がC氏に思いを寄せていて、星幽体となって訪れて満足していたならば、愛してもいない男と結婚することによって、愛している男との関係を断ちたくないというのも当然である。もし、彼女が吸血鬼であったならば、叔母と婚約者を家に置いておく動機は簡単に説明できる。彼女が、この二人の死後なぜ衰弱したかも明らかである。

C氏の先妻が子宮癌で亡くなったという事実は、それ自体では注目に値しないが、後妻も同じ病気で死亡したというのは妙である。癌は、それほどありふれた病気ではないし、とにかく、子宮以外にも癌に冒され得る器官はある。他方では、ルーナの相の一つディアーナは、ヘカテーが魔女の女神であるならば、女性の生殖器を司る女神である。

C夫人の病気は、X嬢が夫妻の家から締め出された後に始まったのである。

最後に、X嬢と非常に密接な関係にあった三人の人間が、僅かの時を隔てて次々と死亡し、X嬢も続いて衰弱したことについて、何と説明したらよいか。詳細が不明のため、結論は推量の域を出ないが、X嬢の魔術は、何らかの不幸に見舞われたと考えるのが妥当であろう。

このような仮説は、荒唐無稽であり、あらゆる証明の法則に反すると言われるかもしれない。しかし、これらの出来事が起こる二年前に、C氏の癲癇発作が魔女の仕業ではないかと疑われ、魔女と彼の関係の特質が示されていた事実に留意したい。その後の調査で、X嬢の経歴と家庭に関する奇異な事実が明らかになったのである。後の出来事は、多くの魔女裁判の記録にある出来事と同じであるということにも注目したい。科学の金言には、現象の経過を予言できる力は、仮説の真実性をよく示している、とある。

第三章　現代の魔女術の一事例

秘術的攻撃における元魔女の役割は、非常に著しいものである。この種の問題が起きている時、個々の霊能者による調査は、繰り返し前世の生での魔女術を指摘している。動機は、ほとんど常に復讐であるが、星幽体が生じるのは本人の意志と関わりない睡眠中であって、攻撃者が故意に意図したわけではないと信ずるに足る十分な論拠もある。現在霊能者や超能力者である人々の多くは、中世の魔女術の集会で訓練を積んでいるのである。そのため、経験のある隠秘学者は、心霊的性質の技術の面で隠秘学の玄人と区別される生来の霊能者に対して非常に用心深い。心霊的性質と不安定な精神が、悪意ある性格と結びついた時、間もなく悪魔崇拝が始まると見てよいのである。

この決して特殊ではない出来事の説明には私自身も関わった或る奇妙な事件が役に立つであろう。その頃、隠秘学に興味を持つようになって日の浅い私は、犠牲は大きいが有効な方法、つまり、障害物にぶつかることによって経験を積んでいた。私は、心霊作用に興味のある一人の女性と知り合いになった。その女性は、不潔なものや醜いものに対して極端に敏感な人物で、自分自身の習慣についても非常に潔癖であった。ほとんど生野菜だけをとり、卵でさえ刺激が強すぎるといって食べなかったほどである。動物好きではなかったが、病的なほどに人間を愛し、生体解剖実験の気味の悪い詳細な記述のある論文を楽しげに読んでいた。私がもっと年をとっていて賢かったなら、彼女の過度に潔癖で敏感な性質が、サディスティックな気質の消散作用を示していることに気づいたであろう。サディズムは、性本能が苦痛を与えたいという衝動の形を取る情緒面の病いであるからである。今ほど知識のなかった私は、このような特徴を高い霊性を示すものと考えていた。

私と知り合った頃、彼女は衰弱しつつあり、過労が原因ということで、都会を離れて自然に帰りたいと言っていた。私は、ちょうどロンドンを出て、ハンプシャーの荒野の砂地の奥まった場所にある人目につかない隠秘学の道場へ行くところであった。お人好しにも、私は、彼女に一緒に来て家事を手伝ってくれないかと勧めてみた。この提案を実行に移した彼女、L嬢は、私の到着の数日後やって来た。彼女は全く正常に見えたし、感じも良かったので、皆に気に入られた。しかし、後の事件に照らして見れば、重大な出来事が一つあった。駅から古い一頭立ての貸馬車に乗って来た彼女は、降りるとすぐ、その馬車よりも年代物の馬を軽くたたいた。その馬は、普段は何事にも無関心で、なかなか動いてくれないのであったが、彼女が触れると、一突きされたかのように急に元気づいた。御者が驚いたことには、馬は、頭を振り立て、鼻息も荒く、危うく馬車と供まわりを溝に落とすところであった。御者は、そのようなことは今まで一度もなかったのにと言って、我々の訪問者L嬢を疎ましげに見た。

しかし、L嬢は全く正常に見えたし、感じも良かったので、とにかく人間には暖かく迎えられたのである。

その夜、私は、滅多にないことだったが、悪夢にうなされて目が覚めた。私は、胸にのしかかってくる重さと闘い、完全に目覚めた時でさえ、部屋は邪悪なもので一杯のように思われた。知っている簡単な魔除けの文句を唱えると、気持が安らかになった。

翌朝、朝食の席では、ぼうっとした目をした人々が集まって、不安な夜を過ごしたと言い合った。お互いに感想を述べ合ってみると、六、七人の私たち全員が同じような悪夢を見たことがわかったので、さらに自分たちの経験のやりとりを続けた。この一件は、L嬢に奇妙な影響を与えた。彼女は、坐っていた椅子が突然真赤に焼けた鉄にでも変わったかのように、身もだえしながら立ち上がり、語気強く、「このことを話題にしてはいけません。胸が悪くなります」と言った。

彼女の感情を害したくなかったので、我々は話をやめた。しかし、間もなく、開いている窓のところへ我々の共同体のメンバーの一人がやって来た。その女性は、家から少し離れた野外の小屋で寝泊りしていた。いつものように元気かと尋ねると、彼女は、昨夜は眠れなかったので、余り気分がよくないと答え、私たちが見たのと同じ悪夢の話を始めた。その日の朝、後になって、道を少し行ったところに住んでいる女性がやって来て、今度もまた同じような悪夢の話をした。

数日間、時々この悪夢が訪れて、共同体の色々なメンバーを悩ました。悪夢は、ぼんやりと漠然としており、つかみどころがなく、私たちは、村のパン屋の戦時中の粗悪なパンによる消化不良のせいにした。

そして或る日のこと、私はL嬢と口論をした。彼女は、私に「惚れ込んだ」のであるが、私は生まれつき「惚れられる」のが嫌いであり、全く無視してしまった。彼女は、私が応じないと言って、ひどく嘆いた。事の正邪はとにかく、私は彼女を本気で怒らせてしまったのである。その夜、私は未だかつて見たことのないほど恐ろしい悪夢にうなされた。誰かが私を押さえつけているか、のしかかっているような大変な重圧を胸に感じて目が覚めた。私は、オレンジくらいの大きさに縮んだL嬢の頭がベッドの足元の空中に浮かんで、私に向かって食いつかんばかりに歯をかみ合わせるのをはっきりと見たのである。それは、この上ない敵意を見せていた。

それでもまだ、私はその経験に心霊現象として重きを置かなかった。村のパン屋のせいだと固く信じて、これは口外すべきことではないと思い、誰にもこの夢の話をしなかったのである。しかし、共同体のメンバーが後の事件に照らして、色々と話し合った時に、他の二人も同じような経験をしていたことがわかった。

しかし、一、二日後の夜の就寝時に、私は、何か危険なものが家のまわりの茂みに潜んで襲いかかろうとしているような切迫した邪悪な気配に圧倒された。そのような感じが余りに強烈だったので、私は部屋を出て階下へ降り、家中をまわって窓の掛金が掛かっているかどうか見て、しっかり締っているのを確認した。

L嬢は、私が歩きまわる音を耳にして、何をしているのかと尋ねた。

私は彼女に自分が感じていることを話した。

彼女は言った。「馬鹿ね。窓に掛金をかけても無駄よ。危険は家の外ではなく内側にあるのだから。寝なさい。必ずドアに鍵をかけてね」

彼女は、私が質問しても何も答えず、ドアに鍵をかけるようにと繰り返すだけであった。それまでは、道を隔てたコテージにいた私にとって、その家で寝る最初の夜であった。

その夜は耐えられないほど暑くて、部屋は狭く、窓も小さかったので、ドアは開けたままにしておいた。しかし、妥協点として、瀬戸引きの汚水桶を通路の引っかかりそうな場所に置いた。誰かが入って来ても、桶につまづいて私の目を覚ますであろうと思ったからである。

何事もなく、私は安らかに眠った。

しかし、翌朝、一嵐来たのである。L嬢と私は、台所で仲良く働いていた。すると、突然、彼女は肉切り庖丁を取り上げると、気が狂ったように私を追いかけ出した。幸い、私は両手に茹でたばかりの野菜が入った大きなシチュー鍋を持っており、それで応戦した。我々は、台所のテーブルの周囲をぐるぐる走りまわり、キャベツの熱い茹汁を四方八方に飛び散らせた。

二人とも声を立てなかった。私は、煤けた熱いシチュー鍋で身を守り、彼女は、気味の悪いほど大きな肉切り庖丁で切りつけてきた。ちょうど良い時に共同体の指導者が入って来た。彼は、一目で状況を見てとると、如才なく、騒がしいと言って我々二人を分け隔てなく叱りつけ、仕事を続けるように命じた。L嬢は、例の肉切り庖丁を使って自分の仕事を片づけ、私は、キャベツを皿に盛りつけた。この事件は、平穏のうちに終わったのである。

昼食後、L嬢は、先の興奮状態の反動で、すっかり疲労困憊して自室に引き上げていった。私は、少しばかり不安であった。精神障害の患者には慣れていたので、先ほどの騒ぎには比較的冷静であったが、全く野放しの危険な狂人と一つ屋根の下で生活するのは有難いと思わなかった。しかし、指導者に、心配しなくてもよい、すぐに自分が彼女を監督するからと言われた。彼は、浴室へ行くと、石けん入れに蛇口の水を入れ、その水で濡らした指でL嬢の部屋の戸口の上に五芒星の印を一つ描いた。

指導者自身が連れ出すまで、L嬢は四十八時間、部屋から出ようとしなかった。

約束通り、指導者は彼女を監督した。私はその場にいなかったが、彼は彼女と何度か長い間話をした。そして、数日後には、L嬢は、すっかりおとなしくなって、課せられた家事をするようになった。症状がぶり返して苦闘することもあったが、数週間のうちに彼女は比較的正常になっていた。それから一年半ほどして、私は彼女と再会したが、その間に症状がぶり返したことは一度もなかった。

達人《アデプト》というものがいるならば、この指導者こそ達人であったが、彼がL嬢を治療している間に、二つの奇妙な事件が起きた。彼女の部屋は、とても古い家にあり、その玄関のドアは大層大きく頑丈だった。夜には、ドアには巨大な閂がかけられ、荷船をつなげそうな鎖と鏝ほどのサイズの大きな錠がかけられた。朝、ドアを開けると、その音は、村中に目覚し時計のように響き渡った。キイキイ、ギイギイ、ガチャンと騒々しかったのである。しかし、幾晩も続けて、朝起きて見るとドアが開いていることがあった。我々は皆自室のドアを狭い踊り場に向かって開けたままで寝ていた。古い、きしむ階段を降りるのは、オルガンの音栓の上を歩くようなものであった。裏口のドアは新しい作りで、簡単に開けられたであろう。窓は全くの安物の新式の開け窓であった。誰が、何のために、玄関の大きな重いドアを開けたのだろうか。

何度か朝食の席で、我々は、誰が前の晩にドアを開けたままにしておいたのか、とお互いに罪をなすり合った。しかし、誰のせいだかわからなかった。遂に、この話は指導者の耳に入った。

「すぐに、やめさせよう」と彼は言うと、毎晩L嬢の部屋を五芒星で封じた。その後、玄関のドアが開くことはなくなったのである。

L嬢を扱っている間、指導者は自分自身の部屋の入口にも同じような星印を描いて封じるのを常としていた。ただその場合は、五芒星形の先端はL嬢が入って来られないように外に向かっていた。嬢の部屋を封じる時は、彼女が出られないように内に向けて描いてあった。彼女はこのことを知らなかったし、指導者は無口であったので、他の人の口から彼女の耳に入るということもなかった。彼が自分の部屋を封じているのを私が知ったのは、偶然彼が星印を描いているところを見たからである。

或る日私の部屋のドアをノックする者があった。開けて見ると、洗濯したリンネル類を腕に抱えてL嬢が立っていた。彼女は私に、指導者の部屋にそれを持っていって片付けてくれないかと頼んだ。彼が外出中であるのを知っていたので、私はなぜ自分でそうしないのか、リンネル類をしまうのは彼女の仕事なのにと尋ねた。すると彼女はそうしようと指導者の部屋まで行ったが、入口に心霊作用のある障害物があるので中に入れなかったと答えたのである。

何度か私はいつも身につけていた小さな銀の十字架を目立たないように服の中に入れてくれと彼女に頼まれたこともある。彼女は、十字架は見るに耐えないと言うのである。その十字架は、隠秘学の道場へ来る直前に買って、知り合いの司祭に祝福してもらったものであった。私は自分が加わることになっていたグループの性質については全く心安らかだったわけではなかったからである。グループと関わって日の浅い頃は、いつでも逃げ出せるように、言わば、つま先立って歩いていた。グループの新しい友人たちに対する霊的予防措置について私は口外しなかったので、その十字架に心霊的攻撃の防御となる特別の力があるとは誰も気づいていなかった。それにもかかわらず、できることなら攻撃をしかけたであろうL嬢は、十字架の力を感じて、それを恐れていたのである。

いわゆる心霊作用の効果は、自己暗示と想像力に負うところが非常に大きいので、自分の役割を心得ている霊能者の確信に充ちた証言を鵜呑みにできない。しかし、自然な反応は証拠になると私は思う。

L嬢の治療がある程度進んで完治に近づいた時、非常に興味深いことを聞かされた。彼女は、自分が前世で黒魔術に関わっていたのをはっきりと覚えていると言うのである。このことは数人の別々の霊能者によって確認されたという。もし求められたなら、私自身も喜んで自分の証言を付け加えたであろう。子供の頃、彼女は自分が魔女であると空想し、自分を苛立たせる人々の死や不幸を欲することがよくあった。その真偽はわからないが、彼女は自分の願いが余りにしばしば実現するので、恐ろしくなって願うのをやめようとしたと強く言った。また、自ら進んで次のようなことを語った。腹の立つ相手の前に自分が立っているところを思い浮かべて、相手を叱りつけ、有害な力を発したと言うのである。勿論、これで私たちの見た悪夢の謎が解ける。また、彼女はよく自分の母親と妹に同じようにして攻撃を加え、妹の健康をひどく害したので、もう家に迎え入れてもらえないということであった。後に彼女の母親はこの発言を確認した。

彼女は、自分が二人の別人であるかのように感じると言った。正常な自分は精神的で大変憐み深く、理想主義者であった。より低次元の自分は非常に意地が悪く、憎悪や残忍さを激発しやすく、機嫌が悪い時や狼狽した時、また過労気味の時に出て来るということであった。

このような特色は、子供時代に特に顕著であったが、成長するにつれて、その誤りを認めるようになった。彼女の高尚な理想主義は、自分の悪い面を克服しようとする努力の表れであったのである。心から努力したに違いないが、残念ながら必ずしもうまくいくとは限らなかった。

私に自室のドアに鍵をかけるように言ったことについて、彼女は自分が星幽体となって出現するかもしれないと思ったので、いくらかでもそれを防げたらと考えて忠告したと語った。

彼女の病状は一見妄想のように思われたし、共同体の一、二のメンバーはそう判断を下したが、賢明な処置によって妄想ではないことが明らかになったのである。

この事件においてもう一つ興味深い点がはっきりした。魔女伝承に忠実に、L嬢は聖なるシンボルを恐れたという点である。彼女は聖画のある部屋は決して使わなかった。また、十字架の形のある装飾品は絶対身につけなかったし、教会に入ることもできなかったのである。

この一件には多くの興味深い点があるが、特に、見たところ顕著な精神異常と思われる症状が隠秘学によって解明されたという事実に注意を引く点があるのである。

第四章　エーテル体の投射

肉体のある人間による攻撃という問題から離れる前に、エーテル体の投射について考察する必要がある。この場合、精神が作用するだけではなく、非常に肉体に近い何かも作用しており、それは、とにかく、被害者の身体に痣を残したり、家具を放り投げたり、少なくとも大きな音を立てたりできるほど物質に近いものである。

このようなことが起きる時、明らかに精神よりも実体のある何物かに関わっていることになる。精神は精神に影響を及ぼすし、また、精神を通して、現在の私たちの知識では計り知れぬ影響を肉体にも及ぼすが、物体を直接うまく扱うことはできない。つまり、思念によって窓ガラスを割ることはできないのである。もし、物質面で影響を与えようとするなら、精神は何らかの物体を媒介として操らねばならない。生体は、そのような道具であり、一つの随意的運動をするたびに、精神によって操縦されているのである。信仰療法の効果は、単にこの原理を不随意筋と意識的には普通は起こらない心理作用にまで拡張したものである。隠秘学者は、クリスチャン・サイエンスの信者が「死すべき心」と呼ぶエーテル体によって、精神は肉体に影響を及ぼすと主張している。秘術によって物体が動いた時に、このエーテル体を使ったと結論するのは途方もない話である。

エーテル体は、主に磁性の圧力体であり、その網状電極の骨組の中に肉体のすべての細胞や繊維は、網棚に乗っているように納まっている。だが、エーテル体と私たちが知っている密度の高い肉体の間に介在して、密度のある物質が凝縮されるもとになる原材料とも言うべきものが存在する。古代の人は、これを「質料」と呼び、現代の私たちは、エクトプラズムと呼ぶ。霊魂の形体化が問題になる時はいつでも、このエクトプラズムの投射が諸現象を起こしているのである。それは長い棒のような形で投射される場合もあり、十二フィートほどの距離まで影響を及ぼすことができる。細い一本の糸で霊媒と結ばれたぼんやりした雲のような形で投射される場合もある。この雲は特定の形体をとることができるので、生物のように見え、意識的な意志の媒体として行動するのである。

私は前章で言及した隠秘学の道場の指導者であった達人《アデプト》から初めて秘術の訓練を受けたのであるが、この人物はエーテル体を投射でき、私も何度もそれを目にしている。深い昏睡状態に入り、数回ゆっくりしたテタニー（硬直性痙攣症）に少々似た痙攣を起こした後、彼の体重の約三分の二がなくなってしまう。私は何度も彼を助け起こしたが、片手でも身体を持ち上げることができた。子供のように軽かったのである。人は色々ないかさまをすることができるが、自分の体重はごまかせないはずである。私は、この状態の彼を片手で持ち上げて、床からソファへ移したこともある。板のように硬直しているので、普通のぐったりした意識不明の人間を扱うよりずっと容易なのは事実だが、それでも大人の男性の体重と平均的体格の女性の力の間には、ある割合がある。

ある晩、私はこのような時に失われた体重がどこへ行ってしまうのかわかった。指導者は具合が悪く、一時的に精神錯乱を呈しており、看病、それも夜間の看病という大きな分け前が私にまわってきた。しかし、様態が快方に向かったので、一晩中ついていなくてもよいと思われるようになり、数日間のうち初めて全員が床に就いた。私は、共同体の他のメンバーと二人で一つの部屋を使っていた。比較的小さなコテージの一室で、カーテンのない開いた窓の下に二つのベッドがほとんどくっつくように並べてあった。その晩は満月で、着換えるのにロウソクを点す必要がなかったことを覚えている。

非常に疲れていたので、私はすぐに眠りに落ちた。しかし、間もなく足の辺りに重さがかかった感じで目が覚めた。大きな犬、例えばコリーが、ベッドに飛び乗って横になったような感じであった。部屋には月の光が一杯に射し込み、真昼のような明るさであり、下の部屋でちゃんと寝かしつけてきたはずの指導者が私のベッドの脚部に横たわって眠っているのをはっきりと見たのである。少々厄介な状況であり、私は行動に出る前にじっと横になったまま考えた。

想像されるように、その時には私はもうすっかり目が覚めていた。私は次のような結論に達した。指導者——Zと呼ぼう——は、また一時的に精神錯乱を起こしたのか、夢遊病であるかのどちらかであろう、と。いずれにせよ。私は騒ぎを起こさずに、無事に彼をベッドに戻さなければと非常に心配であった。私の同室者は心臓の具合が悪かったので、ショックを与えたくなかったし、病気の指導者にもショックを与えたくなかった。もし最初にルームメイトを起こしたら、彼女は悲鳴をあげてZをびっくりさせ、悲惨な結果になるであろう。そこで、彼女より具合の悪いZをそっと起こし、彼女の方は運に任かせることにした。このようなことをしばらく考えてから、やっと私は行動を開始した。ベッドに起き上がると、静かに身体を曲げてZの肩に手を触れて起こそうとしたのである。前に屈むには彼の下敷きになっている足をよけなければならなかった。私の足はその時まで彼の重さで押えつけられていたが、私は作戦を練っている間動かさないように注意していたのである。

月の光に照らされて、Zの姿ははっきりと見えた。彼を包んでいる幾層も襞《ひだ》のあるものは、見たところガウンのようであった。彼の顔もガウンも月の光を浴びて灰色で色がないように見えたが、彼が身体ごとそこにいるということには疑いの余地はなかった。姿が見えるだけではなく、私の足に彼の重さがかかっていたからである。しかし、私が身を動かしたとたん彼の姿は消えてしまった。私は仰天して、自分が寝ている小さなキャンプ用ベッドの足部にかかっている乱れのない毛布の折り目を見つめた。その時初めて、私は彼が全体的に灰色で色彩を欠いており、生身の人間というより色褪せた鉛筆のスケッチのように見えたことに気づいた。

朝になって私は彼にこの一件について尋ねたが、何も覚えていないという返事であった。彼は病人の不快な断続的な夢を見ていたが、どんな夢だったか思い出せなかった。

勿論、この一件は、秘術による攻撃などではない。むしろ、友人の訪問と言ってよい。彼は、病気の間、私を頼りにしていたので、衰弱していつものように自分の心霊活動を制御できない時に昏睡状態に陥り身体を脱け出し、本能的に私に慰めを求めて来たのである。しかし、私を訪れた星幽体が敵意のある意志で動かされていたら、どうなっていたかを説明するのに役に立つし、或る種の悪夢の犠牲者を圧迫する重圧感の性質をも明らかにするであろう。

星幽体の攻撃の被害者の喉首に、指跡に似た痣がついていたという事件をいくつか知っている。私自身は、実際にそのような痣を見たことはないが、痣をつけられた人々やその痣を見た人々から話を聞かされている。周知の事実だが隠秘学者が身体を離れている時にアストラル界で不愉快な経験をした場合や、自分のエーテル体を人に見られて、殴られたり撃たれたりした場合、身体にその傷跡が残る。私自身、星幽界での小ぜり合いの後、何度も自分の身体に奇妙な形の痣を発見している。このような傷跡を生じる仕組みは、聖者の聖痕や、時々ヒステリー症患者に見られる奇妙な殴点や腫物を生じる仕組みと同じであるに違いない。強化な刺激を受けた精神は、エーテル体に影響を及ぼすし、また後者もその網状電極に納まっている肉体の分子に作用するのである。医学は、今後、エーテル体の性質と機能に関する知識と密接な関係を持って発達していくとあえて予言しよう。

次に考察する心霊的攻撃は、人工的精霊による攻撃である。精霊が思念による形体と異なる点は、一旦魔術師の創造的精神によって作り出されると、独自の明確かつ自立した生命を持つという事実である。但し、その性質は、創造者の概念によって厳密に制約を受けているのである。これらの生き物の生命はバッテリーのようなものであり、放射作用でゆっくりとなくなっていく。定期的に充電しない限り、最後には弱まって消えてしまう。隠秘学の実践においては、こういた人工的精霊の創造、充電、再充電、破壊は、重要な問題である。

人工的精霊は、作り出そうとする生き物のはっきりした像を想像することによって生れる。その時、創造者は自分自身の存在の一つの面と一致する何かでもって入魂し、それから適当な自然の力を呼び出して入れる。この方法は、悪い事だけではなく善い事にも利用できる。「守護天使」はこのようにして形成されるのである。瀕死の女性は子供のことを心配して、しばしば無意識に守護天使を作り出すと言われている。

私自身、偶然に狼人間を作ってしまうという非常に厄介な経験をしたことがある。不愉快な事件であるが、公表した方がよいと思う。訓練不足で浄化されていない人間が、隠秘学の力を扱うとどうなるか示しているからである。

私は、多大の犠牲を払って私心なく助けた当の本人からひどく傷つけられたことがあり、是非とも仕返しをしてやりたいと思うようになった。或る日の午後、ベッドに横になって私は憤りを感じていたが、そのまうとうとし始めた。その時、自制心を振り払って怒り狂いたいという思いが浮かんだ。古代北欧の神話を思い出し、北国の恐怖の狼フェンリスのことを考えた。すぐに、私はみぞおちから何かが引き出されるような奇妙な感覚を覚えた。するとベッドの上の私の横に大きな狼が出現したのである。それはしっかりと形体化したエクトプラズムであった。Zのように、それは灰色で色彩を欠いており、重さもあった。私はそれが大きな犬のように隣りに横になって背中を押しつけてくるのをはっきりと感じた。

当時、私は精霊を作り出す術を全く知らなかったが、偶然に正しい方法を発見したのであった。それは、感情を高ぶらせて考え込むこと、適当な自然の力を呼び起こすこと、そしてエーテル体が容易に出現する夢現の状態にあることである。

私は思わぬ結果に恐れをなし、自分が窮地に立っており、すべては自分が正気を保てるかどうかにかかっていることを悟った。パニックに陥らない限り、自分が出現させた存在は意志の力で制御できるのだということくらいは、私の隠秘学の実践の経験からわかっていた。しかし、もし気後れして、その生き物に上手を取られれば、フランケンシュタインの怪物を相手にすることになるのである。

私は少し動いてみた。すると、その生き物は明らかに邪魔されたのが気に入らないらしくて、肩越しに長い鼻先を向けると、うなって歯をむき出した。私は、うまく「先手を打った」わけだが、すべては自分が優位に立ち続けられるかどうかにかかっており、今のうちに決着をつけるのが最善策だとわかっていた。生き物は存在している時間が長びくほど強くなり、消すのが困難になるからである。そこで、私は相手の毛深いエクトプラズムの横腹を肘で突いて、大声で言った。

「行儀良くできないなら、床に降りなさい」そして、それをベッドから押し出した。

ほっとしたことに、小羊のようにおとなしく、それは床に降りると、狼から犬に変わった。すると、部屋の北の角がぼやけてきて、生き物は、その切れ目を通って出ていった。

しかし、私は嬉しくなかった。これで終りというわけではないと感じていたからである。翌朝、私は自分の思いが正しかったことを知った。家人の一人が言うには、彼女は狼の夢に悩まされ、目を覚ますと部屋の一角の暗闇に獣の眼が二つ光っているのが見えたということだった。

さて、本当に心配になって、私は師と仰ぐ人のもとへ助言を求めに出かけた。そこで、その生き物は、復讐心によって私自身の本体から生じたものであって、自身の一部が表に現われたものなのだと言われた。また、何としても、それを呼び戻して自分自身の中に吸収し、同時に、私を傷つけた人物に仕返しをしたいという欲望を捨てなければならないと言われた。奇妙なことに、ちょうどその頃、問題の人物を「やっつける」には最高の機会があったのである。

誰にとっても幸いだったことに、私には、自分が別れ道に立っており、用心を怠れば、邪道に進むことになると理解するだけの分別が残っていた。もし、自分の恨みを実行して晴らす機会を利用したら、狼の形の星幽体は独立した存在となって、私は、メタファーとしてではなく、実際に悪魔に代価を払わねばならなかったであろう。私は一つのはっきりした感じを抱いた。感じというものは、心霊に関する事柄において重要であり、しばしば、潜在意識や経験を表わしているのである。この感じとは、一旦この狼の衝動が行動として表われるようになれば、狼の形をした星幽体は、私のみぞおちとつながっている心霊的臍の緒を切ってしまい、私には、もはやそれを再び自分の中に吸収することができなくなるという感じであった。

見通しは決して明るくなかった。私は、大事な復讐を諦めて、相手のなすがままに被害を受けねばならなかった。また、狼の形をした星幽体を呼び出して吸収しなければならなかったが、それは、とにかく私の心霊的意識には、ぞっとするほど本物の獣のように思われたのである。助けを借りたり、同情されたりするような状況でもなかった。しかし、私は問題に直面せねばならなかったし、時間がたてばたつほど、例の生き物は扱いにくくなるということを知っていた。そこで、私は意を決して復讐を諦めると、夕暮になるとすぐ呼び出した。それは、再び部屋の北の角から出て来た。（その後、私は、古代の人々は北を邪悪な方位とみなしていたことを知った）それは、炉の前の敷物の上に非常におとなしく人に慣れている様子で現われた。薄明かりの中で、それが実に見事に形体化しているのがわかり、大きなドイツ種のシェパードがこちらを見ていると誓ってもよいほどであった。それは、犬のような臭いさえしており、本物の動物のように見えた。

その生き物から私に向かって影のようなエクトプラズムの一本の糸が延びており、一方の端は私のみぞおちにつながり、他方はその毛深い腹の中に消えていた。しかし、私には実際にどこでつながっているのか見えなかった。私は、意志と想像力を働かせて、この銀色の糸に沿って、レモネードを吸うように、その生き物の生命を抜き出そうとした。狼の形はぼやけ始め、糸は太さを増し、よりしっかりしてきた。私の内面で、激しい感情が湧き上がった。殺人鬼と化したマライ人のように、暴れまわって身近の人間・物を相手かまわず引き裂きたいという激しい衝動を覚えたのである。私は、骨を折ってその衝動を抑え、激情は静まっていった。狼の形は消えて、形のない灰色の霧になっていた。これもまた銀色の糸を伝って吸収された。緊張が解けると、私は汗びっしょりになっていた。私の知る限り、これでこの一件は終ったのである。

私は、辛辣かつ有益な一つの教訓を学んだ。確実な証拠がないので、他の人々には納得がいかないかもしれぬが、私にとっては大いに証拠に基づく教訓であった。そこで、このようなことを個人的に知っていて、意義のわかる人々の役に立つように記録することにしたのである。

この生き物の二十四時間の短い生涯の間に、有効な復讐の機会があったというのは、奇妙な点である。

第五章　吸血行為

吸血鬼という真偽の疑わしい存在は、常に神秘と想像力に充ちた物語の人気のある主人公であった。吸血鬼の仕業に関しては、有名な小説『ドラキュラ』から中世の魔女裁判の難しい研究書に到るまで、多くの文献がある。しかし、本書では、また聞きの証言や何百年も前の事件、未開地で起きた事件を取り上げようとは思わない。文明の発達した我々にとって、吸血鬼の問題は、発疹チフスの問題と同様に過去のものであり、心配する必要はないと言われるのが落ちだからである。しかし、自分自身の経験から、私はそれが過去の問題であるとは思わないし、昔の人々が吸血鬼の仕業と呼んだ奇妙な状態によって、或る種の精神障害や、それに伴う肉体疾患を説明できると考えている。

イギリスに最初に精神分析学が伝えられた時、私はその研究を始め、遂にロンドンに設立された診療所の講師となった。間もなく、我々精神分析者は、或る患者たちを扱うと疲労困憊してしまうという事実に気がついた。厄介な患者というわけではなく、ただ我々を「消耗させ」るので、治療の後、へとへとになってしまうのだった。誰かが電気治療科の看護婦の一人にこの話をすると、彼女は、同じ患者たちは電気器具を「消耗させ」て、平然として驚くべき電圧を吸収してしまうと語った。

同じ診療所で精神分析の仕事をしているうちに二者——主に母娘か、女性の友人同志——の間に病的な愛情関係がある症例に数多くぶつかった。時には、母親と息子の症例もあり、そして一度は、仕事を離れてであったが、男と女の場合もあった。治療に来るのは必ず二人のうち消極的な人物の方で、精神療法によってかなり良くなった。彼らは常に同じ症候群を呈していた。感受性が強く、顔色は青白く、衰弱した容姿で、虚弱体質であり、気が弱く、疲れやすかった。また、彼らは一様に暗示にかかりやすいので、扱うのが楽であった。従って、このような患者の治療では、いつも非常に早く良い結果を得られたのである。

しかし、奇妙な点は、病的な関係を断つことによって、その関係の強い方のパートナーは著しく動揺し、半ば虚脱状態になることであった。治療するには別れるべきだと主張しなければならなかったが、支配的パートナーは、必ず別離に非常に積極的に反対した。

当時、私はすべてをフロイト派の心理学によって解釈していたが、それでも、別離が病気でないはずの方のパートナーに与える影響を奇異だと思わざるを得なかった。一方が元気になるにつれて、他方の具合が悪くなったのである。私の考えでは、フロイトの言うエディプス・コンプレックスは、全く子供の側だけの問題ではなく、親の「魂」も子供の精神的生命に頼っているのである。エディプス・コンプレックスの患者は必ず非常に老人くさく、また子供でも年寄りじみた顔つきをしている。彼らには、普通の子供時代というものがなく、常に精神的に早熟である。私は、色々な患者に子供時代の写真を見せてもらったが、人生の問題や重荷のすべてを知っているかのように老け込んで心配そうな表情が子供っぽい顔に浮かんでいるのに驚いた。

テレパシーや磁性のオーラについての知識があれば、我々にはまだ完全に理解できない何らかの方法で、親密な関係にある消極的パートナーは積極的パートナーに「漏電」していると考えてもおかしくはないと思う。生命力の漏出があるのである。強い方のパートナーは、文字通り吸い出しているのではないにしても、相手の生命力を多少意識的に呑んでいるのである。

このような症例は決して珍しくなく、被害者が吸血鬼と別れるとすぐに解決する問題である。二者の間に親密で重要な絆があって、その一人が活力を失っているようであれば、一時的な別離を勧めて、その結果を見るのは良い方法である。

しかし、このような症例は、吸血というより寄生といった方が適当であろう。精神的寄生は特別珍しくなく、それによって心理学上の多くの問題は説明できる。だが、本書ではこの問題についてこれ以上触れないでおく。本書の研究の範囲外のものであるし、例証として言及しただけであるからである。一般に言われる吸血行為は大変異なった問題である。寄生という用語は、攻撃が無意識的・本能的な場合に用い、吸血という用語は、攻撃が故意になされる場合に取っておく方がよいであろう。

私の考えでは、本当の吸血行為はエーテル体を投射する力がない限りあり得ない。手に入るすべての吸血行為の記録文献には、幽霊というには、もっと実体を備えた何物かについての記述がある。西ヨーロッパでは、近代に入って吸血行為は滅多にないが、東ヨーロッパや未開の地では決して珍しくないようで、旅行記には数えきれないほど多くの信憑性のある事例が挙げられている。

グールド海軍中佐は、大変興味深い著書、『奇談』の中で、フィリピン諸島のベルベルラング族の吸血行為について述べている。彼の記述は、一八九六年の『アジア協会会報』(The Journal of the Asiatic Study) 第六五巻に載った或る論文に基づいている。グールド海軍中佐が引用している論文の執筆者スカーチレイ氏によれば、この気持の悪い部族は「墓をあばいて死人を食う悪鬼の如き連中で、時折人肉を食わないと死んでしまう……人肉をどうしても食いたくなると、彼らは草むらに入り、注意深く身を隠すと、息を止めて昏睡状態に陥る。すると、彼らの星幽体は肉体から遊離する……彼らは空を飛んで家に入ると、住人の一人の身体に入り込んで内臓を食うのである」

「ベルベルラングは、うめき声をあげるので、やって来るのがわかる。遠くにいる時はうめき声は大きく聞こえるが、近づいて来ると次第に小さく弱々しくなる。近くにいる時には、彼らのはばたく音が聞こえるし、彼らの目がぎらぎらと輝いて暗闇の中でホタルのように舞っているのが見える」

スカーチレイ氏は、ベルベルラングが通り過ぎるのを耳にし、また目撃したと言い、翌日彼らが入っていった家を尋ねてみると、その住人は見たところ暴行を加えられた様子もないのに死んでいたと語っている。

スカーチレイ氏は、ベルベルラングは草むらに横になって昏睡状態に陥ると言うが、それと『星幽体の投射』におけるマルドーン氏の記述と比べてみるがよい。この論文は、隠秘学研究者なら誰でも必ず精通すべき論文であり、疑いもなく、隠秘学文献の古典であって、隠秘学の経験の実地を踏んだ説明をし、様々な実践方法を伝授してくれる。

だが、ここで私たちの身近な経験に戻ろう。人間の精神の人目に触れない分野の研究という仕事の性質上、サム・ウェラーのロンドンの知識と同じくらい幅広く独特の研究をしてきた私であるが、先述の用語の意味による本物の吸血行為の症例はたった一つしか知らない。関係者を知っているが、私自身が処理した症例ではなく、私を肉切り庖丁を持って追いかけまわした大変な女性との関係で言及した、私の最初の師が扱ったものである。私は、この事件の事実を『タヴナー博士の秘密』(The Secrets of Dr. Taverner)に収録した物語の一つの土台にしたが、実際の事実は、読者を楽しませることを目的とした物語には向かないようなものであった。

当時、私は前述の診療所で異常心理学を個人指導しており、他の研究者の仕事の指導主事もしていた。その中の一人が私に彼女の個人的仕事として依頼された患者について相談して来た。その患者は「十代後半の若者で、堕落しているが知的で礼儀正しく、不健康なほど血統の正しい家系に珍しくないタイプ」であった。

この若者は、前述の分析家が他の女性と一緒に借りていたアパートに寄宿していたが、間もなく彼らは奇妙な現象に悩まされ出した。毎晩ほぼ同じ時刻になると、近所の路地の犬が激しく吠え、遠吠えを始め、やがてベランダに面したフランス窓が開くのだった。何度も錠前屋に見てもらっても、物を置いて塞いでも、決まった時刻になると窓は開き、冷たい風がアパートを吹き抜けるのであった。

或る晩、導師のZがいる時にこの現象が起きた。彼は不快な目に見えない存在が入って来たと言った。明かりを暗くすると、彼が指差した一角に鈍い光が見えた。その光の中に手を入れてみると、電流が通っている水に手を入れた時のようなぴりっとする刺激がした。

それから、アパートの角から角まで大変な幽霊狩りが始まった。遂に、例の霊気を浴室に追い詰めると始末した。

私の創作ではこの事件をもう少し面白く脚色したが、主要な事実には手を加えていない。この霊気を始末したことによって患者は著しく良くなり、次のような話を語ってくれた。

このD少年は、戦争神経症ということでフランスから傷病兵として送還された従兄をいつも看病していた。従兄である青年は、やはり古いくたびれた名門の息子であり、屍姦という気持の悪い性的倒錯の現行犯で捕まったことが露見した。少年Dの両親の話では、こういう堕落行為は戦線の或る分隊では珍しいことではなく、そこでは負傷者の攻撃も行なわれていたという。当局は、徹底的な処置をとってそれをやめさせようとしていた。D少年の従兄は、家柄が物を言って軍の刑務所に入るのを免れ、精神障害者として家族の保護に任せた。家族は彼に男性の看護人をつけたのであったが、その人の勤務時間外に、不運なD少年に世話役という心得違いの役割が当たったのである。D少年と従兄の関係は不道徳なものであったことが明らかになったが、或る時、従兄はD少年の首の耳のすぐ下を嚙み、実際に血を吸ったという。

D少年は危機に際して、「幽霊」に襲われているという印象を受けたが、気が狂ったと思われるのではないかと恐れて、敢えて口に出さなかった。

神経症の気味と不道徳性と心霊作用による攻撃の正確な割合を出すのは難しいし、この面倒な事件の引金となった原因がどれか判断するのも容易ではない。だが、一つだけ誰の目にも明らかなことには、霊界からの訪問者を始末した後、すぐにD少年の状態が良くなっただけではなく、短期間の激しい変化を経てD少年の従兄も回復したのである。導師が使った霊気の処理方法は、魔法の円の中に霊気を閉じ込めて出られないようにし、共感力によってそれを自分自身の中に吸収する方法であった。吸収し終ると彼は仰向けに倒れて気を失った。実際のところ、それは例の狼人間を処理する時に教えられた方法と同じだったが、自分自身のではなく他人のエーテル体を吸収し変質するのは遙かに恐ろしい仕事である。それはまさにZのような一流の隠秘学者によってのみ成し遂げられる仕事であろう。

他の証拠を得る手段はなかったが、この事件に関するの考えは、西部戦線に東ヨーロッパの分隊のいくつかが送り込まれたが、その中には黒魔術の伝統的知識を持つ者たちも加わっていたということであった。ヨーロッパ南東部は黒魔術が盛んな地で、隠秘学者の間では昔から評判が悪いのである。このような男たちは、殺されても、第二の死、即ち星幽体の崩壊をいかに避けることができるか知っており、負傷者の血を吸って、エーテル体ダブルとなって生きていたのである。さて、吸血行為は感染する。血を吸われた人間は、活力を失って、精神的には真空状態になるので、枯渇した活力源を再び充たすために相手かまわず吸血するのである。その意味に気づくことなく、すぐに経験から吸血鬼の秘訣を学ぶと、自分がどうなったのかも知らぬ間に、一人前の吸血鬼となって他人の血を吸うようになるのである。吸血鬼の地縛霊は、時には、もしうまく相手を吸血鬼としての役目を果たすように仕立て上げることができれば、一人の人間に永久に憑く場合もある。そうすれば、計画的に相手のエーテル体の滋養物を得られるからである。相手は他者の血を吸ってエーテル体を補給するので、普通の吸血鬼の被害者のように枯渇して死んでしまうことはないのである。

Zの意見によれば、この事例では、D少年の従兄は最初の吸血鬼ではなく、彼自身も被害者であった。士気の不安定な若者であったので、彼はすぐに吸血鬼の秘訣を学び、どこかのマジャール人の魔術師の地縛霊に利用されたのであった。従弟の首を嚙んで血を吸うことによって、この霊気はそれまでの消耗した資源より生きの良いD少年の中に移動した。いつもD少年に憑いていたわけではないので、多分この霊気は二人の間を行ったり来たりしていたのであろう。

Zが一体何をしたのか正確にはわからない。彼は、自分のやり方に関しては非常に口が堅かった。だが、後で得た知識に照らして見ると、彼は地縛霊のエーテル体のエネルギーを吸収して、第二の死を回避する手立てを奪ったのではないかと思う。抵抗する魂をオシリスの裁きの庭へ追いやるだけでは、星幽体の死体を残しておくことになるので、それはしばらくの間は問題を起こし続けたであろう。

この事例との関連で注目すると興味深いかもしれないが、L嬢がハンプシャーの隠秘学者の道場に滞在していた間、かなり奇異な出来事がいくつかあった。私たちは蚊に刺されたが、その刺し傷は大変ひどかった。それ自体は有毒ではなかったが、出血の多い刺し方であったのである。ある朝目が覚めると、私は枕に自分の掌くらいの大きさの血の染みがついているのに気づいた。それは明らかに顎の角のすぐ後ろの小さな刺傷から出た血であった。私は、後にも先にも、そのような刺傷を見たことはないし、L嬢が去った後には二度と起こらなかった。

その時、私は導師に言わなかったし、後でその一件を思い出して口にした時は、調査の機会はもうなかった。彼の考えでは、それは吸血鬼の仕業であり、彼の経験した似たような事例を引合に出した。アフリカで経験した事件では、被害者は多量の血を失って、検査用の採血が困難なほどであったという。衰弱した組織からは血がほとんど出なかったからである。

このような患者に対して医学は何もできない。じわじわと死が迫っても、気質性の疾病は一つも見つからない。しかし、患者は、繰り返す出血のために衰弱していく様相を呈しているのである。

吸血行為の疑いがある時、その人の身体を拡大鏡で少しずつ隅なく調べるとよい。恐らく、無数の小さな刺傷が見つかるであろう。刺傷は非常に小さいので、細菌が入って化膿しない限り、裸眼で調べてもわからないし、化膿しても虫刺されと間違えられる。確かに噛み傷だが、虫に噛まれたのではない。探すべき場所は、首の周り、特に耳の下の部分、前腕の内側、耳朶、足のつま先、そして女性の場合は、乳房である。

吸血行為の性癖のある者は、犬歯が異常に長く鋭くなると言われている。私自身も一度そのような犬歯を見たことがあるが、奇異な形であった。切歯と臼歯の間にある二本の犬歯は、他の歯の二倍の長さがあり、先は針のように鋭く尖っていた。

西ヨーロッパでは、本当の吸血行為は稀であるが、Zの意見では、貧血が目立つ熱帯地方の衰弱のはっきりしない症例の多くは、吸血行為が原因である場合もある。

第六章　幽霊の出没

「幽霊の出没」には考察すべき二つの型がある。一つは特定の人間に干渉する肉体を離れた魂が原因の場合、もう一つは特定の場所に行き渡っている状態が原因の場合である。後者の場合は、充分な感受性のある人なら誰でもそこを訪れると影響を受ける。その影響力が例外的に強い場合を除いて、鈍感な人は何も感じない。原則として、「幽霊の出没」を感じとるには、少々霊能力がなければならない。それで、子供やケルト人、有色人種は霊界の干渉によってひどく苦しめられるが、鈍感な北欧系人種は比較的免疫があり、陽気で実利的かつ懐疑的なラテン人は、少々免疫が少なくなるのである。

まず最初に、肉体を離れた魂による干渉の問題を考察しよう。私が「攻撃」と言わず、「干渉」と言っている点に注目してほしい。霊による妨害は、必ずしも攻撃ではない。それは、溺れかかっている人が、悪意があって救助者にしがみついて沈めてしまうわけではないのと同じである。厄介な問題を起こす霊は、内面世界において自分自身も困っており、ただ死後の状態に無知なため、生者に必死になってしがみつくことが害になると気づいていない場合もある。それ故、この世とあの世の緊張関係を和らげる心霊論の普及は重要なのである。

私の経験の範囲では、故意の悪意ある行為は稀であるが、狼狽して生者にしがみつくという行為は決して珍しくなく、伴侶に先立たれた夫や妻が時折気味の悪い経験をするのもそのせいである。滅多にないことだが、隠秘学に通じていながら、世俗的欲望ゆえにこの世に強く執着している場合は、奇妙な関係を用いて、他者の肉体を通して自分の欲望を満たそうとするのである。

隠秘学や心霊主義の文献には、この二つのタイプの星幽体の干渉の例が数多くあるが、私は自分自身が経験した事件に限って述べるつもりである。

私の知人は、長患いの後に夫を亡くした。彼女は、夫を非常に愛していたが、他の人々なら却って良かったと思ったに違いない。彼女の夫は長年大酒を飲み、大量のモルヒネを射って寿命を延ばした長患いの後、やっと息を引き取ったのである。彼は非常に意地の悪い、利己的な性格の人間で、悔悟せずに死んだ。しかし、彼女は寝たきりになって危害を加えることができなくなった晩年の夫を偶像視するようになり、無事息を引き取ると、早速、家族の聖者にしてしまった。彼女は隠秘学に興味を持っており、よく瞑想をして偉人の霊を呼び出していた。皆の反対を押し切って、彼女は夫を自分の導き手として呼び出して霊的接触を持とうとし始めた。世俗的性格の人間の御多分にもれず、彼は生への執着心が強く、幾日もの間、瀕死の状態で持ちこたえた。関係者にとって幸いにも説得の結果、彼女は夫の遺体を火葬にしたが、いくら反対しても、病院からの彼の遺品を全部持って帰り、自分の寝室に置いた。彼女は夫の写真の周りに小さな祭壇を作って、黙想の時、そこに思いを集中したのであった。

夫の病気は長びいた上、苦しい病気で、彼女は何週間も不安な思いで、いつも電話口にいたが、肉体的緊張は全くなかった。従って、精神的緊張が解けた後に、続いて重病を煩うような肉体上の問題は何もなかったのである。間もなく、それまで非常に愛すべき優しい性格だった彼女に徐々に変化が起きているのが明らかになった。気性だけではなく、顔の表情まで亡夫に似てきたのである。続いて、もう一つ奇妙なことが起きた。夫は、炎症性の脊髄障害で亡くなったのであるが、この病気は、具合の悪いところには痛みはなく、その場所から出ている神経に激痛があり、従って、手や腕の、それもどちらかというと片面に痛みがあった。彼女は、亡夫の症状と全く同じ場所にひどい神経炎を患ったのである。

もう一つの例証となる事件は、婚約者を大戦で失ったE嬢の場合である。彼女は、自分の問題の相談相手に次のような手紙を書いている。

「彼が亡くなった時、私は喪失感を克服することができましたが、半年後、神経衰弱になり、以来、神経が弱って苦しんでいます。ここ二カ月間、とても変わった経験をしており、そのせいで私は非常に悩んで、仕事も手につかないのです。それは夜になると起きます。昼には一度もありません。安らかな気持になって眠ろうとしますと、次第に身体中の感覚が無くなっていくのです。まるで、ゆっくりと身体がかちかちに凍っていくようです(他に表現の仕様がありません)。この段階で、時には起き上がって、この状態に打ち勝つことができますが、いつもうまくいくわけではありません。起き上がろうとしても無駄で、意識はあるのに、身体を動かしたり声を出したりできないのです。この後、いつも一種の眠りのような状態に入っていきます。色々なことを経験します。ある時は、見知らぬ所を訪れて、見知らぬ人々と話します。ある時は、筆舌に尽し難いほど素晴らしい経験をします。ある時は、溺れそうになったり落ちそうになったり、危険な目に会うこともありますが、そのような場合は、いつも空に飛び上がって何マイルも飛んでいくように思われます。ある時は、ただ空中に漂っているような感じがします。夢の長さがどのくらいか私にはわかりません。でも、目が覚めても、しばらくの間身体を動かすのが大変です。段々、動けるようになって、全身に刺すような刺激を感じた後、起き上がることができます。いつもは疲れてぐったりした感じがしますが、時には、奇妙な経験をしても平気な場合もあります。けれども、私の健康と幸福を徐々に害しているのですから、良いことであるはずはありません」

会って話してみると、彼女は手紙で述べたよりも詳しく語ってくれた。このような経験をしている時、誰か――多分婚約者であると思う――が、夜の遠出の後、自分の身体に戻るのを邪魔しようとしていると言うのである。

この一件は、テレパシーによる治療で一週間で完全に解決した。治療方法に関する次の覚え書は大変興味深いものである。

「この治療は、患者だけではなく、問題原因である〈存在〉にも施された。それによって霊気をその仕業から解き放し、天国へ送ってやり、被害者に自由を与えたのである」

幽霊の出没のもう一つのタイプは、幽霊が特定の人間ではなく、場所に憑いている場合である。この場合、特定の場所に縛られている地縛霊と、そこで経験された激しい情念が残っている精神的雰囲気の二つを区別する必要がある。

まず精神的雰囲気の問題を考察してみよう。この問題については、次の例によって多くのことが明らかになるであろう。私は、演劇学校の学生であった友人から、何度も舞台負けをするので少々心配になってきたと相談された。彼女は、経験豊かな学生で、事実、教生として校長から特別指導を受けていた。ある日の午後、レッスンに行くと、彼女の先生が下級生の発声法の期末試験を終えたところであった。彼女は舞台へ上がり、試験官のために置いてあった小さなテーブルの横に立って、レッスン用の作品の暗誦を始めた。彼女自身は、神経質になる理由は全くなかった。先に述べたように、彼女は経験豊かな話し手であり教師であったし、その上、それは特に重要なレッスンではなく、単に一連のレッスンの一つにすぎなかった。彼女は、いつも神経質で自意識過剰というわけでもなかった。だが、暗誦を始めようとするとすぐに、彼女は全く「台詞を忘れて」しまい、一言も喋れず、その場に立ち竦んでしまったのである。少し台詞付けをしてもらうと間もなく暗誦できるようになったが、ひどい舞台負けを経験したことで、神経が参ってしまった。

心霊研究の見地から、これは簡単に説明できる。彼女は、試験を受けた舞台に上がった少女たちが生み出した精神的雰囲気の中に立っていたのである。試験の出来は自分次第であるから、学生たちは皆相応じて神経質になっていた。彼女自身も感受性が強いので、その雰囲気の影響を受け、いわゆる「感応」という、電気学や音響学で良く知られており、また心理学でも通用する現象によって、同じような精神状態に陥ったのである。

残念ながら、受験者たち自身もお互いに悪い影響を与え合っていたに違いない。放送関係者ならよく知っている「マイクロフォーン・パニック」が、同じ場所に次々と立った神経の高ぶった人々が生み出した精神的雰囲気によって引き起こされたのであろう。

それに関して、私自身の経験も興味深いものであると思う。私は宿屋に寝室・居間兼用の部屋をとったが、そこへ着くとすぐ非常に強い憂鬱感に悩まされた。私は陽気な性質《たち》なので、普段は塞ぎ込むことはないのだが、その部屋に入ったとたん、陽当りも良く感じの良い部屋であるにもかかわらず、憂鬱な気分になった。しかし、部屋を出て宿屋の食堂や屋外に行くと、すぐに気が晴れることに気がつき、その部屋の来歴を尋ねてみた。すると、それはかつてその家の前の持主の寝室でありその人物は大酒飲みで破産したということがわかった。奇妙なことに、酒飲みや麻薬中毒者は非常に悪い精神的雰囲気を作り出すが、普通の犯罪人はいかに重い罪を犯した人間であろうと、それほど害はなく、その人間によって生じた雰囲気は急速に消えてしまうのである。

この二つの場合には、有形であろうと無形であろうと、事件に関連して何らかの霊気が存在していたということは考えられない。その場所で、かなりの時間経験された激しく苦しい感情によって生じた不快な精神的雰囲気であっただけである。

このような集中的な感情は、強力であればほとんど無期限にその場に残るであろう。その集中がなされた時の建物が壊されて、新しい建物が建っても、その力は前に露出された写真の原板のようにそこに残って、敏感な人々に影響を与えるであろう。鈍感な人間は比較的傷つかないで済むかもしれない。

霊障が雰囲気のみによるのか、地縛霊が絡んで状況を複雑にしているのか判断するのは、全く難しいわけではない。霊気が存在する時には、普通は遅かれ早かれ姿を現わすからである。さらに、その存在は感じられるだけでなく、音を出す。しかし、この音は必ずしも有機体の存在を示すものではない。私が知っている場合では、入門儀式の集会所として使われた部屋を、集会所を他所へ移した後、仕切りをつけて事務所と二つの寝室にしたところ、夜になるとバリバリ、ドンドン、ドシンドシンと騒がしい音がして寝室は全く使用できなかった。こういう場合は、何らかの霊気が存在すると疑うべき理由は全くない。儀式は霊を呼び出すようなものでもなかったし、悪い影響を与えるようなものでもなかった。それは単に緊張状態における力にすぎなかったのである。騒ぎを起こしたのは全くの物理的な音であった。私は、この部屋で眠った、というより眠ろうとしたことがあるので証言できる。

幽霊が見える場合は、普通はその音も聞こえる。形が目に見えるほど実体を備えているならば、少なくとも少量のエクトプラズムによって構成されているに違いないし、エクトプラズムは、ある程度は物理的な次元で力を働かせることができるからである。幽霊の姿が目に見え、耳にも聞こえる場合には本物の幽霊である。見えるけれども聞こえない場合には、心霊作用を受けやすい性向の人物が自然の感光板であるエーテルに映った像を見ており、実際には何の霊気も存在しないのであるかもしれない。霊障が目に見えずとも聞こえる場合は、儀式魔術によって動き出した星幽界の力が原因であることもある。それは、最初の起動刺戟がなくなっても、しばらくは作用するからである。ガタガタいう窓ガラスと同じように眠りを妨げることを除いて、これらの現象は全く無害である。これに反して、強力な霊の呼び出しの儀式が行なわれた後、その場所が正しく清められなかった場合には、深刻な霊障が起こり、状況は非常に好ましくないものとなるかもしれない。

この問題を明らかにするには、いくつかの例を挙げるのがよいであろう。宗教的儀式と関係のない霊の出現については、現代建築のアパートの一画に引越して来た私の友人の例を挙げてみよう。引越して来た時から、彼女は憂鬱な気分になり、日がたつにつれ、その憂鬱で悲しい気分は強くなっていった。ある日の日暮れに客間に入ると、彼女は薄明りの中に一人の男が部屋に背を向けて窓の外を凝視しているのを見た。彼女は電気をつけたが、そこには誰もいなかった。彼女の女中も何度か誰かが客間へ続く廊下を横切っていくのを見ている。さらに、玄関のドアが独りでに開くことがよくあった。

友人の憂鬱な気分は深まり、遂に、ある日客間の窓辺に立っている時に、そこから飛び降りたいという衝動を覚えた。その時、彼女は事態の深刻さに気がつき、肝油を飲んで海辺で週末を過ごしても解決しない問題であることがわかった。隠秘学者であった彼女は、自分のアパートで起きている出来事の重大性を理解し、その現代建築のアパートの一画が建っている土地の来歴を調べてみた。するとそれは評判の悪い精神病院の跡地であることが明らかになった。彼女と女中が見た人影は、恐らく自殺願望を持った不幸な精神病患者の一人であったのだろう。そして、その人物は彼女の部屋のある場所と一致する地点で、自らの衝動を実行に移したのだろう。彼の心労と最期の絶望的な行為によって生じた恐るべき情念の力は、その場の雰囲気に言わば写真のように写し取られ、私の友人の心に自己破壊的な思いを示唆したのである。それは、ちょうど、一緒にいる人物の不気嫌や憂鬱が一言も言わなくても、我々を同じような気分にするようなものである。

私が経験したもう一つの例は、実際には私が扱った事例ではないが、非常にはっきりしたポルターガイスト現象と吸血行為が合わさった大変興味深いものである。

私は、かつて非常に深刻な事件を持ち込まれたある精神療法家から相談されたことがある。ある寛大な人々が資金を集めて、恵まれない赤ん坊のための施設を設立し、ロンドンに近い村のはずれに適当な家を購入した。その家は掘出し物で、皆、大満足したのである。しかし、間もなく様々な奇妙な現象によって悩まされ、また赤ん坊たちの不可解な病気や発作に悩まされるようになった。事実、一人の子供は本当に死んでしまったが、死亡原因ははっきりしなかった。次に、保母の一人のアイルランド人の娘の具合が悪くなった。ケルト系の人々は、心霊作用の影響を受けやすいので、最初に具合が悪くなるのである。大人より抵抗力が弱いので、まず赤ん坊がその影響を受け、それから大人の中で最も敏感なアイルランド系のケルト人が影響を受けたのである。

馬車が車道をやって来る音がして、女中がドアを開けてみると何も見えないというようなことが何度かあった。すぐに幽霊はもっと精力的になり、納屋の端から端まで石炭を移動させたのである。このようにして、一晩で数トンの石炭を動かしてしまい、家の住人たちは、石炭の塊りが石炭櫃の側面にドサーッゴロゴロとぶつかる音を聞きながらベッドの中で震えていた。なぜこのような独特の現われ方をしたのか私には分からない。

何回か色々な人が見知らぬ男が玄関の広間を横切って行くのを見ており、その後すぐに子供たちが病気になった。他の災難に加えて、最後には家中で原因不明の火事が起きるようになった。人気のない部屋に置いてあった洗濯をしたリンネル類のバスケットが燃えているのが発見された。カーテンがくすぶっているのが見つかった。一方、不運なアイルランド人の保母の具合は益々悪くなり、すっかり弱って寝たきりの状態で、どんどん気が変になっていった。

この災難は、誰か悪戯好きな者か発狂した人間の仕業ではないかと思われるかもしれないが、一体どんな人間が一時に独りで小屋の端から端へトラック一台分の石炭を動かすことができるのであろうか。また、誰がそのようなことをしようと思うであろうか。

孤児院の院長は、精神療法に興味を持っており、物事の精神面を充分に知っていたので自分の管理下の家で異常な事件が起きているということに気がついていた。彼女は、精神療法家に相談し、そこでその療法家は私に相談してきたのであった。

私は、この一件を心霊研究の見地から分析し、問題の家にはある時期隠秘学に通じた人間が住んでいたと思うと伝えた。その人物は邪道の隠秘学者であり、肉体の死後も煉獄で罪を清めることに強く反発し、孤児院の不運な子供たちの生命力に頼って、地縛霊という中途半端な状態を保っているのであった。偶然一人の子供の生命力を取り過ぎたために、即死させてしまったのであろう。

この仮定によって、精神療法家は、「不在治療」を行なった。言うまでもなく、孤児院の役員たちにはこのことを伝えないでおいた。

治療の結果、幽霊はすぐ出なくなった。子供たちは発作を起こさなくなったし、アイルランド人の保母も急速に元気になった。それから院長に私たちが従った仮説を話した。彼女は非常に興味を持って、家の来歴について村人に尋ねたところ、それは悪名高い幽霊屋敷であり、そのせいで安く売りに出ていたことがわかったのである。それまでの居住者も長くは住むことができず、原因不明の消耗する病気に罹った人が多かったようである。また、六十年ほど前に、その家には長い間隣人たちから得体の知れない変人として怪しまれていた男が住んでいたことも明らかになった。その男は、実験室を必要とするような何かの研究をしており、その実験室には誰も入れず、仕事は夜していたということであった。

面白い点は、精神療法家も私もその家を訪れたことも、またその家の二十マイル四方内に入ったこともなかったという点である。このことは、どのようにして遠くからこれらの目に見えない力を取り扱えるか示している。

最後の例は、『アレイスター・クロウリーの告白』(The Confessions of Aleister Crowley) からの引用であるが、これは儀式魔術によって呼び出された力が充分に消散されなかったために生じた心霊現象の特質を説明するのに役立つであろう。

「アブラメリンと関係のある悪鬼たちは呼び出されるのを待たず、——求められたわけではないのに現われる。或る晩、ジョーンズと私は夕飯を食べに出かけた。ホワイト・テンプルを出る時に、私はイェール錠の閂がかかっていないことに気がついた。そこで私はドアを引いてちゃんとかかっているかどうか確かめてみた。外に出る時に、半ば実体を備えた人影が階段に立っているのに気がついた。その場の空気は、私たちの利用していた力によって振動していた。(私たちはその力を知覚できる像に凝縮しようとしていたのである) 帰宅してみるとアパートには変わったところはなかったが、テンプルのドアは大きく開いており、家具が乱れ、いくつかの像や印《しるし》が部屋中に散らばっていた。私たちが片付け終えると、半ば形体化した霊気が大きな部屋の中をほとんど絶え間なく行列を作って練り歩いているのが見えた。

遂にそのアパートを出てスコットランドに行くことになった時、ブラック・テンプルを通らなければ大きな鏡を外に持ち出せなかった。勿論職人が来る前にテンプルの装備はすっかり除いておいた。だが、その場の雰囲気は元のままであり、職人のうち二人は数時間動けなくなってしまった。さて、毎週のように、ひょっこりやって来た訪問者が階段のところで気絶したり眩暈がしたり、こむらがえりや卒中を起こしたりしたという話を聞かされた。長い間これらの部屋を借りる人はいなかった。誰でも本能的に超自然的なものの存在を感じとったからである」

霊能者にはよく知られていることだが、秘儀が行なわれた古い寺院の跡地は必ず強力な心霊力に充ちている。この力は邪悪なものとは限らないが、心霊作用の中枢に強い刺戟を与えて、潜在意識の力を揺り動かすのである。文明人の多くは、程度の差はあるものの、フロイトが言うように「抑圧」されているので、このように潜在意識を刺戟されると気持が非常に乱される。私たちが不快感を覚えるからといってためらいもなく場所や人物の悪影響のせいにしてはいけない。それは単に私たちが慣れているよりも大きな緊張状態にある心霊力が私たちの平衡感覚を乱しているにすぎないかもしれないからである。

宗教改革時代に迫害を受けて解散させられた修道院の跡も、しばしば強力な心霊力が「憑いて」いる。信者の共同体の集団意識は非常に強力であり、それそのメンバーたちの集合的情念によって乱された時に解き放れた力は、容易に消散できないのである。さらに、イエズスの奥義の伝授を受けた人である僧侶は、自分たちの聖なる場所を善意のかけらもない略奪者の手に渡そうとは思わないであろう。教会の土地の略奪によって利益を得た者は呪われているという話が繰り返し伝えられている。本書で検討する必要もないほどよく知られていることである。

しかし、教会の財産と関係があるもう一つの事実は、余り知られていないであろう。それは教区の牧師館でしばしば心霊現象が起きるということである。本書執筆のための調査に関する資料を求めて、友人や同僚に尋ねたところ、驚いたことに、牧師館にまつわる心霊現象の話を何度も聞かされたのである。

勿論、キリスト教の典礼は儀式上の魔術であり、このことはイヴリン・アンダーヒルのような正統派の権威者でさえ認めているのである。平均的聖職者は隠秘学の技術に精通しているわけではないので、自分がしていることをほとんど、いや全く理解していない。どのような影響を祭壇に及ぼすか、そこからどのような力を取り去るのか、というようなことは、個人々々が解決しなければならない問題である。典礼によって意識が高揚し、自分のオーラをどのようにして封じて正常な状態に戻すか知らない人間は、心霊作用の影響を受けやすいのである。

いかなる形の儀式行為であれ、それと関係のある物品は、必ず強力な磁性に充ちており、その物品が利用された力と密接に結びついている。何年も前のことだが、私が隠秘学の知識をほとんど持っておらず、心霊研究に関して何の衒いもなかった頃であるが、二人の友人と一緒にお互いの小物入れをかき回して楽しんでいた。私はその中の一つから見事なアメジストの十字架を手に取ったがすぐに叫んで言った。

「この十字架は何だかとても変わっているわ。まるで生きているみたいよ」

友人が答えて言うには、

「この十字架は、私の初聖体拝領の時にもらったもので、元々司教の佩用十字架だったのよ」

彼女の妹は非常に興味を持って、すぐに自分の宝石箱を私に渡すと、自分が最初の聖体拝領の時もらった十字架がどれか当てられるかどうか尋ねた。彼女も姉と同じカトリック信者であり、二人の初聖体拝領の十字架は、同じ司祭によって祝福されたものであった。三、四つの装飾のある十字架の中から、手触りが暖かく生き生きとして刺激を感じるものを選び出せたのは、大いに興味深いことであった。彼女に十字架を手渡して、「これがあなたの聖体拝領の十字架でしょう」と言ったところ、まさにその通りであった。

幼い頃、一度死にかけているミヤマガラスを拾ったことがある。カラスは数分間私の膝に乗ったまま動かず、一度はばたくと死んだ。私はそれまで生物が死ぬのを見たことはなかったが、カラスが死んだのは、人に言われないでもわかった。そのはばたきの前と後ではカラスの「感じ」は違っていたのである。磁性を帯びた十字架とそうでない十字架の違いは、生きている鳥と死んだ鳥ほどの違いであると言うほか仕方がない。

しかし、キリスト教は、儀式の道具を磁化できる唯一の宗教というわけではない。他の儀式のある宗教もあるし、そのいくつかは程度の悪いものである。私たちが理解できないような種類の宗派と関係があったかもしれない品々を装飾品として部屋に置く前に、充分気をつけるべきである。勿論、その多くは、えせ宗教のものであり富の神《マンモン》と同様にさもしい神に捧げられたものである。だが、本物の骨董品となると話は違う。

私はかつて大英博物館で、このような例に出会ったことがある。私は、古代の有名な彫像の石膏模型のコレクションが置いてある地下の部屋にいた。本物はどこか他所にあるということであった。突然、私は磁力を感じた。その磁力の方を向くと、小さな祭壇があった。説明書を見ると、それは模型ではなく本物であった。大英博物館の色々な部屋の雰囲気を試すのは、心霊的性質の試金石として非常に興味深い。仏像の部屋の温和で熟考するような静寂は忘れ難いものである。細長い民族学の部屋の味は、できるだけ早く忘れたくなる。とにかく私にとっては、エジプトの部屋は余り面白くない。ミイラはどれも悪意も善意もなく、冷笑的に見えるだけである。だが、一晩そこで過ごしたら、違った感想を抱くかもしれない。昼間は消散している磁性も夜の沈黙と闇の中で再び充たされるからである。私は、観光客や観光バスで混雑するストーンヘンジを訪れた時、その栄光はもはや過去のものであると思った。だが訪問者のない長い冬の後、春の寒々としたある日一人出かけてみると、それは再び栄光に充ちており、畏敬の念を起こさせたのである。

従って大英博物館でミイラと私の間に火花が散らなかったからといってミイラの評判に根拠がないときっぱり言えないのである。例のツタンカーメン王の墓が開けられた時、私は自分に言いきかせた——「もし、この場合ミイラの呪いの効果が表われなければ、隠秘学を信じられなくなるわ」——この呪いの効き目が第三世代・第四世代に到るほどのものであったことは、周知の事実である。百科事典のエジプト学の項目や写真から古代エジプトに関する知識を得た小説家でも、それほど偶然の一致の範囲を広げなかったであろう。

エジプト人は、肉体の保存を非常に重要視した。よく知られていることだが、重要人物の墓は、一般に「呪文」と呼ばれるもので守られているがエジプトの魔術の力と範囲を認識している人はほとんどいない。エジプトの秘儀についてのイアンブリコス（Iamblichos）を現代の隠秘学者が読んだら驚嘆するであろう。

しかし、多くの場合、エジプトの骨董品の買い手は何も恐れることはない。心霊現象の調査をして収穫があるとしても、せいぜい大量生産の工場での労働問題の幻覚くらいであろう。だが、私は次のような一体のミイラの素晴らしい測心術《サイコメトリー》（psychometric reading）による調査の話を知っている。調査後包帯を解いてみると、そのミイラは最近の日付のフランスの新聞紙でできた偽物であることがわかったのである！

私はエジプト学者が墓盗人に対して抱く憤激をいつも面白く思ってきた。結局のところ、一方は夜間に、他方は昼間に発掘作業をするということを除いて墓に早く来た者と遅く来た者との間に何らかの相違があるのだろうか。墓を建て何としてでもそれを守り死者の平穏を保とうとした人々から見れば、恐らく夜間の作業者の方が増しであろう。彼らは盗みを働くだけで、死者の裸体を剝き出しにして、公衆の目に晒したりはしないからである。最近、村の墓地で有名人の墓を飾る記念碑を建てる場所を作るためにいくつかの遺体を動かしたところ、大変な騒ぎになった。この冒瀆行為によって宗教感情を害されなかった人々でさえ、けしからぬ悪趣味なことであると考えたのである。だが、他人の妻や母親の遺体の衣服を剝ぎ取って真裸の写真を撮ろうと言った者は一人もなかった。ミイラの呪いの問題に関する限り、私はミイラの方に大いに同情しているのである。

秘術者は、決して他者の神の名を冒瀆してはならぬと厳しく忠告される。それは、秘術者自身が崇めている力と同じ力が別の象徴によって表わされたものだからである。古いアラブの格言にあるように、「神への道は、この世の人の生命の数だけある」のである。我々は他の人が光に向かって苦闘している時、共感こそすれ、その人物の希望と努力によって——それだけによってであれ——清められた物を汚してはならない。我々すべての「父」は、その物の意義を我々よりもよく理解し、それを受け入れることにより、永遠に清めて下さるであろう。

仏陀に深い愛情を抱き、部屋に仏像を置くヨーロッパ人は沢山いる（時には、太ってにこやかな福の神、布袋《ほてい》Chenresi と混同する場合もあるが）アジアの光である彼の偉大な存在の影響が気高く穏やかであることを否定するつもりは全くない。だが、仏像となると話が違う。本物の仏像に、近づく時には気をつける必要がある。この世で最悪の黒魔術のいくつかは、仏教の堕落したものだからである。だからといって仏教の尊い教義を侮辱するわけではない。黒ミサがいかがわしい高位につけずにいるのは、単にその機会がないからにすぎないのである。デュグ＝パ(Dug-pa) 派のチベットの僧院には、文字通り何千体もの仏像がある寺院がいくつもある。色々な場合に、これらの僧院は、対抗する信者や中国軍に襲われ、その骨董品類は四散した。デュグ＝パの儀式によって磁化されたこういう仏像の一つの持主となるのは、余り愉快なことではない。

ある時、私は一体の仏像をめぐる奇妙な体験をした。その仏像は、古風な石鹸石の像で高さは約九インチあった。持主の女性は、廃墟と化して、密林に呑まれてしまったビルマの或る町の遺跡で、その像を自分で発掘したのである。それは階段の角の床に置かれ、時にはドアのあおり止めに使われていた。私はその家の最上階の部屋を借りていたので、階段を昇り降りするたびに、この小さな悲しげな仏像の前を通らねばならなかった。他の宗教の聖なる象徴をこのように扱うのは冒瀆であると思われた。私は持主にこのことを指摘し、もし十字架が同じような目的に使われたらどう思うかと尋ねたが、効き目はなかった。一方、この小さな仏像はそこに辛抱強く坐り、カーペットの掃除機を顔に押しつけられたり、汚水のおみきを浴びたりしていたのである。

ある日、一束の花を持って階段を上がって行く時、私は、インドの信心を表わす伝統的なマリゴールドを一本、仏像の前に投げようという気になった。すぐに、私は自分と小さな仏像の間に絆が生じたことに気づいたが、それは不吉な絆であった。それから一日二日して、少々夜遅く帰宅し、仏像を通り過ぎた時、背後に何かの気配を感じた。肩越しに振り返るとフットボールくらいの大きさの淡い金色の光の球が仏像から出てくると階段を昇って後を追って来るのが見えた。驚き慌てて、またこの球の出現に非常な嫌悪感を抱いて、私はすぐに厄払いの身振りをした。光の球は階段を降りて、再び仏像に吸収された。言うまでもなく、私は二度と仏像にマリゴールドを捧げなかったし、仏像を大いに敬遠して、間もなくその家を出たのである。その後、私はこういう仏像の或る物は、生贄となった人間の血によって清められているということを知ったのである。

すべての仏像がこの例のように扱われたと言うつもりはない。私の考えでは、こういう浄化は稀である。しかし、黒ミサでさかしまに使われた十字架を時々見かけることがあるように、事実を知る者は、この類の浄化を否定しないと思う。

しかし、霊障がすべて外部から生じるわけではない。万物が回帰するというのはよく知られた宇宙の法則である。私たちが送り出したどんな力も、私たちのオーラから押し出したどんな思念の形体も、その対象に吸収されなければ、やがて私たちの元へ戻ってくる。最も効果的かつ最も広く実践されている隠秘学による攻撃の防衛法の一つとは、攻撃に逆らわないことである。自分に投影された力を受け入れもせず無効にもしなければ、その力は攻撃者の元へと戻っていく。いわゆる。隠秘学による攻撃は、自分の元へと還って来た悪意ある思念の形体かもしれないという事実を見逃してはならないのである。

　自分は目に見えない存在の攻撃の被害者だと信じる精神異常のタイプがある。この見えない存在によって、患者は脅かされ虐待され卑しく危険なことを仄めかされていると言うのである。患者は、自分を苦しめている存在の姿形を説明したり、部屋のどこにいるか指差したりする。こういう問題を調査している霊能者は、異常者が示すその場所に、申し立て通りの存在を見ることがしばしばある。しかし、心理学者は一歩前に出て、いわゆる「幻覚」は、患者の潜在意識の分裂した思念の複合体のもとである抑圧された本能のせいであると、説得力のある証明ができるであろう。では、霊能者は星幽体が見えると思い違いをしたのであろうか。私の考えでは、霊能者も心理学者も正しく、両者の調査結果は共に説明がつく。霊能者には、思念の形体としてオーラから押し出された分裂した複合体《コンプレックス》が見えるのである。取り囲んでいる思念の形体を解体することによって、精神異常者は大いに安心するが、残念ながら、その安心も束の間である。病気の原因が処理されぬ限り、最初の思念の形体が壊されても、すぐ新しい一団が形成されるからである。

第七章　非《ノン》—人間《ヒューマン》

私たち人類以外の生命の形態の進化の領域もこの地上を侵している。民間伝承の世界では、人間の国と妖精の国の間の交わり、人間と妖精の結婚、妖精による子供の誘拐や、代わりに残された小鬼のような取替え子などの着想に始終ぶつかる。民間で信じられてきた広範囲に亙る事柄は、全く事実無根であると見なすのは、軽卒なことである。そこで、これらの古くからある粗野な民間信仰を調べ、その根拠の有無を見てみよう。もし根拠があるならば、その事実の真の性質とは何か、本書で考察しているような現代の心霊現象を解明するのに役立つかどうか考えてみたいと思う。

私たちの多くは、非—人間、魂のない存在と表現してもよいような人々に出会ったことがあるであろう。この種の人々の言動は、普通の人間の動機によるものではないし、普通の人間の感情によって促されたり禁止されたりしない。この種の人々は非常に魅力的なので、好きにならずにはいられないが、同時に恐れずにもいられない。周囲の者たちに、無数の災難をまき散らすからである。滅多に悪気はないのだが、この種の人々は、自分と出会った人間すべてに対して不思議なほど有害なのである。彼ら自身にしてみれば、私たちの中にあって不幸で孤独である。自分たちは異邦人であり、仲間もいないと感じている。誰もが彼らの敵であり、その結果、残念ながらしばしば彼らも皆の敵となる。計画的な悪行は滅多にないものの、彼らは気まぐれな悪意を抱くようになる。感謝の念、同情、善意、道徳心、世間並みの正直といったものは、彼らの性質とは全く相入れない。微分と同じように彼らの概念を遙かに越えたものなのである。だが、彼らは不道徳なのではない。道徳の外にいるにすぎない。一方、彼らには純粋な誠実さと大いなる勇気という美徳がある。人間の倫理の見地からは、「望ましくない者」であるが、彼らは独自の倫理を持ち、それに対して忠実である。その倫理とは、美は真理であるということであり、彼らにとってそれがすべてなのである。彼らの生活に関する限り、他は必要ない。彼らの容姿は、普通は小柄で華奢である。肉体的には並外れて強靱であるが、ノイローゼや突然の精神錯乱に罹りやすい。社交上の人間関係では好き嫌いがはっきりしている。好きな相手に対して当りの良い表現豊かな愛情を示すが、すぐに忘れてしまう。彼らの性質には感謝や憐みの気持は見られない。嫌いな相手に対しては心根の狭い悪意を見せる。そして、人生すべての人間関係において、全く無責任である。この種の人々を言い表わすのに、ペルシア猫の子猫とペットの猿を足して二で割ったようだという表現がぴったりである。猫のように美しく冷淡で魅力に溢れ、猿のように滑稽で茶目気があって破壊的である。一目見て彼らを嫌う者が多いが、夢中になる者もいる。彼らのこの世のものでない美意識と生命力の躍動に魅了されるのである。私は、この種の人々である二人の経歴を調べることができたが、どちらも母親が酒に酔っている時にもうけた子供であったという点に注目すると興味深い。魂の受肉に対する隠秘学の見地について非常に多くの情報を入手できるが、妊娠の現実に関する知識は書物として余り発表されていない。拙著『愛と結婚の秘教哲学』(The Esoteric Philosophy of Love and Marriage) の中でこの問題を少々扱っている。本書では、本題から逸れるので、この問題を深く掘り下げることはできない。だが、本題を包括的に概説するのには、いくつかの点に言及することが肝要である。

性的結合の瞬間、竜巻に似た精神の渦が形成される。それは漏斗状の渦巻きで、他の次元へそびえ立っている。肉体が交わると渦巻きは上の次元へと昇っていくのである。すべての場合において、肉体・エーテル体・星幽体は絡み合っているので、渦巻きは星幽界《アストラル》にまで達する。受肉の機が熟していれば、星幽界《アストラル》の魂がこの渦巻きに引き込まれて、両親の世界へ入って来るのである。渦巻きが星幽界より上まで届けば、他の種類の魂が入り込んで来るかもしれないが、それほど上まで到達するのは稀である。そこで、人間は欲望によって生まれると言われるのである。他のものによって生まれる人間は余りいないからである。

しかし、この渦巻きは次元を垂直に昇っていくだけでなく（隠喩として）、ある状況下では、言わば人類の正常な進化の列から外れることもある。その結果、その途切れた端が別種進化の生命の領域にまで及んでしまう。こういう場合、理論上、人間と類似した進化をしている生命が引寄せられて、人間の肉体をとって生まれることも可能である。

人間は、このような非―人間を礼賛したり憎んだりする。心理学者が「情緒不安定」と呼ぶような気質の人間にとって、彼らは独得の魅力を持っている。この種の気質の持主の場合、潜在意識が意識の近くまで来ているので、深層からの呼びかけによって本能的に精霊の世界に近づいていくのである。

非―人間との結婚ほど悲惨なものはない。彼らの性質上、普通の人間が切望する愛情や同情を満たすことができないからである。このような婚姻には必ず離婚理由が容易に見つかるという一つの救いがある。非―人間は高い道徳性を持っていないからである。

敵に危害を加えることに関しては、非―人間の力は比較的小さい。人間の形をとって生れた時から異国の異邦人であるので、普通の人間のような危害の加え方ができないのである。事実、彼らは非常に無防備で無力であり、世間から痛烈に苦しめられている。だが、友人関係においてはその逆である。彼らは、自分を愛する人々に対して害を加える際限のない才能を持っているようである。故意にではなく、悪気もないのだが、退屈してとんぼをばらばらに毟ってしまう子供のように、自分のしていることがわからないのである。自分自身の本性の法則に従う彼らは、人類の進化にとって有害な存在である。だが、他にどんな法則に従うべきだというのであろう。私たちの道徳的規範に従えば、彼らは自らの大いなる本能を否定することになるのである。

彼らが自分を愛する人間に与える影響は、精神病の病状において非常に際立った症候群を作り上げるので、詳細に考察する必要がある。非―人間と関係を持った人は、このさまよえる異邦の魂を回路として私たちの世界に進入する自然力によって強く刺激される。言わば、正常な人間的な事柄から引離されて妖精の国の境界をさまよい始めるのである。それにもかかわらず、その人物はそこに安住の地も、魂を支えてくれるものも見出せない。美男の漁師と人魚の物語は、この状態を示しているのである。漁師に恋した人魚は、彼を自分の元へ引き寄せて溺死させてしまう。漁師は水というエレメントの中では生きることはできないからである。

非―人間が用いる、この魅力的かつ破壊的な奇妙な力を説明する事実は、人間は四大を併有しているが、彼らには一つのエレメントしかないということである。私たちは、どのエレメントと接触しても刺戟を受ける。エレメントの存在は、それが属しているエレメントの領域の生命力をふんだんに供給するので私たち内部の相応じるエレメントに活力を与えるのである。しかし、四大から成る生物が一つのエレメントしかない世界に引き込まれたら、そのエレメントを取り過ぎる上に、他の三つが欠乏して毒されてしまう。それで、妖精の国の人間たちは必ず魔法をかけられていたり眠っていたりすることになっているのである。人間たちは、決して身体器官のすべての機能を働かせて生きていないのである。

私たちの間に引き込まれた非―人間にも同様の難問が課せられている。一つのエレメントしかない生物が、知識も経験もないのに、他の三つのエレメントを支配し吸収しなければならないのだから、結果は悲惨である。

しかし、本書では、状態を説明し問題を述べるだけでは充分でない。本書の意図は、本来実際的である。非―人間に直面して対処しなければならない時、どうしたらよいか。人間と非―人間の間のいかなる婚姻関係も見込みのない話である。第一に、非―人間の性行為は相手を選ばないので離婚するのが落ちである。次に非―人間は、本質的に人間の高次の切望を充たすことができない。人間の形をしているからといって、人間の魂を持っていると誤解してはならない。非―人間は、愛玩動物であって、同胞ではないのである。卒直に言って、こういう立場でしか彼らに近づけない。ペットの小鳥と同じような物だと思い、子猫を扱うように彼らを相手にすれば、私たちはこの問題を最大限に解決したことになる。やがて、死の天使が慈悲深く彼らを故国へ返してくれるであろう。苦難が長びくことは滅多にない。非―人間は長生きしないからである。

人間は自分自身が四大の生命の領域に入り込んで、四大の生物と接触できる。このような接触は進入者が自分の立場を弁えているならば、どちらの世界にとっても害になるとは限らない。事実、隠秘学者は、仕事や調査をしている時にしばしばこのような関係を持つ。但し、それは、初心者ではなく経験を積んだ隠秘学者のみに許される仕事である。

しかし、このような関係が害となる場合もある。人間のパートナーが関係を持つには充分に訓練されていなかったり、適していなかったりした場合である。自分より経験のある隠秘学者の術式を偶然に聞き覚え、適切な準備もせず、自分の力量を越える危険を冒すかもしれない。また、前世より四大の世界と接触をする生来の能力を受け継いでいる人々も珍しくない。このような場合、人間と関係があった精霊が故意にその人物と接触しようとするかもしれない。どの点から見ても、これは望ましくないことである。その精霊は、新しい友人を傷つけずに済むほど人間の事情を知らないからである。いずれにせよ、精霊には一方的な知性しかないので、人間とのどんな関係においても主導的立場に就くことは好ましくない。精霊との接触という問題全体は非常に魅力的な問題であるが、本書で扱うには余りに範囲が広く複雑である。しかし、ここで言及する必要があったのは、精神障害の或る症例は、この世と星幽界の両側における未熟な操作に帰因するからである。

精霊（elementals）、即ち自然の霊は、心霊学の集会で接触する支配霊（controls）とは全く違うものである。降霊運動は霊界において非常に組織化されており、でたらめな霊の支配は許されない。事実、支配霊は霊媒と同じように「坐って」事態の展開を待たねばならないのである。万事がうまくいかない時は、集会の援助にやって来る何らかの経験豊かな存在が必ず近くにいる。西洋の秘学は、何百年にも亘る迫害のために全く秩序が乱れ解体してしまった。その結果、霊界の状況は、今日でも多くの混乱や欠陥を呈している。心霊学の世界ほど整理されていないのである。隠秘学者の大いなる結社は、仲間内で一定の交渉と仕事をして初心者には勝手なことはさせないが、結社の外は混乱状態で、山賊行為が横行している。従って使用する方法のテクニックを理解している経験豊かな隠秘学者と一緒でない場合は、余り思いきった行動に出ない方が賢明である。精霊が自然の霊と共存する世界で、時折神界（Deva Kingdom）と呼ばれる世界は非常に魅力的なので、多くの人々が瞑想や儀式によって接触しようとする。私の考えでは、これは門外漢には明らかに危険なことである。その結果実際に強迫神経症にならないまでも、精神が不安定になる傾向が大いにあるからである。自然の精霊との接触が有害なのではないが、それは精神分析家がテクニックを駆使して剝き出しにしようとするような隔世遺伝的な心の深みを刺激するので、人間の意識を大いにかき乱すのである。精神分析の実践の文献に通じている者ならば実践方法において消散作用が大切な要素であることを知っている。それは一つの危機であり、とにかくしばらくの間、患者を全く完全に狼狽させ、すべての症状を悪化させることがある。精霊との接触は、精神分析で検閲《センサー》が強く動かされた時と同じ反応を引起こすのである。

潜在意識に近い芸術家、奇人、情緒不安定な人々、そしてその点ではどの分野の天才も、力と霊感の源である自分の性質の自然の力を刺激する精霊との接触を好む。しかし平均的市民の場合は、意識内容が主に抑圧と妥協に基づいて系統だっており、それゆえ組織化された社会で一個の市民たり得るのであるから、自らの性質の抑圧と妥協の割合に応じて精霊との接触によって動揺する。妥協は人間にとって正常な運命であり、抑圧は病的な妥協である。自分の性質の様々な基本要素の間にうまく妥協を成立させた者は、誰にも迷惑をかけずに神界《デーヴァ》の精霊たちのもとで骨休めができるが、抑圧された者は、精霊たちと大変相性が悪い。精霊たちが徹底的な精神分析と同じ効果をもたらすからである。私たちは、砒素を含む強壮剤の最後の一服による死亡事故の話を時々耳にする。それは、毎回服用する時に薬の瓶をよく振らなかったことが原因となっている。つまり沈殿した砒素が最後の服用量に集まって、毒性のある濃度になってしまったのである。精霊との接触も同じである。精霊は強力な強壮剤であるが、不適当な状況下では、濃縮して毒になってしまうのである。

私は、地のエレメントに魅了されたために病気になったという事例を見聞きしたことはない。普通、素人の実験者は地のエレメントに引かれないが、隠秘学者はその価値と意義を正しく認識している。しかし、山国、特に陽の当らない峡谷の感受性の強い住人たちが山に対する恐怖に取り憑かれている事例ならいくつか知っている。山崩れを心配しているわけではなく、ハメルンの笛吹きの後をついて行った子供たちと同じように、山の中に閉じ込められるのではないかと恐れているのである。勿論精神分析家は、この症状は有名な神経症の一つ、閉所恐怖症であると思うであろう。だが、この診断によって私の意見の妥当性が失われることはない。私の考えでは、四大の領域を熟知すれば、閉所恐怖症の両方を解決する緒を得られるからである。

また、山国の人々は、人間を悩ます高い山特有の恐怖を知っている。それは、眩暈とか高山病ではなく、自然の人を圧する雄大さによって生じる奇妙な意気の消沈である。同じ力は、毒性の濃度に達していない場合は、キップリングが自作の詩で大いに誉め称えている山や海への熱愛を呼び起こすのである。

水のエレメントの場合は水に夢中になり過ぎて、どんどん沖に出て溺れてしまうという病状である。スウィンバーン（Algernon Charles Swinburne—1837〜1909 イギリスの詩人）には、この特色があり、自作の数編の詩によって、それに永遠性を与えている——「泳ぎ出せ、我らが内なる心の命じ請うままに、泡立つ海を求めて」或る時など、彼は外海でブレトンの小型漁船に拾い上げられたことがある。危険を忘れて精力的に泳いでいるうちに、海流に乗って岸から何マイルも沖へ出てしまったのである。助けられると、彼は甲板に坐って赤毛を潮風で乾かしながら、命の恩人たちに向かって海の詩を詠じた。それは、大した見物《みもの》だったに違いない。

私は、個人的に水に関する奇妙な病状をもう一つ知っている。非常に冷静な女性で、教師であったが、この人物は、荒波への恐怖に憑かれていた。彼女はいつも、もし嵐の海を見に海岸通りへ出ると波が自分に向かって猛烈な攻撃をしかけてくると断言していた。彼女は海辺に住んでいたが、波を嫌って満潮の時は、海浜遊歩道を歩こうとさえしなかった。彼女は、奇妙な形で、この恐怖感から解放された。彼女は、共同メーソン（女性会員を認めるメーソンの亜流）に入ったが、驚いたことに入会したその日から海への恐怖感がなくなったのである。私は共同メーソンの会員ではないので訂正があればするが、共同メーソンは他のフリーメーソン系の団体と異なって、自然の基本要素を呼び出すことを導入していると言って間違いないと思う。

どの隠秘学者も知っていることだが、風のエレメントは油断のならない相手である。風の段階で隠秘学の道から逸脱する入門者が一番多い。また、物が落ちたりひっくり返ったりせずに、風の儀式が進行することは滅多にない。うまくいった場合も、風の要素は喧嘩っ早いので儀式を行なった者たちは、つまらぬことで口論したり、喧嘩したりすることがよくある。また、その象徴でわかるように、このエレメントは性と密接な関係にある。隠秘学者が魔法の円を描いて、何らかの理由で、よく使われる大天使ではなく四大の智天使で円を閉じようとする時、風の智天使の象徴である鷲を上手に描けなければ、黄道十二宮の天蠍宮を描く。蛇と鳥の進化上の関係は生物学者によく知られているが、ダーウィン以前の時代長い間、隠秘学者は「蛇」と「鷲」を用いて、生命力の昇華されていない面と昇華された面を表現していた。「龍《ドラゴン》」を通して、「蠍」と「蛇」は結びついているのである。

私自身、風のエレメントに関する非常に特異な経験をしたことがある。隠秘学の奥義伝授のある段階は、エレメントに関係があると述べても、秘密を明かすことにはならない。この事実は余りにも一般的に知られているし、余りにも分かりきったことである。スペインの女王の御脚と同じで、特に神秘的でも何でもない。

さて、私は大変な高所恐怖症である。無限の高さは、風のエレメントに属しているので、明らかには私は生来風とは相性が悪い。ある風の儀式は、格別にうまくいかなかった。主動者の二人――夫婦であった――は、進行の途中で内輪喧嘩をして、闘争的であるという風のエレメントの評判を保ったし、いつものように大いに物が倒れたり壊れたりした。

次の二週間、私は、陶器類が目茶苦茶に壊れるのを見て過ごした。お茶のセット全部が二組も壊れ、マントルピースの飾りも壊れた。飾りは、マントルピースから一つずつ独りでに落ちてきたのである。私は実際に、この目で二つの飾りが落ちるのを見た。当時、私は風のエレメントの悪評判を知らなかった。だが、何か変だと思って、私の師に尋ねてみた。彼女は面白く思ったようだが、私は面白くもおかしくもなかった。その現象の素材となっているのは私の陶器だったからである。彼女は、奥義伝授が明らかに全くうまくいったわけではないので、空気の精《シルフ》と接触をして、同情してもらうようにと忠告してくれた。そうしようとしたが、うまくいかなかった。その頃、私はロンドンに住んでいたが、火のエレメント以外の基本要素との接触は、都会ではうまくいかないのである。陶器は相変らず壊れたので、私は遂にブリキ型のコップと歯磨き用のコップを使う破目に陥った。すべてが落ち着くまで、陶器を買っても無駄だと思ったからである。

それから私は夏休みをとり、ロンドンを出た。ある天気の良い風の強い日、私は、ぽつんとした高い山の頂上に立っていた。私はエレメントの世界を身近に感じていた。大気は銀色の輝きに充ちているようであったが、それは、常にこの世と霊界の間のベールが薄いことの徴であった。そこに居合わせたのは、隠秘学に理解のある友人たちだけであった。私は風に向かって両腕を挙げ、霊を呼び出した。突然、山の下の方で、誰かが障害物を突っ切り、溝を跳び越えて、夢中になって駆けて来るのが見えた。間もなく、私たちは、それが友人の一人であることに気がついた。彼はこちらへやって来ると、谷間にいた時に突然力が漲ってくるのを感じ、圧倒的な衝動に駆られて頂上に向かって走り出したと言った。そこで、私たち全員は、誰ともなく四大の踊りを始め、山頂でイスラム教のマーディ信者のようにぐるぐると回った。幸い、辺りには誰もいなかったが、もし人がいても大して変わらなかったと思う。私たちは我を忘れて夢中になっていたし、風の中で大気は同じ高さの黄金色の激しい炎に充ちているように思われたからである。その後、何日もの間私たちはその特異な踊りによって自然のエネルギーに充たされているようであった。

次のことに注目してみると、興味深い。私たちは、各々ぐるぐると回転しながら一つの円も全員の描く円も、太陽と同じ方向、つまり右回りであった。これらすべては、無意識の動作であり、自然力《エレメント》の潮が私たちを捕えて連れ去っていったのである。それは、私にとって最も素晴らしい体験であった。全く、神秘によってこの世のものならぬ酔いを味わったのである。

その後、陶器が壊れることは二度となかった。
すでに述べたように、私は大変な高所恐怖症である。風を呼び出すと、とにかくしばらくの間は恐怖がかなり和らぐようである。私の考えでは、特に理由がないのに高みから身投げをしたくなる奇妙な衝動は、スウィンバーンの例のように、水のエレメントに取り憑かれて沖へ泳ぎ出ていく衝動と同じものである。

このように、水や風のエレメントによる明らかに理由のない自殺は、人身御供の基になっている考えの一つ、つまり神との合体の一種であると思う。人身御供には、それを本人が望む場合と望まぬ場合と二つの種類がある。本人が望まぬ人身御供では、捕えられた人は、暴力や薬によって押さえつけられる。これは、一般に考えられるように神をなだめるためではなく、人身御供の生命力を神の顕現の基礎にするために行なわれる。本人が望む人身御供では、生贄となるのは聖職者か信者であり、その動機は神との合体である。生ける屍のような生活を送ることによって神との一致を目差すキリスト教の神秘主義者にも一脈通ずるものがある。また、クリシュナ神の信者たちは神像を乗せた山車の下に自らの身を投じて一瞬の痛みに耐えれば、目的を果せるのである。

人間にとって人生は一度限りと信じるヨーロッパ人には、死は最大の悪であるという考えが染み込んでいる。従って、ヨーロッパ人は、多くの場合、自然力《エレメント》と一体になる死に到らない。高度の自我は肉体から脱け出て、奇妙な一種の知性のある自動装置によって死体に魂を吹き込んでおくが、それは急速に悪変していく。脱け出ていく魂がどのような状態にあろうとも、後に残ったものは良くないものである。そこで、私は、もしもそれが脇道に逸れてデーヴァの進化の領域へ入ってしまうと、人間の個体《モナド》の進化を甚しく遅らせ歪めるに違いないと思うのである。一見して非—人間と思うような生き物のいくらかは、実際には、過去の因縁《カルマ》でデーヴァの段階を経た人間であってもおかしくないであろう。愚鈍な人や精神異常者の前世の生を系統だてて調査する人物を待っている大変興味深い研究分野である。

火のエレメントによる病状も滅多にないが、無目的の放火犯人や放火狂は、その類であるかもしれない。私自身は、この種の患者を扱う機会を持ったことは一度もない。アルジャノン・ブラックウッドの「アーニー卿の復活」という興味深い物語は、この事例を扱っている。この物語は、彼の短編集「世にも不思議な物語」(Incrediable Adventures)に収められている。

実際に、ブラックウッドは好んでデーヴァの世界から霊感を得ており、この問題に関する興味ある研究が、彼の著書のそこかしこに見られる。

いかなる有機的な地球上の個体にも大霊（Oversoul）のようなものが発生する。その発達の特殊性が著しいところでは、大霊は非常に明確な実体となる。その地域の住人の中に、霊界のものに対して敏感な者がいれば、この大霊に対して親近感を抱くか、または反発するかのいずれかであろうにの大森林は、非常にはっきりした性格がある。で、その影響力に抗うことのできる白人はほとんどいないであろう。白人は、他の白人の仲間と離れて長い間森林にいると、著しく人が変わり、人間性を失ってしまうのである。一方、土地の人々は、森林の中に入って行って、その一部になってしまうようである。

世界の到る所で、しばしば木が崇拝の対象となっていることはよく知られている。木には顕著な性格があり、強力な磁場を持っている。春になって樹液が増える頃は、霊能力のない人さえ、よく木のオーラを見ることができる。オーラを見るのに一番良いのは、二百ヤードほど離れて、木のてっぺんの彼方の空を見る方法である。オーラは空より明るい色の布片のような白っぽい雲の形に見えるであろう。それは木のてっぺんを取り囲み、普通は静かに左右に揺れている。

楡の木と人間の間には、奇妙な反目があるし、感受性の強い人なら誰でも、蘭は、何となく邪悪であると言う。熱帯の植物は、全体的に人間にとっては強烈すぎる。太陽熱の強大な刺激を受けて、自然の力は濃縮されて毒になったのである。私自身は、アフリカ西海岸へ行ったことはないが、推測するところによると、私の考えでは気候ではなく自然力と呪物の慣習によって生じる雰囲気が一緒になって、この地域を悪名高い「白人の墓場」にしたのである。例えば、ビルマのようにアフリカ西海岸と同じように暑くて多湿の気候の土地はあるがこのように道徳的性格をたるませる所は他にはない。アフリカ西海岸に匹敵する唯一の土地はカリブ海であるが、ここは道徳の退廃というよりも、そこを訪れる人々の民族性には全く異質の荒々しさと激しさを示しているのである。

第八章　儀式魔術につきものの危険

心霊作用による自己防衛の問題を適切に扱うには、知性のある組織的な悪の力の本質という、従来ほとんど文字になっていない問題を理解しなければならない。

古代世界の際立った宗教には、慈悲深い神だけではなく、悪神もいたが、後者は悪魔とは呼ばれなかった。ヒンズー教では、シヴァ神とカーリー神がおり、エジプトの宗教では、セトとベズ、テュフォンがいる。ギリシアの神殿には、プルートとヘカテーがいる。

他の宗教にもまた天使の階級や執政官《アルコン》、建設者、天使団がある。キリスト教のプロテスタントだけが天使論を忘れてしまい、創造主は宇宙の建築家兼建設者であり、誰の助けも借りずに人間を土から創ったと言っている。

しかし、『失楽園』を参考にすればミルトンは、天と地獄の両方の天使団をよく知っており、それは一定の順序で等級をつけられ、計画されていることがわかる。カバラに通じている者なら誰でも、ミルトンがカバラ主義者であると思うであろう。

カバラには、旧約聖書の秘教性が見出される。私は、カバラの用語を使って、秘教の悪の原理を説明したいと思う。まず、カバラの用語は私にとって最も馴染み深いものであるし、西洋の隠秘学思想及び中世の魔術のすべての基礎でもあるからである。また、カバラの用語は非常に明解で、筋が通っていて、わかりやすいと思うし、昔から伝わった尊い体系であるので、自分独自の体系を空想的に作り上げたとか、でっち上げたとかいう非難をされずにすむであろう。

私の概念を明確にするためには、カバラの理論を簡単に説明する必要がある。この厖大な体系を説明するのは不可能であるので、独断的に原則を述べ、論ずる代わりに実例を挙げて説明しようと思う。そうすれば、くだくだしい説明抜きに、よく理解できるであろう。

カバラの奥義に通じた者は、消極的悪と積極的悪という二つの悪を認識する。消極的悪は、善の対極を成すものである。

例を挙げて、このことを明らかにしてみよう。弾丸の発射力は、銃の反動力に比例する。動くものはすべてその力に応じて発動の際かかる推圧を遮断する何か、確固とした跳躍点となる何かが必要である。抵抗力がないので、つるつるした面は歩きにくい。歩くためには、踏み出す際に足掛りとなって、一歩ずつ前進させる瞬間力となるものがなければならない。

消極的悪は、善の推圧を遮断するものである。善に「足掛りを与える」抵抗力の原理であり、慣性の原理である。だが、消極的悪はそれ以上のものである。抵抗の原理を消極的悪の「消極的」面とすれば、その「積極的」面は破壊の原理である。

破壊の原理の宇宙的な働きを説明するには、神々の清掃人という秘教の呼び名が一番良いであろう。その役目は、進化の満潮の後について掃除をし、衰退した生物を取り除いて進化しつつある生物の成長を阻害したりしないようにすることである。

そこで、何故神は悪魔を許容するのかという永遠の謎の答えが明らかになる。悪魔は、宇宙の推圧遮断器であり、神々の清掃人なのである。この悪の一面は、他の宗教の神殿では、より詳細な象徴によって表わされておりシヴァ神やカーリー神、プルートやヘカテーといった面を見せている。そこで、どうしてこのような抵抗する破壊的な力が魔神ではなく神として分類されているのがはっきりする。彼らは宇宙の法則による反作用であり、無秩序で乱れた力ではないのである。

さて、積極的悪について考えてみよう。これにも、やはり「消極的」な面と「積極的」な面がある。「消極的」な面は、全くの無秩序状態であり、形体化してない実体と調整されていない力である。それは適切にも宇宙の流産と呼ばれている。積極的悪の「消極的」面の世界にふらりと入ってしまうと、精神的な流砂に落ち込んだようなものである。

次に、いよいよ積極的悪の積極的な面を考察してみよう。彼らは、悪魔そのものであり、カバラではクリポト(Klippoth)と呼ばれている。この面の重要性を理解するには、脱線してカバラの哲学の領域に踏み込まなければならない。

創造主は、十の神の流出によって宇宙を物質化するものとして捉えられている。これらは、十の聖なるセフィロトといい、特定のパターンに配列された図によって表わされる。これが、すべての象徴の鍵となる有名な生命の樹である。

セフィロト(セフィラの複数形)は、聖なる源から一つずつばらばらに流出したのではなく、お互いの中から溢れ出たのである。一つのセフィラがもう一つのセフィラを流出するとすぐ、この二つは平衡状態にあって、互いに補い合っていると言われている。だが、一つのセフィラの流出の間に、力の均衡が取れていない時期があり、半分だけのアーチのように支えなしで突き出ている。この不均衡の時期に流出した補正のない力、新しい世界が確立しえぬ吸収されない力によって、積極的悪はできている。従って、ちょうど十の神の流出があるように、十種類の積極的悪が存在するのである。

その種類に従って、悔改めにより消されたり、同じ集団の魂の他のメンバーの余分な徳により埋め合わされない人間の心の邪悪な想像は、すべてこれらの十の領域へと行くのである。ここで触れることのできない深遠な隠秘学の原理があるのだが、カバラのクリポトの概念を説明して、独断的に述べるにとどめておく。アトランティスの魔術の時代以来、バビロンとローマの退廃を経て、第一次大戦に到るまで、この十の悪の巣窟に流れ込んだすべてのものを考えると、封印が破れた時に一体何が生じるか推測できる。

悪の巣窟から、各々の感応力に応じて、魂を誘惑し堕落させる影響が流れ出るだけではなく、時がたつにつれて、邪悪な知的存在物を形成したのである。これらは、恐らく黒魔術の営みを通して生じたのであろう。黒魔術は、基本的な悪のエッセンスを取ってそれ自身の目的のために組織化したのである。このように形成された存在物は、自立した存在としての性質を帯び、発育して種族を増していった。彼らは夢や幻覚として現われ、音を出したり泥や血を沈着させたり、光の球となったり、なかんずく、ひどく鼻につく悪臭を発するなどのかなり物質的な現象を示す。

十の神の流出は、大天使として人格化され十の地獄の流出は、大悪魔として人格化される。魔術の「力の名前」とは、これらのことである。従って、各々のセフィラの裏返しが、クリポトの悪魔なのである。奥義の伝授を受けた導師は、天使の力を利用する前に、悪魔の力をコントロールしようとする。適切な方法によって、悪魔の力は、各々のセフィラにおいて接触できるからである。そうでない場合は、導師は同時に両方の力と接触する。さらに、惑星、四大、黄道十二宮の星座は、すべてセフィロトと密接な関係にある。これらは、生命の樹に、奥義の伝授を受けた者のみにわかるパターンで配列されているのである。

奥義の伝授を受けた導師は、このような力を扱う時には、非常に気を使う。背後に常にクリポトがいることを知っているからである。自己流の隠秘学者は、楽しげに一般読者の手に入る多数の本で知った力の名前をごまかしてどんどん使う。悪魔は呼び出さなければ、出て来ないと思っているからである。このような人物は、すべての惑星は二重人格であることを忘れている。そのため、儀式の魔術は、厄介な結果に何度もなるので、評判を落としたのである。それは、リスター消毒法以前の時代の外科手術の評判が悪かったのと同じである。問題の種は、不完全なテクニックなのである。

私は一度、土のエレメントに属する占いの方法である地卜《ジェオマンシー》を実験していた。秘伝の定則に従っている限り、すべての占いは、その特定の操作を統轄する守護霊を呼び出すことから始まる。地卜《ジェオマンシー》の守護霊は、高級なタイプではない。私は、方法を完全に知っていたわけではなかったので、濡れた砂の皿を使用する正しい方法ではなく、紙片に点々を記した。万事は順調に進まず、部屋中にひどい汚水の悪臭が漂った。すぐに適当な追儺儀式をすると、臭いは消えた。だが、臭いがしている間は、この現象が物質的なものであることに疑いはなかったのである。

一九二九年の『オカルト・レヴュー』九月号に、H・キャンベルという署名のある編集者への手紙が載っているが、これは大変興味深い事例である。

「普通の方法では得られない知識を求めて私はアブラメリン体系の力を借りることにしました。そのために、私は必要な護符の写しを用意し、乏しい知識を最大に利用して、完全なものにしようとしたのです。儀式を行なって私は自分の『作業場』を片付けようとしました。僅かな知識しかないということは、危険です。私の儀式は不完全であり、呼び出した霊の活動を全く損なうことなく、自分で護符を無効にしてしまいました。これは、私自身の甚だしい不注意以外の何ものでもありません。ある点までは、その通りなのですが私が強調したいのは、この体系に関する私の知識が不完全であったので、儀式も不完全になったという点なのです。とにかく、問題の雲が出た後、それと戦う方法を私は知らなかったのです。その結果を見て下さい」

「残念ながら、これらの出来事が始まった日付はわからないのですが、厄介な事件の徴候が最初に現われたのは、多分一九二九年三月三日頃だったと思います。私が日付をかなり正確に推測できるのは、後でわかったことですが、霊現象が最も激しいのは新月の頃、就寝中のことだったからです。この時、私は漠然とした恐怖感に圧迫されて突然目を覚ましました。けれども、それは普通の悪夢の恐怖感ではなく、意志の力で跳ね除けることのできるような押しつけられた感覚でした。起き上がるとすぐに、この感覚はなくなりましたので、それ以上は考えませんでした」

「四月二日頃になって、再び私は同じ感覚に悩まされましたが、ひどい悪夢くらいにしか思いませんでした。しかし、新月の時に向けて眠りを乱されるという事実に気づきました。満月に近づくと再び安らかな夜が来るのです」

「五月一日の新月に、再び厄介な事件が起きました。この時は、それはもっと強力であったので、跳ね除けるのに耐え難いほどの努力が必要でした。また、その頃、私は急速に自分に憑いていく霊の姿を初めて見ました。それは見るに耐えない姿というわけではありませんでした。目を閉じて、顎鬚をはやし、長髪をなびかせていました。ゆっくりと目覚めて動き出した盲目の力のように思われました」

「さて、先に進む前に、次の三つの点を明らかにしなければなりません。まず最初に、私は同じ時に二度続けて襲われたことはありません。次にガラスが割れたり、声が聞こえたりというような物理現象について述べる時、それは、一つの不可解な例外を除いて、決して現実の出来事ではなく、全くの強迫観念であるということです。このことは、第三点に関係があります。このような出来事は、一つとして私の睡眠中には起こりませんでした。私はいつも恐ろしい霊がのしかかってくる時に目覚め、金縛りを解こうと激しく抵抗します。私は何度も悪夢を見たことがありますが、これほど一時に何分間も私の心を支配するような悪夢は知りません。また十フィートの高さの窓から私を跳び出させたりする悪夢も見たことはありませんでした」

「このような訪問が、自然の成行きから全く外れているという最初の徴候があったのは、五月三十日です。真夜中に、突然『気をつけろ』という大声で目を覚しました。すぐに私はベッドの真下でとぐろを巻いたり解いたりしながら赤い蛇が鎌首をもたげて床に出て来るのに気がつきました。もう少しで跳びかかられるという時に、私は窓から下のバラの茂みに跳び降りました。片腕のひどい打身の他には怪我はありませんでした」

「その後、六月三十日まで全く何事もなかったのですが、その日事件は絶頂に達したのです。新月の晩、再び霊の姿を見ましたが、容貌はすっかり変わっていました。特に、それは以前より活発に見え、長髪は沢山の蛇の頭になっていました。次の晩、私はすさまじい音で目を覚まし、ベッドから跳び出しました。その音は、大きな赤いオベリスクが部屋の西の窓を突き破って入って来て、東の壁に倒れかかった音でした。オベリスクは、窓を目茶々々に壊しましたが、ベッドはその左手の壁の入り込みに置いてあったので、うまく外れたのです。オベリスクは倒れる途中で鏡を全部割り、床と私のベッドの上にガラスの破片や木の破片が散乱していました。この時は、霊は数分間憑いていたに違いありません。私は怪我をしたくなかったので、身動き一つせず、手を伸ばしてベッドの向こうにちゃんと置いてあったマッチを取ることもしませんでした。ベッドの上のガラスが怖かったのです。私は、そこに突っ立ったまま、何もできず、絶望的な恐怖感を抱いて、目茶々々になった部屋を見つめていました」

「さて、この事件全体の最も特異な点について述べましょう。この憑きを遂に抑えると私はくたくたになってベッドに入りました。私は、自分がたてた音は、ベッドから床へとび降りた音だけだと思っていました。私の部屋は、他の家族から少なくとも百ヤードは離れていましたが、翌朝、朝食の席で、前の晩のあの大きな音は何かと聞かれたのです」

「その後、私は万事休すだということに気がつきました。私はこれらの出来事に屈服していたわけではありませんが、自分が動かした力を抑制することはできなかったのです。絶望して、私はこのような事柄をよく知っている良友に助けを求めました。彼女はためらうことなくすぐに助けに来てくれました。その日から今日まで、霊による被害は一度もありません」

「私の体験とは、このようなものでした。私は、ただ、いかなる印刷された魔術体系を扱う時にも、充分注意するようにという私と同じような愚行を計画している人々に対する警告になればよいと思っています。呼び出した霊を充分にコントロールできなければ、このような魔術体系を使わないように警告します」

面白半分に隠秘学に手を出すことのない一般の人々には、魔術の災難の結果は見えない。それが見える唯一の治療者は、隠秘学者仲間でたまたま医師である人間であるが、当然のことながら、彼らは沈黙を守る。災難の激しさの度合は、恐怖から死に到るまでの範囲がある。

私は、この問題について余り多くを語れない。隠秘学の体験知の極意であるからである。しかし、ある状況下でどのようなことが体験されるかわかるように、ヒントを与える必要がある。だが、私は儀式の魔術を使わない限り、クリポトの悪霊たちに出会わないで済むとは少しも思わない。クリポトの悪霊たちは、イギリスでは、炭疽と同じくらい滅多に出てこないが、出会った時にわかるように彼らの出現の仕方を知っておいた方がよいであろう。

隠秘学に道楽半分で手を出す者の大半は、自らの愚かさゆえに安全である。彼らは、結果を得られないので、被害を受けることもないのである。だが、成果があると、手一杯になってしまう。熟練した指導者のもとにない限り、真面目に隠秘学を学ぶ者は、様々な事情で、窮地に陥ったことに気づくかもしれない。

魔術においては、理論と実践は別物なので、経験不足ゆえに操作を誤ることもあるだろう。隠秘学を学ぶ者は、しばしば本に書いてある定則を使ってみようとする。それよりも、手術の教科書を読んで、手術しようとする方がまだましである。大半の定則は不完全であり、文字にされない作業がある。自己流の隠秘学者が「力の言葉」として用いる「召喚の野蛮な名」のいくつかは、実際には、マントラの文章や術式の頭文字である。一度私は、或る呪文で、Tegatoo という「力の言葉」にぶつかったことがある。調べてみると、これは The Great Architect of The Universe（宇宙の大いなる造物主）の使い古された残物であった。

経験を積んだ隠秘学者でさえ、健康を害している時や過労の時、少々酒の入っている時に魔術を使おうとすると、窮地に立たされることがある。霊界の力を扱っている時には、少しが過剰になるからである。同様に、このことは、隠秘学者の助手の一人々々にも当てはまる。一本の鎖は、その一番弱い環より強くはない。つまり、チームの一人が霊界の力を扱えなければ、全員が被害を受けるのである。無能な者は、悪気がなくても、儀式の集会所に行くべきではない。

今日、非常に多くの人々が、面白半分に隠秘学に手を出している。その多くは、全く効力がないので、無害である。だが、いつ誰が電気の通じた針金にぶつかるかわからない。様々な隠秘学の新聞に載っている「効めのある護符」の広告を例にとってみよう。二つのうち一つは確かである。一つは、その護符は全く効きめがないという場合で、その場合には、買った人は金を捨てたことになる。もう一つは、何らかの力に充たされていて、護符に効き目がある場合である。一体その力はどのような性質のものなのか、そのお守りや護符を作った人は、本当によくわかっていて作ったのか。より高い面で磁性を与える前に、不純な面を縛る予防措置をとったのか。これらは、適切な訓練を受けた隠秘学の実践者にとって、基本的な用心である。その護符を作った人は、以上のような予防措置を知っていたのであろうか。

さて、魔術に関する古本を買うとする。以前の持主は何者か。何の目的でその本は使われたのか。宣伝のためにある隠秘学の一派によって出版された新刊本を買うとする。そのような本は、しばしば送り出される前に磁性を与えられているので、購入者と出版元である隠秘学の団体の間に絆が生じるのである。

霊界と良からぬ接触のある隠秘学の団体にいた誰かが、別の団体に入ることもある。適切な予防措置をとらない限り、その人物は、精神的に悪い感化を及ぼすので、仲間は迷惑な経験をするかもしれない。

私は、或る非常に経験豊かな隠秘学者から、隠秘学において安全を期するためには、次の二つのものが必要であると言われた。それは、正しい動機と正しい仲間である。意図が良ければ充分な保護になると信じるのは、自らを欺して偽りの安全に入ることである。将来隠秘学を学ぼうという人に対する私の忠告は、師に切に願って伝授者をつけてもらうということ、そして、その伝授者が見つかって充分に満足するまでは、いかなる魔術も実践しないということである。

私は、ここで魔術の実践上の厄介な出来事に対する予防措置や、問題が起きた時の救済等に触れることはできないが、このような不測の事件を見分ける徴を指摘しておきたい。本書のようなタイプの本では、それしかできないし、また、それだけが必要なことなのである。奥義の伝授を受けた隠秘学者は、私の指導を必要とせず、為すべきことを知っているが、伝授を受けていない人は何もできないし、助けを求めなければならないからである。いつこのような助けが必要か知るだけで充分である。

魔術の儀式がうまくいかない時には、力は「ショート」する。すると、誰か——魔術を行っている者か、チームで一番弱い者——が、目に見えない拳闘選手のパンチを受けたように「ノックアウト」される。助け起こされても、その人物は、ぼーっとして、ひどく動揺しているであろう。そして、回復するまできっと何日間も、ことによると何週間もかかるであろう。全く意気消沈して、精神的にひどく混乱した状態にあるが、その状態は徐々に消え去る。何らかの気質性の欠陥——遺伝性の精神不安定や心臓病、動脈硬化など——がない限り、時がたてば完全に回復する。だが、もしこのような欠陥が一つでもあれば、当然のことながら、その人は隠秘学の実験に参加すべきではないのである。私自身は、肉体的障害がなければ、霊界の力だけで実際に死に到ったり生涯不具になったりはしないと思う。心霊作用のショックの結果、発狂する人は、列車事故に遭っても他の激しい感情的な経験をしても、やはり発狂するであろう。

心霊的雰囲気にその徴候がなければ、お祓いをする必要はないし、取り憑かれないように予防措置をとる必要もない。ショックを与えることで力は自ら消え去ったからである。

隠秘学の道に入って間もない頃は、私は急速に能力を開発していった。自分の前世の生を総括的に思い出すと同時に、そこで得た能力を取り戻したからである。霊界の力を扱うテクニックを学ぶまでに、私は数えきれないほど幾度もぞっとするような目に遭った。そういう災難のせいで生涯消えない悪い影響を受けたことはないが、時折、瓦礫の山の下から友人に助け出された経験はある。

隠秘学を学び始めてまだ日が浅い頃、友人が自分の友人でもある一人の娘を連れて来た。友人の話によると、この娘の母親は熱心な隠秘学者であったが、娘に恐ろしい影響を及ぼしているように思われた。母親は未亡人であり、経済的に大変恵まれた状況で母娘一緒に暮していた。だが、娘が友人を作ったり、家を出たいと言ったりすると、母親は異常に奇怪な行動をするのであった。夜になると娘の部屋に入り、ベッドの周りの空中に記号を描くのである。このことが娘に与える影響は非常に変わっていた。彼女は母親の精神的支配から逃げられないと感じ、大変奇妙な形で消耗していった。私が彼女に会った時、出歩くことはできても、飢饉の犠牲者のような姿になっていたのである。

心霊作用の調査をしてみて、母親は自分が手に入れた霊によって操作をしているという見解に達した。この場合、それがどのようにして達成されたのか私にはわからないが、こういうことは隠秘学ではよくあるのである。私は、この事件を引き受けて、この人工的精霊を追いかけ、できれば破壊しようと決心した。私はいつも一緒に仕事をしていた団体から離れていたが、周囲には、あらゆる種類、大きさ、様子の隠秘学に大いに興味を持っている人々がいたので、この企てにおいて自分の手助けをしてくれるチームを作るのは簡単であった。

私は自分の企てに何の不安も抱いていなかった。めのこ算程度にしか魔術を知らない女に操られる中古の精霊など、私には恐ろしい敵には思われなかった。私は、沢山の魔術の実践を見たことがあったし、同じような作業に手を貸したこともあった。そして必要な術式も知っていた。そして、私は町を回って、何人かの友人に手助けを頼み、他の友人たちには見物に来るように言った。卒直に言って、私たちの態度は、ネズミ狩りに行く少年の一団の態度と同じであったのである。

私たちは、約束の時間に約束の場所に集まった。円を作ると仕事に取りかかった。私が使うつもりであった方法では、私は自分の身体を離れなければならなかったので、友人のグループは、実際には、私が脱け出た後の身体が傷つかないように見てもらうために必要だったのである。私は、簡単に星幽界に行き、仕事を済ませて戻って来た。師の監督なしに初めて一人で仕事をしたので、大変満足していた。

私が、ちょうど麻酔から覚めるように肉体の意識を取り戻し始めた時、機械が作動しているような感じがし、また、何かとてもゴロゴロしたものの上に寝ているような感じがした。目を開けると、何か茶色の巨大な物が私の頭上にそびえ立っているのが見えた。意識がはっきりすると、自分が床の腰羽目の近くで誰かの足の上に横になっていることに気がついた。この不運な男性は、おかげでしっかりと壁に釘付けになっていた。機械の振動のように感じたのは、彼が立ったまま震えていたからであった。グループの他のメンバーも、ゆっくりと嫌々ながら、ピアノやソファや他の大きな家具の後から出て来た。彼らは生まれて初めて隠秘学の実践を目撃したわけであるが気に入らなかったようである。

私が身体を離れて、彼らに意識のない肉体を預けていった後、鐘の音や声などが円の外で大いに聞こえたようである。もし、静かにしていたら、万事はうまくいったのだが、彼らは正気を失って、ばらばらになってしまった。円がなくなると、私は頭と踵をそらして奇怪な動作を始め、どうしてそうなったのか今でもわからないのだが、部屋の反対側へ行って仲間の一人の足の上に乗ったのである。勿論、事態は良くならなかった。

それから異常な事が起こった。すべては終わったと思って、落ち着きを取り戻している時に、どのような性質のものかはわからないが、一つの力が突然仲間たちに突進し、一人がその矛先を受けたようであった。彼は部屋の反対側に飛ばされたが、幸い真逆様に肘掛椅子に落ちた。彼は三週間寝込んでしまった。

この事件の最中、参加者の一人の父親が娘のことが心配になって、その小さな町の反対側から歩いて様子を見に来た。多くの田舎町の住人と同じで、その町の人々も早くベッドに入るのだが、彼の話によると、途中沢山の家に明かりが見え、ずっと子供たちの泣き声が聞こえたという。

その頃自分が犯した危険や自分が仕事をした状況を思うと、どうして私や私の仲間たちは生き残れたのだろうかと不思議な気がする。愚か者と酔っ払い、幼い子供たちの面倒をみてくれる神意があるということだが、経験不足の隠秘学者とその仲間たちの面倒をみてくれる神意もあるに違いない。

興味があると思うので述べておくが、私の向こう見ずな操作の結果、問題の娘は母親の支配から完全に自由になり、直ちに太り始め、急速に正常に戻った。少なくとも、この一件の結果は完全な成功であった。

『オカルト・レヴュー』の一九三〇年一月号に、もう一つ奇妙な事例がある。

「隠秘学者N・フォルナリオ嬢の謎の死は、目下権威者の注目を集めている。フォルナリオ嬢は、イオナの孤島の荒涼とした丘陵の斜面に裸で横たわっているところを発見された。彼女の首の周りには、銀の鎖のついた十字架があり、手の近くには、芝土に大きな十字架を切り込むために使用された大きなナイフがあった。彼女の死体は、この十字架の上にあった。ロンドンに住んでいたフォルナリオ嬢は、隠秘学と関係のある何らかの目的で、イオナに出かけたようである。ロンドンの彼女の家の使用人の一人は、彼女が『恐ろしい扱い』を受けたという手紙を受け取ったと語っている。新聞の或る記事によると、『死体が発見された付近で青い光が見えたという不思議な話やマントの男の話が伝わっている』。一般の人々と同時に、隠秘学者もこの出来事に関して、やがて何らかの発見があることを興味深く待っている」

しかし、何事も発見されなかったので、臆測しかできない。『オカルト・レヴュー』の短いが分かりやすい記事に私が付け加えることのできる細部は一つしかない。死体には、ひっかき傷があったのである。

私は、フォルナリオ嬢をよく知っており、或る時は、一緒に沢山の仕事をしたこともあった。だが、彼女が亡くなる三年ほど前に、私たちは各々別の道へ進み、お互いを見失ってしまった。彼女はイタリア人とイギリス人の混血で、並外れて優れた知力があり、特に緑光の霊との接触に興味を持っていた。私が不安になるほど興味を持ち過ぎていたので、私は心配になり、協力を拒否したのである。私は、無理のない危険に反対しないし、事実、危険を犯さなければ生きている間に価値のあることは何も達成できない。だが、私たちが「マック」と呼んでいた彼女は、私が知っていた頃でさえ、かなりの深みにはまっていたようであった。遅かれ早かれ、きっと厄介なことになったであろう。

彼女は、明らかに星幽《アストラル》界へ出て行って戻って来なかったのである。彼女は、このような実験には向いていなかった。脳下垂体の欠陥で苦しんでいたからである。心霊作用による攻撃の犠牲となったのか星幽《アストラル》界での滞在が長過ぎて、いずれにせよ弱い身体は真冬に裸のままで放置されて凍えてしまったのか、それともスウィンバーンでさえ沖へ出て行ったのであるから、自分の好きな四大の世界の一つにもぐり込んでしまったのか、それは誰にも分からない。自由になる情報は充分にないので、一つの見解に達することはできない。しかし、事実は疑いようもなく疑い深い人に考える材料を提供している。

この章の結論として、述べておいた方がよいが私が儀式の魔術という場合には、秘伝の伝授の儀式は入らない。勿論、秘伝の伝授の儀式は、儀式の魔術であるが、それに関する限りでは、キリスト教の秘跡もそうである。しかし、漠然とこの用語を使う隠秘学者は、儀式の魔術という時に、秘伝の伝授の儀式は入れないのである。

多くの入門儀式があるが、これらすべては入門志願者の魂のみに影響を与えるように計画されている。一方、儀式の魔術は、技術的に自然の魂に働きかけるように計画されている。各々数えきれないほどの形式があるが、この二つの作業は全く別のタイプであり、全く別の効果を狙い、達成するのである。

民間に普及している隠秘学に興味を持つ人々の間には、ブラヴァツキー夫人によって伝えられた非難ゆえに、儀式の魔術に対して強い偏見がある。ブラヴァツキー夫人は、東洋の隠秘学の訓練を受けているので、西洋の隠秘学の内的な面の実践上の知識はあったとしてもほんの僅かしかなかった。また、彼女は西洋の隠秘学の方法の達人でもなかった。彼女の発言は、東洋の観点によるものであり、東洋で自分が目にした状況から西洋の隠秘学の状況を判断したのである。東洋では、タントラの魔術は、デュグ＝パやその類の宗派の手によって堕落してしまったのである。

西洋の鈍く物質主義的な雰囲気の中では、言及する価値のある結果を得るのは、何らかの儀式の形を用いなければ非常に困難である。ブラヴァツキー夫人が創立した神智学会でさえ、無意識のうちに西洋の方法を使用するようになり、カトリックの儀式とフリーメーソンの入門式を本殿に対する付属礼拝堂として取り入れたために、この混合は厄介な問題を起こしている。その陣笠連の唱える「ブラヴァツキーに帰れ」の運動は、より純粋な道徳的・形而上学的教えを示すことはできるかもしれないが、少なくともヨーロッパでは、実際的な結果は何も生じないであろうと予測してよいと思う。

未熟な者によって、また不適切な状況下でしばしば悲惨な結果に終わるからといって、儀式の魔術を避けるべきであろうか。自動車レースや、登山、飛行、放射性物質の研究を避けるべきだというのであろうか。これらのことはすべて、毎年人命を奪う。冷静な人間ならば、できれば避けたい不当な危険もあれば、落伍馬の群から脱け出たければ、誰でも覚悟しなければならない正当な危険もある。すべての「内なる道」の追求者が儀式の魔術に通じているわけではない。それは、誰でも飛行機の操縦に適しているわけでないのと同じである。だが、男でも女でも、危険というスパイスによって拍車をかけられ、発奮する人間もおり、彼らはいつも大冒険の先頭に立っているのである。

第二部　鑑別診断

第九章　客観的な心霊的攻撃と主観的な精神障害の区別

いかに純粋であっても、心霊的性格によって自己欺瞞に陥ることが大いにある。霊能者は、必ず非常に敏感で、暗示を受けやすい。これが、霊能者の才能の基である。心霊的性格は、とにかくヨーロッパでは正常な発展の所産ではないので、霊能者は、機関士の用語では、「船体の割にエンジンが強過ぎる」のである。その結果、霊能者は情緒不安定で、激情に身を委ねやすく、一般的に、いつも芸術の天才と結びつけられるような奇行をする。霊能者の欠点がわかる人々によって、訓練され、鍛えられ、保護され、監督されなければ、心霊的性格は決して信頼できない。様々な影響を受けるからである。霊能者と神経症患者は人生に対する態度が大変よく似ているが、後者は前者と異なり、船体の割にエンジンが強過ぎるのではなく、エンジンの割に船体が小さすぎるのである。だが、結果は同じである。力と形体の不一致の結果、中心となる筋の通った指導性のあるコントロールができなくなる。隠秘学の訓練のテクニックは、主に全く異質の力の制御を維持することに向けられており、霊能者の敏感さを補正して、望ましくない影響から守るのである。同時に、閉め方と掛け金のかけ方を学ばなければ、霊界の扉の開け方を学んでも良いことはない。

序論で述べたように、霊界のものが人間を求めてやって来ることは、比較的稀にしかない。「芋虫」が不思議の国のアリスに向かって、子犬について語ったように「おまえさんが、子犬を放っておけば、子犬もおまえさんに構わないよ」ということになる。だが、隠秘学を研究し始めたり、面白半分に手を出すようになったら、遅かれ早かれ結果が出てくる。勿論、使用している体系が有効なものであればの話である。

初めて隠秘学の道に入る人の場合は、進歩が遅くても労力を要してもやむを得ない。だが、前世の生で、隠秘学の道に入った者は、潜在的な霊能力を非常に急速に再開するので、調和して調整された人格を維持することが深刻な問題になる。非常によくあることだが、隠秘学の運動に初めて接した人は、精神障害を経験する。時には、悪影響のせいにされ、時には、悪霊のせいにされるが、どちらの推論も正しくない場合もある。第三の可能性は、慣れない力によって意識が乱されるという事実にすぎないが、それが原因で精神障害を起こす人の割合の方が断然大きいのである。この事実がいかに一般的かということは、海辺で過ごす休暇の最初の数日間、子供たちの熱狂ぶりや、気難しさを見ればわかるであろう。病気になるには、必ずしも吐き気を催すことはない。強い風、慣れない食事、新しい環境に接する興奮によって、敏感な肉体の平衡状態は乱されるのである。隠秘学の道程の初めに初心者が精神障害を経験するのも同じことである。慣れないバイブレーションによって混乱し、隠秘学の消化不良を起こしているのである。どちらの場合も、治療は同じである——消化不良の原因となった食物を一時的に制限することである。

精神的混乱のもう一つの原因は、前世の生の記憶を部分的に取り戻したことにあるかもしれない。もしも、その記憶に苦しい経験、時に隠秘学の研究に関する苦しい経験がある場合は、そうであろう。隠秘学の概念が意識に入って来ると、過去の生における似たような経験の潜在意識の記憶が蘇ることがよくある。記憶を包んでいる感情は、必ずその出来事の実際のイメージより先に蘇ってくる。(過去の生の記憶の正確さを試す最も良い方法の一つである)この先触れとなる感情は、意識閾に長い間残っており、それからイメージが充分にはっきりしてきて形をとる。意識に昇ってくる感情が苦しいものであれば、相当の障害を引き起こすので、経験のある忠告者がいない時は、心霊作用による攻撃や、当の初心者が密接な関係にある隠秘団体の悪影響のせいにされるであろう。未熟な隠秘学者の精神的影響から推断を下す時には、大いに注意しなければならない。このような隠秘学者は、サラブレッドの二才馬と同じで、驚き恐れやすいのである。

一方、純粋で敏感な人間の本能的反応も見逃せない。邪道の結社や悪霊というものは存在するのである。「狼が来た！　狼が来た！」という叫び声を聞いても、同情しなかったり、気にかけなかったりしてはならない。どうあろうと、その被害者の抱いている不安は救助できるものなのである。

その人物の苦痛の訴えにもっとも原因があるかどうか心霊学の立場から判断するのは非常に難しい。被害者自身の想像力は、威嚇的な思念の形体で、自らの雰囲気を充たしてしまうからである。これらの思念の形体が主観的なものであるか客観的なものであるか判断を下すのは、容易なことではない。最も賢明な方法は、客観的な調査のできるような証拠に頼って、嫌疑のかかっている団体や隠秘学者の経歴を調べてみることである。問題の人物が高尚な理想の持主であっても、冷静で明解かつ偏見のない判断力があり、証拠の本質を理解できるということを証明しない。真実とかけ離れたことを言うからといって、必ずしも故意に嘘をついているわけではないのである。

もう一つの勘定に入れなければならない要因は、抑圧された性本能による奇行である。初めて自分の好みを追求できるような環境に置かれた、恐らくもう若くはない女性の場合を考えてみよう。非常によくある場合は、人生行路を行くには、人の遺産を待たねばならない引っ込みがちの女性である。彼女は以前から傾倒していた隠秘学を始め、研究のため、事によると入門式のために、何らかの団体に入るかもしれない。その団体の指導者は、きっと強烈な個性の持主であろう。経験の乏しい愛に飢えた新参者は魅せられてしまう。英国国教会の高教会主義の聖職者が、つらい経験を経てわかったように、儀式は非常に刺激的である。多分性の実態に関しては全く無知な女性は、奇妙に興奮してしまう。彼女は怯えて、牧神《バン》の世界が近づいて来るのを感じとる。彼女は、通例、自分の心を乱している影響の源を正しく見抜くだけの直観力を持っている。彼女は、魅力的な指導者を的確に指摘するであろう。男性を前にした女性の態度を考慮することは、滅多にないのである。

性知識のない女性ならば、その告発は、一般に、催眠術の影響を非難するという形を取るであろう。性的要求が問題の催眠術者だとは気づかないのである。世間を或る程度知っている女性ならば、みだらな接近をされたと言って告発するであろう。通例、問題の女性を一見すれば、その訴えに根拠があるかどうか判断できる。このようなことを言う女性が、その心配があっても無理のない、若くて美しい女性であることは滅多にない。奇妙な事実であるが、こう言って訴える女性は、逃げて身の安全を計ろうとか、弁護士に任せようとは決して思わないのである。曖昧な仄めかしや、口に出すのも憚るような当てこすりに充ちた話を長々とした後に、「その人は、一体正確には何をしたのですか」と尋ねると、答えはいつも「彼は、私を意味ありげな顔つきで見たのです」である。

この類いの話を聞かされた時は、申し立てられた事実よりも、話者の態度に注意を向ける方が賢明である。その方が、より価値のある情報が手に入るであろう。本物の被害者に話をしてもらうことは、本当に難しい。一般に、自らの恥を語って広めている女性は、笑い草となった女性であり、問題の証言の信憑性は、饒舌に反比例する。口論だけでなく、スキャンダルにも二人の人間が必要であるということを忘れてはならない。結婚するとか、結婚させられるというわけではなければ、自らを天使と同等と見なす人よりも、非を認めて助けを求める人の方が、助け甲斐があるだろう。

不道徳行為の告発において事実を評価するには、非常に慎重でなければならないので、宣誓し、反対尋問を行なっても、他の証言の裏付けがなければ、被害者の証言を容認しない言葉の裏付けがなければ、被害者の証言を容認しない。同様に、医者も同一種の精神状態をよく知っている。教科書にも「オールド・ミスの精神病」という名で出てくる一般的な精神錯乱である。

前述の所説の例証として、何十もの事例を挙げることができるが、本書で述べるほど隠秘学上の重要性はない。

団体の指導者が女性である場合は、原因は同じであるが、一群の異なる反応が出てくる。一般に了解されていないが、一人の女性が他の女性に「固執する」または「のぼせ上がる」のは、実際には、恋愛の代用なのである。これは多勢の崇拝者のいる娘や、幸せな結婚生活を送っている女性にはないという事実で証明される。この場合も、正常に異性に引かれる場合と同じで、「笑い草となった女性の激怒ほど恐ろしいものはない」のである。理由は明らかであるが、不道徳行為で非難することはできない。（しかし、或る告訴では、私に対して申し立てられたのだが、私は実は男であり、原告を誘惑しようとしたと訴えられたことがある。この訴えを信じた人々もいたのである）このような場合の非難は、通例次の二つの形のいずれかを取る。一つは、「あなたは私を愛してくれない。故に、あなたは残酷である。私は、ひどい目にあったのだ」という心理過程であり、この訴えを裏付けるために、全くこじつけの例証を暴露する。もう一つは、「あなたは私を愛してくれない。故に、私はあなたを憎む。あなたの魅力は、催眠的である」という心理的過程である。

　これらの訴えを評価する際に留意すべきことは、訓練を受けた隠秘学者、特に優れた隠秘学者には、非常に魅力的な個性があり、高圧の霊能力に不慣れな者をよく当惑させるということである。成長の機の熟した者は、優れた隠秘学者の雰囲気の中で急速により高い意識を開いていくが、まだ準備のできていない者は、同じ影響を受けると当惑するのである。自分の磁場に不適当な人物を入れる導師は、識別力と思慮分別の欠如を責められるべきだが、魔力を濫用したという告発は正当ではない。自分の意志によらず力を発するのであって、どうしようもないのである。優れた導師は、必ず隠遁生活を送っている。仕事のために独りになる必要があるだけでなく、準備のできていない者に与える自分の影響が余りにも激しい反応を引き起こすからであり、その結果は、十字架か毒盃であるからである。

　次のような事実にも注意すべきである。心霊作用による攻撃について長々と話し、援助、特に経済的援助を求める者は、単に「作り話」をしているだけかもしれない。その場合は、「不幸な身の上話」を聞く時と同様の識別力によって援助する価値があるか否か区別しなければならない。私が知っている或る男性は、疑わしい心霊作用による攻撃を受けている疑わしい導師を自分のスタジオに逃難させて、ちょっと留守にして戻ってみると、疑わしい導師が家具を売り払って酒を買っていたことがわかった。この導師の災難と何らかの関係にあった霊《スピリッツ》は、酒瓶に入ってスタジオに来たものだけであると考えれば納得がいく。

　心霊作用による攻撃を訴える者の原因は、精神異常の妄想にほかならない場合もある。裏付けとなる証言をする他の者がいたとしても、必ずしもこの事実を無効にしない。精神科医には、「感応性精神病」として知られている奇妙な精神異常があり、親密な二人が同じ妄想を抱くことがあるからである。通例、一人が明らかに精神異常であり、もう一人が非常に感情的である場合に生じ、後者は、暗示にかかって、彼女の仲間の妄想に染まってしまうのである。私が「彼女」という女性形を使うのは、この精神異常は男性には滅多にないからである。普通は、二人の姉妹か、同居している二人の女性によくある病気である。

心霊作用による攻撃を訴える人物と交渉を持つ時に、経験の乏しい者が気をつけた方がよい落し穴がもう一つある。この場合、精神異常は周期的に現われ、短期間の躁病と全くの正気が交互に出てくる。この周期的面は、女性の場合、必ず気をつけなければならない。女性の気質上のどんな不安定さも、月経や生活の変化、妊娠、そして実に、情緒的にでも肉体的にでも性生活が活発に刺激された時はいつでも、病的に甚だしく拡張される。また、病気に罹ると、女性機能の周期性は大いに乱れるという点にも留意した方がよい。

この点に関して、ある時私は痛烈な教訓を得たことがある。これは、用心の必要性の例証となるだろう。私たちは、メンバーの一人の紹介で、ある女性を団体《コミュニティ》の家の一つに迎え入れた。その女性の夫は、世間では有名な人物だったが、彼女との同居を拒み、何度か殺そうとしたこともあり、もしも彼に抵抗すれば、医者に精神病者だと証明させると言って脅したという。これらの事実は、夫妻の両方を知っている友人たちが請け合った。私は、この女性を一ヵ月間観察し、精神異常の疑いを正当化するようなことがあるかどうか見たが、何もなかったので、彼女の世話を引き受けた。しかし、その後七週間目に問題が起きた。彼女は、ひどい興奮状態に陥り、私が留守の間家の責任者であった人物が、彼女に食事を与えず虐待したと言い張った。七週間たって、再び発作が起きた。今度は、自分の部屋の小さな戸棚から悪い力が出て来ると言って、全くあられもない恰好で家の中を歩きまわり、自制心をすべて失ってしまった。この発作もやはり数日間で終わった。結局、彼女が慢性虫垂炎に罹っており、それで右の卵巣の具合も悪く、ひどい月経不順であったが、月経の時はいつでも、数日間錯乱状態になることがわかった。この状態は、彼女は、発作のない時には見たところ全く正常であるので、非常に面倒であった。彼女は、私たちの団体の家を出た後、かつて夫について言っていたことと全く同じことを私たちについて言った。このような境界線的患者の方が、純然たる精神異常患者より、社会に対してはるかに深刻な問題である。こういう患者は、非常に慎重に扱わないと、大変厄介なことになる。

一旦精神異常が十分にはっきりしてくると、異常者を扱ったことがある者なら誰でも、簡単に気がつく。精神異常は、種類によって各々特徴的な表情や歩き方さえある。だが、専門家でも初期の段階で精神異常に気づくのは、容易なことではない。精神異常者は、非常にもっともらしい口をきくし、隠秘学者や心霊主義者の専門用語を多少とも知っていれば、自分にとって驚くほど都合の良いことを立証できるのである。経験を積んだ精神科医でさえ、本当の精神異常かどうか確かめるために、患者を監視下に置かなければならないほどである。

専門家でもしばしば迷うような分野で、門外漢が疑わしい事例に直面した場合、何ができるであろうか。精神異常を見抜くことはできるわけはないが、正気を識別するのは常識さえあれば十分である。つまり、疑わしい事実に判断を下すのを見合わせ、動機の問題に専念すればよい。そうすれば、最良の指針が見つかるであろう。もしも、相手が自分に対する攻撃の妥当な理由や、その原因、出所を述べることができなければ、それはその人物の想像の所産であると思って安心して構わない。

私に助けを求めて来たある人物は、テレパシーによる暗示に苦しめられていると言い張った。私がこの責め立ての出所を尋ねると、隣室の住人たちが環になって坐り、彼に精神を集中していたという答えであった。何故そうするのかと理由を尋ねると、知らないと答えた。どうしてその人たちの仕業だとわかったのかと尋ねても、知らないと言うのである。彼は、ただ隣室の人たちがテレパシーの暗示をかけていると繰返すだけであった。だが、彼は、その人たちの部屋に入ったこともなければ、実際のところ、階段で「お早よう」の挨拶を交す以外に話をしたこともないと認めたのである。隣室の人々が、わざわざ彼を苦しめなければならないような想像し得る動機が全くないことは、すぐに明らかになった。テレパシーによる暗示を試したことのある者なら、どれほど強烈な集中力が必要であり、実際、どれほど大変な作業であるかわかるであろう。非常に明確な動機もなしに、わざわざこのようなことをする人間がいるなど想像もできない。しかし、私は、既婚の男性と密通した女性が相手の妻をこの方法で攻撃したという十分に信頼できる事例を聞いたことがある。私自身、新聞が失敬にも「祈りの店」と呼んだものとの関係で、一時、超絶主義者の間で重きをなしていた人物で、シティでは、海水から金を採ろうという努力で有名な人物が、小切手と証書に署名させるためにテレパシーの暗示を使った例を二つ知っている。訪問者が面会しに来る前に、彼は坐って、その人物に精神を集中する。彼が及ぼす影響は非常に強力なので、私の知人である男性は、自分に対する不当な精神的威圧を感じて辞職し、もう一人は、同じ理由で、自分の会社の一つの重役を辞任したのである。

どちらの場合も、精神的攻撃の適当な理由は容易に見つかる。この二つを前の例と比べてみれば、その違いは簡単にわかるであろう。だが、何でもないと決める時は、自分に言われたことを額面通りに受け入れる時と同じくらい慎重でなければならない。さらに、明らかに精神的に乱れていて、心霊作用による攻撃を申し立てる人物を扱う時には、精神の乱れが心霊作用による攻撃によって引き起こされたものかもしれないということを常に心に留めるべきである。とどのつまり、人生は奇怪であり、隠秘学の世界で活動する者には、普通では考えられない奇怪なことが起こり得るのである。

第十章　邪道の結社の隠秘学以外の危険

前章で考察した様々な事実によって、証言を考慮する際には非常に慎重であるべきだと教えられるが、次のような事実に目をつぶってはならない。どの会衆の中にも黒い小羊はいるし、善意をもって始めた団体が、指導者の無知や欠点によって、全く不注意のために、知らぬ間に邪道へ入っていくこともある。邪道へ傾きながらも、まだはっきりと汚れていない頃に、全く何も知らない人々が仲間に入り、実際に危険はなくても、不快な汚水に自らが浸かっていることに気づくかもしれない。

秘教の危険については、次章で詳細に考察するが、ここでは、寺院のベールの陰で起こる俗世の危険について考えてみよう。人間の本性は、どこでも同じであるし、地獄への道を選ぶ際に、特に個性を発揮したりしないからである。本書では、このような事柄に触れる必要はないと思われるかもしれないが、本書の目的にかなうために、次の三つの理由で触れる必要がある。一つは、秘教を学ぶ者のうちで女性の占める割合の方が大きく、今日のように開けた世になっても、女性は、通例、悪の世界に関しては無知であるからである。邪道の結社は、他の障害に加えて狭き道を通って、無頼漢や魔窟の女の世界へと続いているのである。次に、このような事実を知ることは、類症鑑別のために不可欠である。最後に、心霊力は、純粋なる世俗的目的を達するために使われることが時々ある。そこで、隠秘学の組織と関係のある普通の犯罪の問題が生じる時には、他の次元に属する方法が混っているので、事が複雑になるのである。

必ずしも法の網目をくぐるために結社を作ったわけではなく、全く合法的な目的で始めながら、悪人に悪事に利用されたのかもしれないということを常に念頭に置くべきである。結社の行動の秘密主義の性格ゆえに、同人組織は、様々な法律違反に到るからである。

ある隠秘学の組織は、麻薬取引に関係していたことで有名であるし、変態的な不道徳行為をして堕落した組織もある。もう一つの組織は、堕落して、売春宿と大して変らない場になったが、その指導者は、老練な堕胎医であった。破壊的な政治運動に関わっていた組織もある。同人組織とその運営者の信用証明書をきちんと調べずに参加する者は、ここで述べた悪事のどれか、または全部に巻き込まれるかもしれないのである。

秘密厳守のベールの陰で、立派な宣誓に守られて、様々なことが起きるであろう。そこで、組織の指導者たちの人物、信用証明書、経歴に関して大いに注意して調べることが肝要である。

このような情報が容易に入手できなければ、何か問題があるのである。東洋や大陸というかなり漠然とした所からやって来た「神秘に包まれた他所者」は、恐らく詐欺師である。

疑わしい導師の素性を知るのが難しい場合は、有名な雑誌『真理《トゥルース》』（カテドラル街、ＳＷＩ）を調べればよい。『真理』は、元来、経済生活・公生活の弊害を暴露するために生れたが、そのために、避けるべき人物の「ブラック・リスト」を持っている。方法としては、公正かつ大胆不敵であり、人を迫害もしなければ、差別待遇もしない。隠秘学の分野に監視の目を光らせ、山師をさらし台にさらすのが、その仕事である。英知の宗教という大義を心に抱いている人々すべての感謝と支援を受けてしかるべき仕事である。

望ましからぬ人物と交際するようになった者が最もよく出遭う危険は、詐欺や恐喝という昔からある手段で、不当な大金を巻き上げられることである。恐喝は、邪道の結社では、群を抜いてよく起こる不快な事件である。このような事件の唯一の救済策は、事態を警察の手に委ねることである。第一に、それは、他の人々が同じ被害に遭わないようにするために、市民としての義務である。次に、そうしなければ、相手は最後の一銭まで取り上げるまで離れず、その後も手先として使われるであろう。恐喝者は、金をやっても離れはしない。金をやったら、また来るだけである。

最初に、素早くしっかりと行動すれば、すぐに心配事は終わるであろう。

脅迫して金を要求するのは、恐喝である。脅迫してどんな行動でも強制すれば、それも犯罪である。脅迫によって、どんな取決めをしようとも、どんな書類に署名をしようとも拘束力はない。脅迫は、必ずしもリボルバーを突きつけるような明白かつ公然としたものとは限らない。自分の傾向に反することを強制するものは何でも脅迫と見なしてよい。例えば、いかに思いやりのある調子で、遠回しに、もしも組織の資金に寄付しなければ、あなたが隠秘学に関心を持っていることを噂話として広め、事によると、親類や雇主との間の不快な問題に到るかもしれないと言われたら、法律上、それは恐喝である。事実、人の不安の種につけこむことは何でも脅迫行為である。

さて、脅迫された場合の最善策を考えてみよう。脅迫に対して脅迫で応えるのは、賢明とは言い難い。最善策は、考えてみると言って、相手の出方を待ち、それからまっすぐ近くの交番へ行って事情を全部話すことである。必ず大変好意的かつ親切に応対してもらえるし、たとえ自分自身に全く落度がなかったわけではないと認めざるを得なくても、努力を惜しまず助けてくれるであろう。警察へ行って、卒直に事件の状況を話せば、俗に言う「共犯証人となった」わけであるから、当局は、共犯証言をした者なら誰でもよく守ってくれるのである。

自分の供述を裏付ける他人の証言を提出できないからといって、思いとどまってはいけない。警察は、令状を出願するために充分な証拠がないと言うかもしれないが、調査はしてくれるだろう。警察が調べているというだけで、恐喝者は戦々兢々として、恐らく国外に逃亡するであろう。また、普通、彼らは途中で脅迫の対象となった出来事を暴露したりせず、足元の明るいうちに逃げ出すであろう。さらに、被害者の申し立ては、警察の記録に載るので、容疑者は監視され、そのうちに、他の申立てがあれば——恐らく、すでに申立てがあったのかもしれないが——追い詰められる。

被害者よりも恐喝者の方が暴露を遙かに恐れているということを忘れてはいけない。どんな不快な出来事が被害者を待ち構えていようとも、恐喝者は長期の懲役を予期しなければならないし、もしも悪質な事件なら、恐るべき「九尾のねこむち」が待っているのである。この事実を時宜を得て思い出させれば、恐喝を企てている人間に驚くほど効めがある。

自分の欠点をさらすことを恐れて、思いとどまる必要はない。恐喝者のゆすりの対象となった咎の性質は決して言及されないであろう。審問されているのは、恐喝の被害者ではないのである。A氏、A夫人として言及されるであろう。悪人として扱われたり、後指をさされたりすることは全くなく、公益のために尽している人物と見なされるであろう。警察当局は、被害者の障害を取り除くためには努力を惜しまないであろう。この忌わしい犯罪を踏みつぶすために、現今では断固とした努力がなされているし、判事は見せしめの判決を下し、あらゆる点で告発者を保護することによって告発を勧めている。

しかし、どんな形の強制も全くなしに、軽卒な人物は、夢中になったり、新たな啓示に迷わされて、無理して莫大な金を出すこともある。このような人物は、文字通り全財産を祭壇に捧げるがその後のいろいろなことに幻滅して、大いに悔やむのである。この種の事例の多くは、資格のある弁護士によって返済が保証されている。「運動」への過剰な寄付金を見ると、裁判官は良い顔をしないのである。

言うまでもないことだが、正しく管理されている組織なら、メンバーの一人を破産させて、資金を増そうとはしない。勿論、同様に、組織は、寄付金によって影響力を持とうとするような精神の人間の気まぐれと悪意、陰謀から自らを守らなければならない。『内光協会』では、多額の寄付を申し出る女性は誰でも、事前に自分の経済問題の相談相手に相談するようにしてもらうことにしている。あれやこれやの理由で、私たちは過去七年間、二万五千ポンド以上の寄付を断ってきた。断ったことで後悔する理由は一つもなかった。隠秘学の組織の力は、物質面にあるわけではないのである。

様々な麻薬が、意識を高揚したり、一時的に心霊的性質を生じさせるために使われていることはよく知られている。このような物質の大半は、麻薬取締法の規制を受けており、不法な出所から入手したり、合法的目的以外のために所持しているだけでも、告発されるということは、それほど知られていないであろう。この場合も、当局はかなり注意深く、治安判事も非常に徹底している。

正道を行くすべての隠秘学者は、一致して麻薬による意識の高揚は危険であり、望ましくないやり方であると言明している。正当な目的で実験したいと言う研究者もいるであろう。しかし、私には、隠秘学の初心者に麻薬を常用させる正当な目的など全く考えつかない。いずれにせよ、このような実験をするならば、悲劇的結末を防ぎ、もしそうなった場合は処理できる立場にある資格のある医師の監督のもとで行なわれるべきである。

意識を変化させる薬は、心臓にも影響を及ぼすが、どの人の心臓も正常であるとは限らない。さらに、珍しい薬の成分は、標準に合わせてなく、非常に多様である。様々な不純物を含んでいて、試供品が著しく有害であることもある。思いがけない、不可解な死を遂げた人物の死体の責任を持つことの不快さは、自分自身が死体になるよりましであろうが、どちらの不測の事件も、「心のガードルをはずす」ような麻薬に手を出し始めると起こり得るのである。

人間一般の道徳性は、潔癖家にとって満足のいくものではないだろうが、ボヘミアの海岸にある隠秘学の組織の道徳性の欠陥は特別である。隠秘学は基本的には宗教であると主張している最良の組織のいくつかは、高い道徳水準を維持している。残りは、万華鏡の如き様々な心の友に恵まれている。それは、ここでは問題にならない。世間体を気にするのは嫌だと言うなら、それはそう言う人間の問題である。隠秘学の性の力の悪用については、ここで考察する必要はない。それについては、適当な場所で詳細に考察しなければならない。本章で考えるべきことは、隠秘学の仮面にカモフラージュされた、全く普通の形の道徳的にだらしのない生活である。私は、このような例を数多く目にしたことがある。ある団体の指導者は、入門儀式の一部だという口実で、自分の弟子を故意に誘惑したが、その団体のメンバーたちは、純粋な自己犠牲の精神でその事態を容認したのである。他の何人かは、不快なほどきわどいことをして、その結果、精神的に参って、後で神経衰弱になる者が続出した。言うまでもないことだが、このような方法は正道から外れている。

高い理想と幅広い教養のある良家の女性がこの類の理論や実践をそこまで容認するとは、驚くべきことである。若い女性や、世間知らずの女性が、このような団体に入れば、どれ程危険であるか想像に難くない。

これらの行為が大目に見られている団体に対する私の態度は、狭量であるとしばしば非難されてきた。だが、人間の苦しみという犠牲が余りにも大きく、全般的風俗壊乱が余りにも卑しいので、寛容な態度をとれば、それは皮肉も同然である。

一般には了解されていないかもしれないが、〈ブラック・ロッジ〉の堕落の危険は、女性だけではなく、少年や若者にとっても同じである。我が国でも外国でも、目に余る事件が数多くあり、警察が介入している。

古代、そして未開地の人々の間では、現在でも人身御供は、隠秘学の実践に関連してよくある事であった。東ヨーロッパでは、今日でも行なわれている。お伽噺「青髭」は、フランス軍元帥で、ジャンヌ・ダルクの戦友でもあった悪名高いジル・ド・レーの実践から生れた物語である。ジル・ド・レーは、魔術の実験に関連して、数えきれない程多くの子供や若者を残酷に殺したのである。英国の事件は耳にしたことはないが、アメリカの何件かの奇妙な殺人事件は、儀式上の殺人の疑いがあるようである。しかし、充分な情報がないので、これらの事件に最終的結論を出すわけにはいかない。だが、最近、非公式に出版された魔術の本を手に入れたのだが、それには、理想的な人身御供は、男の子供であると著してあるのである。

隠秘学の運動は、しばしば革命的活動をしているといって非難されている。しかし、この非難の真実性を判断する際に留意すべきことがいくつかある。第一に、隠秘学の運動は、同質の統一体ではない。全く組織化されておらず、規制もないのである。その状態をたとえれば、ノルマン征服の前の英国の状態と言うのが適当である。多種多様の団体や協会の状況は、全くまちまちであり、一つの団体に当てはまることが他には通用しないのである。いろいろな組織が、いろいろな時代に政治と関係を持ったことは疑いようもない。神智学会とインドの政治運動の関係は、その証拠である。しかし、ある世代の革命家は、次の世代には反動家となることを忘れてはいけない。とどのつまり、政治とは見解の問題であり私たちが反対している人々が、最終的には正しいこともあるのである。私個人としては、隠秘学の団体が政治と関係するのは、非常に思慮がないことであると考えている。その理由は拙著『健全な隠秘学』で述べたが、本書とは関係がないので、ここでは触れないでおく。だが、大昔から、人々は政治活動のために団結してきており、私たちは、法律の許容範囲に例外を認めることはできない。政治活動のために創立された組織に参加する人々は、目を大きく開けて加わり、多分、その創立の目的のために加わるのである。だが、組織が非政治的目的のために設立され、その後、指導者が何の相談もなく、また支持者に通知もせずに、自分の責任で政治活動を始め、そのために組織を利用したりすれば、反対する根拠がある。そうすれば、いかなる問題が起きても承諾を得ずに、組織の信奉者を巻き込み、寄付者が期待していた目的とは異なる特定の目的に寄付金を使うことになるからである。

今日、革命家が隠秘学の組織をどのように利用できるか不思議に思われるかもしれない。私が個人的に知る限りでは、文通が見張られている人々に手紙を渡すために利用されており、過去にも同じような目的で利用されている。一度、私自身、国外追放にされたある人物を偽名で帰国させて、団体の家の一つにメンバーとして住まわせてくれと頼まれ、何百ポンドもの見返りを出すと言われたことがある。言うまでもなく、その書状は、まっすぐに当局へ送った。

本章で考察した問題は、隠秘学の団体特有の問題ではなく、メンバーに関して差別待遇のないどんな組織にも当てはまることである。自己宣伝をする組織は、否応なしに来る者は拒めず、その後の経験に照らして、メンバーをえり分けなければならない。その経験は、非常に奇妙な場合もある。時折、黒い小羊を一匹入れたからといって、組織を非難できない。非難してよいのは、黒い小羊を何匹も保有している場合のみである。

素性が疑わしい結社は、どういう人間がメンバーになっているかを見れば容易にわかる。それは、さもしい山師的タイプの人間で、少々感覚面で下品なところがあり、抜け目のない社交家であると言えばよいであろう。本物の邪道の結社は、高級な正道の結社と同じくガードがかたく、部外者は入れない。悪の隠秘学を熱心に学ぶ者は知識と魔術の実験を求めており、初心者に関わって時間を無駄にしたりしないのである。正道の結社の外陣で見習期間を済ませた後で邪道の結社に入る決心をする人々は、用心深くその道に入って来るし、経験を師とするのである。苦しい経験をしても、このような人々は同情に値しない。私が助けようとしている人間は被害者であって、他人を陥れるために仕掛けた罠に自分が掛かったような人間ではない。奥義伝授の道の着実な段階を拒否してロケットに乗って飛んで行こうとする者は、着陸時には用心した方がよい。

大金を要求された時は、いつでも危険信号だと思わなければならない。入門の最も厳しい条件の一つは、隠秘学の知識を売ったり、儲けるために利用したりしてはいけないということである。私が知っているある隠秘学者は、自分が授与する奥義の一つにつき三百ポンドを請求し、三百ポンドを出されれば、誰にでも授与するのである。私の考えでは、このような目的で三百ポンド出す人物が受ける奥義とは、それなりのものでしかなくて当然である。

また、隠秘学者が、奥義の伝授を受けていない者の前で遠慮なく奇跡を起してみせるのも悪い徴候である。本物の導師は、決してこういうことをしない。前世の生を見抜き、オーラの様子を説明し、白眼を出して痙攣して、紹介されるとすぐに相手の守護霊からのお告げを言うような人物は避けるべきである。

隠秘学の運動を知れば知るほど、人々の言動や「事なく済ませられる」様々の事柄に驚いてしまう。平均的人間は、心霊作用に関する事柄と関わる時、力が及ばない。その場合、通例三つの段階を経る。第一段階では、すべて迷信でぺてんだと思う。第二段階では、懐疑心がなくなり、何でも信じてしまう。第三段階では――もし第三段階まで進めば――、識別することを知り、邪道の結社、実体のない結社の区別をするようになるのである。

第十一章　精神障害における心霊的要素

前章では、神経や精神の障害がある人物は、特に隠秘学の専門用語に通じている場合は、心霊作用による攻撃を刺戟して生じさせることを考察した。神経や精神の障害において心霊作用による攻撃が果たす役割についても考えなければならない。しかし、それを探究する前に、簡単に、神経と精神の障害の本質、そして両者の相違について説明の必要がある。学問的考察はしないつもりである。本書は、自由に多くの研究書を使える正統な専門の心理学者ではなく、主に隠秘学に関する事柄に興味を持っていて、心理学や精神生理学の専門的なことを知らずに隠秘学を学ぼうとする人々のためにあるのである。少なくとも心理学と精神生理学の役立つ知識は、隠秘学の実践に従事するには大いに必要である。

受肉の際に、精神はより高い自己、つまり個性という、進化の過程で生じる不滅の魂の特性に基づいて形成される。従って、精神は人格――受肉の一単位――の一部であり、誕生と共に始まり、死と共に分解するのである。そのエッセンスは個人に吸収されるので、進化していく。

精神とは、基本的には環境に対する適応器官であり、適応できない時に、神経症やヒステリー症の病気になるのである。各々の生物は、この宇宙の創造者、ロゴスから出る生命力の潮流の水路である。この潮流は、三つの大きな水路に分かれており、自己保存、生殖、社交という三大自然本能によって表わされている。この三つが人間の生の主要動機である。生命の圧力自体は、この三つの本能の背後にある。これらが妨害されて、自らの補償能力の限界を越えてしまうと（その能力はかなりのものであるが）、水路を封じられた河川と同じで、結果として氾濫して、付近の土地を沼地にしてしまう。

感情とは本能の主観的面である。つまり、本能が働いている時に感情を抱くのである。あらゆる感情は、一つか二つの本能に帰することができる。威信を汚された時に憤るのは、自己保存の本能に帰因する。芸術を愛するのは、愛と美と創造的表現の本能に帰因し、その最も低い弧《アーク》は性本能である。これらの本能は、各々高い精神的面と基本的な肉体的面を持っており、一つの次元から他の次元への変化は自由自在である。ゆえに、これらの本能の現われの意味を理解しない限り道を誤るであろう。これらを理解することが生命の科学の関門である。

三大本能の一つが妨げられ、補償しようとする試みがすべて失敗した場合、または、気質的に適応性がなく、不従順であり、要求を変更できない場合は、自我は、環境との調和的関係が維持され得る限界を越えて、適応しようと最後に必死で試みる。環境との連絡はとぎれ、精神は、少なくとも部分的に、現実の世界を離れて想像の世界へ入っていく。固定的な価値観は失われ、物事は象徴的意味を帯びてくる。この故障は、生活のある面にのみ関わる部分的なものである場合も、全体的なものである場合もある。

ヒステリー症では、塞き止められた生命力は水路に留まっているが、どの水門が開いても勢いよく噴出する。結果として、障害物の下流は、穏やかな流れではなく急流となって渦巻きながら流れてくるので、船を進ませるのは難しく危険である。生命の船は、そこで難破する。周囲の土地も陸地でも河でもない沼地と化してしまう。つまり、気質は激しく過度に感情的になり、判断力や自制心などの非感情的要素も壊乱する。このような気質は、必然的に絶え間なく生活面で支障を起こし、周期的に、抑圧された感情は、叫んだり、泣いたり、筋肉の痙攣などの発作として煮え立つ。だが、それは安全弁の役割を果たしており、一時的に抑圧を解くのである。

神経症は、次のようなはっきり識別できる点でヒステリー症と異なっており、その点を注意深く心に留める必要がある。実践的な見地から非常に重要であるからである。神経症患者の病気はヒステリー症患者と同じで、抑圧された感情と環境に対する不適応性に帰因するが、前者の場合、生命力は自らのために新しい水路を切り開き、障害物を迂回するのである。結果として、心理学者の言う感情の転移が生じる。何らかの比較的つまらない事柄に、それと全く関係のない感情の迸りを向けるようになる。その事柄は、他の何かの代用なのである。問題の種は、この心の中の感情の奇妙な地下通路である。患者は精神異常ではないが、価値観や生活に対する反応の一部が歪んでいるのである。このような人物は、思いがけなく、全く分別なく、好き嫌いをしたり恐れたりしがちで、その感情に基づいて行動するので、油断のならない相手である。

気質性の精神異常にも似たような状態がよく見られる。心理的結果は同じであるが、原因は精神的ではなく肉体的であり、精神療法ではほとんど律することはできない。しかし、全く不治でなければ、これらの状態を和らげるためにできることはある。そこで、これらについて、心理・身体的、及び隠秘学の立場から考察してみよう。

肉体は精神の乗り物である。乗り物に欠陥があれば、精神は正確な自己表現ができず歪んだ反応をする。正統派の学問では、脳は精神器官であると言うが、隠秘学では、脳は感覚作用の効果を認識し遠心性衝動を調整する器官であると言う。それは神経系統の電話交換室である。精神が肉体に触れる唯一の場所であり、他は内分泌腺系、つまり松果体、脳下垂体、甲状腺、副腎、胸腺、性腺である。これらに太陽神経叢、仙骨神経叢を加えてもよい。タントラの生理学の研究者なら、余程鈍くない限り、チャクラの位置が内分泌腺系の器官と一致していることがわかるであろう。

さて、内分泌物の役目は血液中の化学成分の維持である。血液中にホルモンと呼ばれる分泌物をある平均のとれた割合で注ぐ。このバランスが、一つの分泌物の過剰であれ不足であれ、どんな形で崩れても、代謝作用に激しい変化が生じる。生命の全作用は、内分泌物によって調整され、そのバランスが変わると様々な面で作用が速くなったり遅くなったりするのである。生理学者は、この内分泌物のバランスが感情的状態、殊に気質の敏活さや鈍感さと関連していることを知っている。心理学者は、内分泌物についての最近の研究の重要性を充分に認識していないが、隠秘学者には、伝統的教えの一部としてこの精神生理学の面の知識がある。ヨガの体系の呼吸法はこの知識に基づいており、肉体の次元に正しく到達したすべての隠秘学の実践と同様に、非常に効力がある。実際、密度のある物質と接触する点がなければ、いかなる隠秘学の方法にも本当の効き目はなく、その方法を完成したとも言えない。そして、多くの隠秘学者はこの点を考慮しないのである。隠秘学は主に精神的な作用であるが、純粋に精神的な作用ではない。精神的であると同時に、肉体的でもあるのである。

精神異常の大多数の症例では気質的な脳の変化は明示されないが、精神科医は、ますますヘカテーの疫病(梅毒)を血液中に探すようになってきている。ホルモンのバランスの変化が病気の副産物が原因で、血液中の化学成分は異常になる。この血液の化学作用の変化に続いて、すぐに感情の調子が変わってくる。感情過多になるか、憂うつになるか、無感動になるか、いらいらするようになる。昔の人は、これらの状態を四主液——血、黒胆汁、リンパ、黄胆汁——として見事に説明したのである。

生理学者によって数多く証明されているが、感情の状態は血液中の化学成分に影響を与える。これらの変化は、内分泌腺を媒介として生じるということが次第にわかってきている。内分泌腺は感情の脳であると言ってよい。ちょうど、頭蓋骨の中の灰色の物質を知覚の原動力である脳と言ってよいのと同じである。従って、内分泌腺の機能が何らかの妨害を受けて、ある特定の感情の状態が特有の刺激を与える時に生じる血液の成分と同じ成分を生産すれば、人間は相応じる感情の状態に関連した肉体的感覚を経験することになる。人間の心は、その状態に適応するために、できるだけうまく想像力によって説明しようとするであろう。恐怖という状態に特有の血液であれば、恐怖のイメージが心の中に浮かんでくる。このようなことに基づいて、気質性の精神異常は独得の精神状態を生じるのである。

感情の状態が、精神的・肉体的原因のいずれのせいであろうとも、患者にとって結果は同じである。気質性の精神異常と機能性の精神異常の相違は、その原因だけである。気質性の精神異常は、機能性の神経の異常よりも正常な状態から遠くなる。後者の場合は相当補償が行なわれ、患者はかなりの程度自制して悲惨な状態に陥らないようにできるからである。気質性の精神異常は、これとは違って行くところまで行くのである。そういうわけで、ひどく苦しんだとしても、神経症患者は、生きることの必然性を確信している限り、滅多に再起不能にはならないのである。自己保存の本能によって倒れずに済むのである。精神異常の肉体的、及び主観的基盤を考察したので、今度は、霊界の果たす役割を正確に評価しようと思う。神経症患者が隠秘学の研究を始めたらどうなるであろうか。この問いに答えるには、正常な人間が隠秘学の研究を始めたらどうなるか考えてみるのが一番良い。生まれて初めて不可視の世界の存在を知り、その世界について思いを廻らすようになる。そうするとすぐに、その世界と接触するようになる。最初は意識的にその世界を知覚することはできないかもしれないが、潜在意識でそれを感じとり、影響を受けるのである。生活面でこの人物をよく観察する者には、その影響が様々な形で見える。

霊界には大いなる力が潮の流れのように動いており、私たちは自分の気質と相性の良い流れに引込まれるのである。激しい性格の人間は火星の流れに、暗示にかかりやすい性格の人間は月の世界へ引込まれる。さて、適切な体系のもとで仕事をし、遅かれ早かれこのような力と出会うことを知っている隠秘学者は、自発的に一つ一つの力を適当な儀式によって手に入れ、自分の性質と統合する。隠秘学者は、各々の面には裏面があることも知っている。聖母マリアはリリスに反映している。古代の宗教はこのことを知っていたが、伝統に根ざしていながら、一般のキリスト教は忘れてしまった。キリスト教のプロテスタントは、宗教改革の時に隠秘学的面を捨ててしまった。すべての異教の万神殿には、神々の霊的な面だけではなく、肉眼で見える面も祀ってある。自らの宗教を完全なものにしようとすれば、伝統の失われた部分を求めて、歴史の廃棄物の山の中を探す必要がある。最も探し甲斐のある方向は、カバラとグノーシス派の文献である。グノーシス派の文献は、計画的な迫害を受けて大部分失われてしまったが、カバラには、まだ完全な体系が残されている。厳格な一神教のユダヤ人は、神々とは言わなかったが、天使と大天使の階級を認めた。それは異教の万神殿に相当するものである。これらの霊妙な使者を使って、父なる神は世界を創造したのである。

ここでもう一度カバラのクリポトの教義を考察してみよう。精神異常の問題と密接な関係があるからである。十の聖なるセフィロスは、生命の樹を形成する正しいパターンに配列されており、霊界を想像することができるので非常に貴重である。第一のセフィラは、〈非顕現〉という円環の一点から凝縮される。そこから第二のセフィラ、そして第二のセフィラから第三のセフィラが流出する。お互いに流出するとすぐに、二つは釣合うと言われているが、流出の過程で一時期不均衡な力が生じる。その力は、言わば独りで宇宙に出て行き、宇宙の体系とは関係のない独自の領域を創り上げる。結論として、宇宙《コスモス》の領域は各々自分の片割れとして混沌《カオス》を持っているのである。その片割れは、確かに規模は小さいが、それにもかかわらず有力であり、機能を果たしている。

進化の過程で、各領域は様々の体系で様々の名で呼ばれている大霊を築いていく。カバラの体系では、王座の前の霊、大天使と呼んでいる。太陽の領域はラファエルによって、月の領域はガブリエルによって表わされている。その片割れのセフィロス、つまりクリポトは、全く同じように作り上げられている。地獄の棲処では、この二つは論争者と卑猥な者として知られており、その呼び名で各々の特徴は充分よくわかるであろう。太陽の領域はメシア、つまり救世主の顕現の地点でもある。平和の王子の片割れは、論争者である。〈美のヴィジョン〉を見た者なら、その後の反動、そして魂のみならず外界にも解き放たれた力を扱うための知恵と自制と忍耐の必要性を知っているであろう。そういうわけで、すべての啓示の前に、浄化と苦行の期間があるのである。宴会の席に着くためには、寝ずの番をせねばならない。

地球の領域から解き放たれた意識は、真直ぐ月の領域へと上昇する。そこは消極的、女性的、受動的、心霊的な領域である。そこから意識は太陽の領域へ行く。そこは積極的でより高い意識の男性的領域、霊能者とは異なる見者のヴィジョンの領域である。この道の両側には、ヘルメスの知恵と〈四大の美〉の領域がある。

これらの領域は、奥義伝授の段階と関係があるのだが、ここでは触れる必要はない。ここで関係があるのは、月の領域、ルーナ、精神異常《ルーナティック》の女王である。さて、ルーナは古代の人々によって様々な形で表わされた。ディアーナは、純潔な女狩人で、崇高なものの象徴である。ヘカテーは、魔術と出産の守護神である。ルーナの領域のクリポトが卑猥な者と呼ばれることはすでに述べた。それゆえ、星幽界への橋となる土星《サターン》の道を通って落ち着きのない魂が進み、ルーナの領域に入ると、そのヘカテーの面に触れ、卑猥な者と親しくなる。卑猥な者の頭《かしら》はリリスであり、好色な夢を与える。神経症患者の夢には、沢山の非常に変態的で堕落した性のイメージが多く出てくるとフロイトが言っているからといって、不思議に思うことはない。ラビたちは、フロイトと同じくらいよく神経症患者の心理を知っているのである。

すでに述べたように、神経症患者には霊能力がある者が多く、霊能者には神経症に罹っている者が多い。前世で奥義伝授を受け、それによって発達した霊能力を持って、神経症の人間としてこの世に生を受けた魂は、一体どうなるであろうか。こういう人物は、月の邪悪な支配を受けてリリスに仕えることになる。神経症気質の締まりの悪い扉から地獄の力が進入する。小宇宙の分裂したコンプレックスは、大宇宙の分裂したコンプレックスによって補強される。それが、まさにクリポトなのである。

隠秘学者、そして隠秘学者を崇拝する無知な人々や迷信深い人々は、昔から精神異常は悪魔に憑かれたのだと考えている。現代医学はこの考えを論駁し、精神異常の様々な表われは主観的な心理的作用のみに原因していると言明している。現在、この二派は、二つの軍隊のようであり、戦列に加わって、互いに武器を振り上げている。どちらも自分の意見を確信していて、相手の意見に進んで耳を傾けようとしない。私は、この二つの対立する見解には共通点があると思う。心理学者は精神の機構を説明して、精神異常者の考えが最終的に形成される心理作用を明らかにすることができる。精神異常者の考えと正常者の夢の関連性も見せてくれる。心理学で説明がつかないのは、この主観的状態と正常な目覚めている意識の基本的な違いである。この点に関する隠秘学者の見解は、心理学者にとって傾聴する価値がある。隠秘学者は、こういう幻覚が儀式の魔術によってどのようにして実験的に意のままに生み出せるか示すことができるからである。さらに重要なことには、隠秘学者はどのようにして幻覚を追い払って精神機能を制御し封じるか教示できるのである。

そこで、この問題の実践的面を考えてみよう。どの程度まで儀式の魔術の方法を精神病の治療に応用できるかということである。儀式の魔術の方法が一時的に病状を緩和するのは間違いないが、精神異常の原因を見つけて治さない限り完治できないのである。そうしないと幻影を消してもすぐに再形成されるからである。幻影を呼び出しているのは、患者の精神状態なのである。こういう状況では、どんな魔法の円も完全なままで残らない。地獄との関係を断ってやっても、患者はすぐに縒りを戻すからである。

しかし、こういう状態では悪循環である。クリポトの力は、関係ができるとそれを活発に発展させ、追い払われそうになると被害者にしがみつく。この合理主義の時代では、このような組織化された知性のある悪の存在は忘れられがちである。精神異常の身体的原因を治療し、腐敗した病巣を根絶し、内分泌腺を圧迫していた腫瘍を剔出しても、それでも正常な精神状態に戻らない場合は、悪魔祓いをすればすぐに目立った効き目が現われることがしばしばある。

神経症患者の場合、その病気は精神の領域に限られているので、悪魔祓いは、適当な精神療法による治療の準備として大いに価値がある。悪魔祓いは、障害物を取り除き、再感染を防ぎ、患者に再出発の機会を与えるからである。クリポトの悪霊たちが非常に強い催眠術的影響を及ぼすので、被害者は自分の意志で逃れようとしても無理であり、正統な精神療法でも病根に達することができないこともあり得る。悪魔祓いは、治療の過程で二、三回繰り返す必要があるかもしれない。一旦断った関係が再び生じることがあるからである。だが、一度患者のコンプレックスが治療されると、悪霊たちは戻って来ない。いずれにせよ、悪魔祓いによって、一時的に著しい恩恵が施されるのである。この小康状態の時に患者は自制力を取り戻し、悪影響は徐々に衰えていく。勇敢な患者は理知的に協力してくれるので、身体の状態が良ければ三回以上悪魔祓いをする必要は滅多にない。私は、一回の悪魔祓いで治った患者を見たことが何度もある。指示に従って霊界との関係を全く断ち、隠秘学の本を読んだり隠秘学に興味を持っている人々と交際しなければ、ずっと正常のままでいられる。だが、指示に従わず昔の霊気を覚醒させて、地獄の影響が再び始まった例も見たことがある。

人間の意識は蓋付きの器ではなく、身体と同じように、摂取と排泄を絶え間なく繰り返している。宇宙の力は、海水が海綿の体内を循環するように、意識内を常に循環している。人間の心にいかなる感情の状態が生じようと、それは外部から強化されたものである。主観的自己は点火するだけであり、燃料を供給するのは宇宙である。一度火がつくと、適当な種類の宇宙の力が火夫を勤める。熱心なカトリック信者が祈りによって呼び出された自分の守護聖人の影響で鼓吹されるように、神経症患者は、分裂した潜在意識の病的な考えによって呼び出された悪霊に憑かれて苦しんでいるのである。隠秘学者は、悪の総合的原則には理知的な伝達手段があると主張する。それは、組織的な善の原則に守護霊がいるのと同じである。精神異常という現象を研究する観察者なら誰でも、この仮定の裏付けを数多く発見するであろう。

憑依《オブセッション》は非常に重要な問題である。隠秘学の分野では、この「憑依」という用語は大変自由に使われており、魂が肉体から脱け出し、他の魂が入ることを意味している。だが、私は、それが憑依の実態を表わしているとは思わない。私には、憑依が起こる時は、いつも一つの魂が他の魂に「取って代られる」のではなく、一つの魂が他の魂によって「完全に支配される」のであるように思われる。これは、催眠術による支配であり、既知の催眠状態の心理で説明できる。この場合、催眠術者は、星幽《アストラル》界の霊である。

「神の形を装うこと」として知られる魔術上の操作がある。操作する者は、自分は神であると想像し、その神の力を伝える手段となる。これは、エジプトの独得の魔術の一つであり、祭司は、自分が代表する神の属性の象徴である獣の仮面をいつも被っていた。この想像上の神との同一は、隠秘学でよく知られている方法の一つであり、精神の修練として惑星や水晶の霊的生活に入るために用いられる。この方法は、催眠術と一緒に、人間に憑く霊によって使われているのではないかと思われる。霊は、最初は被害者と自らを同一視し、次に自らの性格を被害者の性格の上に置いて顕現の媒介者にする。だが、精神か肉体の病いにより、または黒魔術の荒っぽい操作により引き起こされた異常な状態のみにおいて、こういう性格の押しつけが生じると考えられる。

第三部　心霊的攻撃の診断

第十二章　心霊的攻撃に使用される方法

魔女術の古い文献は、通例、魔女と言われる人が拷問で強制された告白から魔女狩りの専門家によって編集されたものである。これらの文献を読む者は誰でも、描写された魔女術という現象がある大きな範疇に分かれることに気づくであろう。この範疇は、時代や国々の違いを越えて一定であるので、これだけ煙が上がっているならば、どこかに火元があるに違いないと思うようになる。スコットランドの魔女裁判の国の記録、北イタリアで魔女術根絶の任務を託された司祭の報告、ブルターニュの公文書、古典の魔術の物語、そして最後に世界中の未開地の人々の習慣についての旅行者の話などは、すべて互いを確証しており、魔術という現象の描写、魔女による方法の説明、魔術の種類の幅広さに関して一致している。

最初に、薬の使用を考慮しなければならない。これに関しては、邪道の結社は、どの時代でも非常によく知っている。毒薬、軟膏、燻蒸消毒は、広範囲に渡って使われており、その奇妙な驚くべき成分の中には、時折、薬として効めのある物質が含まれているのである。眠りと夢を誘うケシ、幻覚を見せる大麻、記憶を喪失させるチョウセンアサガオ、堕胎剤である病害を受けた穀物、強力な媚薬であるある種の昆虫、性欲抑圧薬として効めのあるある種の樹皮、そして新世界では、ある種のサボテンの芽——これらすべて、そして他の数多くの薬が魔術の混合物に使われる。パラケルススは、伝統的な魔術の混合物のあるものを医療のために使って名声を博した。ボルジア家の人々は、必ずしも肉体を傷つけないが精神を破壊する巧妙な毒薬として、これらの混合物を利用して悪名を高めた。ローマの哲人ルクレティウスは妻が彼の昔のような愛情を回復するために与えた魔力のある一服によって発狂したと言われている。

アヘンとカンタリスを含む魔法の軟膏の古い処方書がある。このようにして引き起こした眠りに、どんな夢が入り込むか容易に想像できる。C・S・オリビエは、最近の著書『魔術と魔女術の分析』(Analysis of Magic and Witchcraft)の中で、薬によって生じた夢によってサバトに参加することがしばしばあったのではないかと述べている。

巧妙な毒薬が呪いの効めに一役かっていることは確かである。好んで使われる方法は、真鍮や銅、鉛などでまじない札を作り、飲用の器や深鍋の底に目立たないように留める方法である。このまじない札の効きめがどのようなものかは推測の域を出ないが、少量の鉛や緑青が絶え間なく溶けて食物に入ることは間違いない。

だが、こういったことすべては魔術のかなりの部分を占めているものの、厳密には、心霊力を伴った攻撃とは考えられない。ここで以上のようなことに言及したのは、その影響を診断から除外するためである。

心霊作用による攻撃には三つの要因があり、所定の場合に、どれか一つ、または三つ全部が用いられる。一つは、テレパシーによる催眠術の暗示である。次は、或る目に見えない力を呼び出して暗示を強化することである。最後は、何らかの物質を接触点、つまり魔法の円として用いることである。使用する力は操作する人間の精神の集中によって伝わる直流として使われる場合もあるし、一種の心霊力のバッテリーの中に保存される場合もある。このバッテリーは人工的精霊か、護符である。

第二章で、心理的暗示について或る程度詳しく考察したので、もう一度それを繰り返す必要はないが、テレパシーの本質は共振を誘発することである。実験心理学者は、すでに感情は電気に非常に似かよっているのではないかと示唆しており、感情の状態は、肉体の電導率を変えるという最終的結論に達している。隠秘学者は、感情は電気の力であり、普通の人間の場合、身体から四方に射出して磁場を形成しているが、訓練を受けた隠秘学者の場合、一条の光線に凝集して方向づけることができる。自分の注意力をすべて一つの感情に集中し他は抑制できるとしたら、混ぜ物のない生《き》のままの純粋な感情の状態を達成するであろう。そこで、魂に入って来るすべての生命力は先に述べたいつもの三水路の多数の支流ではなく、一本の水路の一本の支流に流れ込むのである。この集中は素晴らしいが、これを達成するための犠牲も大変なものである。この素晴らしい集中を達成するために、西洋の聖者や東洋のヨガ行者は我が身を傷つける苦行を積むのである。集中という高価な真珠を手に入れるには、一切を捨てなければならず、このやり方は、お伽噺話の伝統に反映して残っている——幸運の石を見つけた人間は、たった一つしか願い事ができないのである。このような集中は一つの目的のみに有効である。治癒に集中するか、破壊に集中するかのどちらかであり、二つを同時に行なうことはできないし、一方から他方へ変わることも容易ではない。一度の人生という制約において、両立し得ないものを組合わせることはできないのである。つまり、復讐を遂げるために呪いと死に集中すれば、怒りが満たされるので、魂を逆回転させて知恵と償いの仕事に再集中できないのである。進化の潮流に乗って動いている魂は、右回りに回転する輪にたとえられるし、進化の潮流に逆らって動いている魂は、左回りに回転している輪にたとえられる。車軸の位置は変えられるので、輪は、進化の方向に影響を受けずにどんな角度でも回転できるのである。だが、エンジンを逆回転する前には、はずみ車を止なければならない。大きなはずみ車を止めるのは、大変である。さらに、はずみ車を逆回転させるには、エンジンを止めなければならない。魂の正常な動きは、右回りであり、進化の流れに乗っている。死と呪いの作業のためにその回転を瞬間的に逆回転させるだけでも、何度も再考を要する。古い格言、「後で悪魔に苦しめられる（"There is the devil to pay."——後がこわい）」は、真実である。実際、瞬間的に逆回転できるかどうか疑わしい。逆回転させる前に、はずみを抑えて、再び動かさなければならないのである。

この精神そのものの主観的集中によって非常に強い力を開発することができるが、精神の集中に相当する機械的なギアを使用すれば（つまりこの強力な集中がなされている時に、それに相当する宇宙の力との接触を持てば）、さらに強い力を手に入れられる。人間の精神力は自動始動機として使用され、その小さな動輪が楽しげに回転し始めるとすぐに、主エンジンにクラッチを入れるのである。この小さな機械が、言うことを聞かない大きな機械のレバーを無理に支配しようとする時に、しばらく苦闘するが、その後は燃料に火がつきエンジンが始動する。それからは、ただギアを入れて運転するだけでよい――もし、可能ならば！　儀式の魔術に関しても同じである。

　戦力を手に入れたいと思っている人物の具体的な例を考えてみよう。彼は、火星の儀式に頼るであろう。そこで、自分の寺院に火星に特有なものすべてを集めるであろう。祭壇に緋色の垂れ衣をかけ、自分自身も緋色のローブを身につける。魔術の道具は全部鉄製で、力の杖は、抜身の剣である。祭壇には、火星を表わす数である五本の明かりを燈し、胸には、火星のシンボルを彫り込んだ五角形の鋼鉄をつけ、手にはルビーの指輪をはめる。香炉で硫黄と硝酸カリウムを燃やす。それから、手掛けている仕事によって、第五のセフィラであるゲブラー、つまり火星の領域の天使的面か悪魔的面を呼び求めるのである。戦いの神に呼びかけて、ゲブラーの神聖な名を唱えるか〈地獄の第五層〉の大悪魔の名を唱えるであろう。この強力な呪文を唱えた後、自らを祭壇に捧げて、力の顕示の回路となるのである。

　魔術師自身が回路になる必要はなく、力を来させるように計画された処方書は、多数現存する。私の考えでは、これらは全部効きめがない。魔術師自身の代理として可能な唯一のものは、昏睡状態の霊媒である。こういうわけで、儀式の魔術は、しばしば失敗するのである。タマゴを割らずにカスタードは作れない。魔術師になるつもりなら、とことんまでやらねばならないのである。力の天使的面を運んで来ることが問題ならば、足元は安全である。こういう力の回路となるのは、大いなる名誉であり、それ自体が奥義伝授である。操作をする者は、ただ自分の性質から両立し得ないものすべてを排除し、ぐらつかずに集中力を維持すればよい。最悪の事態といっても、望んだ結果が得られないことくらいである。だが、ある領域の悪魔的面を運んで来るのは、全く別の問題である。アシュマダイのような力の顕示のために自らを捧げる人間は、ほとんどいない。アブラメリンの方法以外に、憑かれずに悪魔を呼び出す確かな方法はないと思う。この方法には、三ヵ月の準備期間が必要であり、聖なる守護天使と知り合い、話をしてから始めてなし遂げることができる。地獄との境目は、よく防護されているからである。銃を撃って反動をさけることは不可能である。

　力を呼び出して凝集すると、魔術師は狙いを定めなければならない。狙っている相手と星幽界で接触しなければならないのである。そうするために魔術師は霊交を結ばなければならないが、それは想像以上に難しい。まず、狙っている相手を見つけ、相手の領域で接触点を確立し、それから、そこを根拠地として作業し、相手のオーラを貫くのである。焦点の定まらない力は、余り役には立たない。そこで焦点を定める必要がある。普通の方法は、狙っている相手の磁気が浸透している何らかの物を手に入れることである。その物とは、髪の房、爪、または普段よく身につけたり、触ったりしている物である。こういう物は所有者と磁気で結ばれているので、魔術師は、その関係を徐々に伝わって相手の領域に入り、霊交を結ぶのである。それからの行動は、相手を催眠術の第一段階に引き込むことに成功した他の暗示の実践者と同じである。磁気の絆によって、魔術師は相手の心霊的聴覚を手に入れたのであるから、潜在意識に暗示を与えることができるのである。後は、こうして植えつけた思念の種が根付くか、心の外に追い出されてしまうか、様子を見るだけである。いずれにせよ、相手は当惑させられ、不安になる。

　磁気の絆を結ぶことができない場合は、黒魔術の実践者は他の方策に頼らねばならない。最も一般的なやり方の一つは、「代理」である。何かを選んで、儀式によって狙った相手と同一化するのである。例えば、相手の名前で小さな動物に洗礼を授け、それから、通例大きな苦痛を与えて殺し、その間、魔術師は本物の人間に精神を集中するのである。昔からある蠟人形を作って火の前に置いて溶かす方法や、相手の名前で洗礼を授けた木製の像に釘を打ち込む方法は、魔女裁判の記録にしばしば登場する。釘を実際に打ち込んでも、相手には全く何の影響もないが、魔術師の精神統一の役に立つのである。

　様々の形のまじない札《タリスマン》を使った方法も利用される。まじない札とは、ある一つの力、または複数の力の結合を表わすシンボルであり、適当な物質の上に描かれ、儀式によって磁気を与えられる。まじない札の材料は磁気を保有するものなら何でもよい。普通金属、宝石用原石や羊皮紙などが利用される。紙は、金属のケースに入れない限り、効果は少ない。水や油は充分に磁化できるが、すぐに力を失う。まじない札は、すでに述べたように、必要な力を呼び出して、それから用意した物にそれを凝集して作られる。その物は、呼び出しが始まる前に祭壇の上に置いておく。

こうして作られたまじない札は、狙っている相手の磁場に運び入れなければならない。バートン夫人は、自由思想家の夫で偉大な探険家、有名なサー・リチャード・バートンを回心させることに熱心で、小さな聖人像を司祭に祝福してもらい、夫の服のポケットに入れていたという話である。黒魔術をする者は、同じような方法を使う。磁化された物を相手が普段よく居る部屋に置いたり、通り道に埋めたりする。そうすれば、相手はその上をしばしば通らなければならないからである。これらの邪悪なまじない札は、自らの力の働きの他に、魔術師の黙想の精神統一点としても役立つ。

黒魔術で使われて呼び出した力が浸透した物によっても、有害な影響が及ぼされる。雑多な魔術用の道具が奇妙な場所に出てくることがある。私が或る田舎町の競売に行った時、黒板にきちんと描かれた黄道十二宮が売りに出ていた。私の様々な友人は、祭壇のランプや香炉など、明らかに儀式の集会で使われた魔法の宝を手に入れている。だが、このコレクションの宝は、炉辺鉄具の束と一緒に競売に出た魔法の杖である。水晶占い用の大きな水晶は、しばしば骨董品屋で見られる。こういう物はすべて、自分の精神の領域に入れる前に、注意深く磁気を取る必要がある。

私は、ある時、一連の心霊実験に参加していた。それは、非常に順調にいっていたのだが、何の理由もなく、うまくいかなくなり大騒動になった。その時は知らなかったが、実験をしていたアパートの所有者は、儀式の魔術で使った床の敷物を手に入れていたことが後でわかった。その儀式の魔術を行なった隠秘学者は、最高に寛大な人ならば「いかがわしい」とだけ形容するような人物であった。人為的精霊は、本当に呪いの効力の基礎である。この場合、物質界の物質は全く使われず、少量のアカシャ(エーテル)をこねて、はっきりした一つの形体に形作り、それが「固まる」まで魔術師は意志の力で動かなくするのである。この形の中に魔術師の凝集されたエネルギーを注ぎ込み、自己の何かが入るのである。それがこの形の魂であり、選んだ標的に向かってカーブを描いて動き始めた自動操縦の魚雷のようなものである。熟練した魔術師であれば、計画的にエレメントのエッセンスをこの思念の形体に魂として入れるであろう。このエッセンスは、エレメントの世界のどれか一つから引き出した生《なま》の未分化の生命体である。そうするためには、何らかの存在の名において呪いを念ずるのである。呪いをかける者は、「おまえを何某によって呪う」と宣言する。この呼び出しの形は、魂を吹き込むエッセンスを思念体に入れて、それ自身の自立した生命を与えられた人為的精霊を作り上げるのである。呪いの効力を少々知りたいと思うなら、有名なツタンカーメンの墓の発掘の関係者の記録を考えてみさえすればよい。他にも多数の確証となる事例がある。

邪魔をしたり、他の何らかの形で不徳な隠秘学者と争って、または、胡散臭い隠秘学の結社にかかわり合って、超自然的な不快な事件に身をさらすことがある。隠秘学者と喧嘩をした場合は、普通の人間の力の悪用の動機の他に、次の事実を考慮しなければならない。全くの正道を行っているわけではない導師は、必ずと言ってよいほど、「自我の異常発達」という不快な精神病に罹っているのである。力のための力を愛し、昔の弟子のどんな変節行為も、また自分の専制的意志に対するどんな抵抗も、自分への侮辱、さらには危害だと思い込む。訓練された精神を持っていれば、怒りの思念は有害である。私は、腹立ち紛れに異常なほど徹底的な仕返しをした隠秘学者を何人も知っている。これらの隠秘学者が自分の行為の効力を信じておらず、大向こうを目当てに「見せしめのために」演じて、支援者の忠誠を確実なものにしようとしたのだと思うほかない。

このタイプの導師が特に嫌うのは、自分と関係を断って教えを利用しようとする弟子の企てである。嫉妬深い導師は、心霊力で弟子を破滅させるためには、どんなことでもするようである。

私が知っている事例では、コンサート歌手が、怪しげな導師によって声をよくする「治療」を受けた事例がある。この歌手は、遂に治療にこれ以上金を使うまいと決心し、もう訪問しないつもりで、自分の意思を導師に伝えた。導師は、彼女をじっと見つめ、もし自分と関係を断てば、コンサートの舞台に立つとすぐ彼女の前の空中に自分の顔が見え、喉が塞がり、一声も発することができないであろう、そして、この恐ろしい経験は、彼女が歌おうとする度に繰り返し、彼のもとへ戻って「治療」を続けない限り終わることはないであろうと言った（「治療」は、一回一ギニーであった）。この強力な催眠術的暗示には効果が表われ、呪いが消えるまで歌手のキャリアはお仕舞いであった。

次の手紙の経験談には、心霊作用による攻撃の説明だけではなく、それといかに戦ったかが描かれているので、非常に啓発的で価値がある。

「一九二一―二年の冬、私は（霊界から）『我々には、おまえがキリストの結社に入るのが見える』と言われました。私には余りよく理解できませんでしたので、待ちました。

「一九二二年六月、立派な宗教の結社の指導者である東洋人が私に会いにきました。（私は、スイスに住んでいました。）この人物をZと呼ぶことにしましょう。私は、彼に大いに期待して、彼を一種の師として仰ぎました。彼がアブドゥル・バハに会ったことがあると知っていましたので、アブドゥル・バハの写真を壁に掛けて彼を喜ばせようと思いました。けれども、Zが部屋に入って来ると、私は彼がその写真が余り気にくわなかったことに気づいたのです。私たちは、しばらく話をして、彼は私にいくつか質問をしました。突然、彼は私に自分の結社に入らないかと言いました。私は面食ってしまいましたし、『内なる』同意を感じなかったので、よく考えさせてくれと言ったのです。後で霊感（?）を感じて、私は、『あなたの結社は、キリストの結社ですか』と尋ねました。『そうです』と彼は答えたのです。私は、先述の経験を彼に話して、入門を承諾しましたが、私は内心、万事がうまくいっているわけではないという確信を抱きました。」

「入門式の間のいくつかの出来事に対して私は内的反応を全く感じませんでした。そこで、私は心の中で熱心にキリストを呼び求め始め、儀式が終わるまで、ずっとそうしていたのです。（私は、後になって、指導者が弟子の一人に向かって、私は奥義伝授を受け入れたが師を受け入れたわけではない、と語ったことを知りました）

「他のそれほど重要でないことを詳しく述べると長くなりますので、指導者と二度目に面談した時のことに移りましょう。その時、彼は今住んでいる町を出て自分のところで活動しないかと何度か尋ねました。今度は、私は内なる声がはっきりと『やめなさい』と言うのを聞いたのです。突然、彼は『私の前に坐りなさい。あなたを癒してあげましょう』と言いました。（当時、私の健康状態は非常に悪かったのです。）彼は、私の目をじっと強い命令するような目で見つめました。心の中でキリストを呼び求めると、自分の周りに一種の殻が形作られるのを感じました。『ほら、治りましたよ』と彼は言いましたが、内なる声は『違う』と言ったのです。

「さて、彼は去り、私は〈苦境〉に陥ったのでした。私は悪意の気配を感じとれませんでしたが（今でもそうです）、万事がうまくいっていないと感じていたからです。

「私は、この面談について友人に手紙を書きましたが、友人からの手紙と入れ違いになりました。彼女の手紙によると、私がZと面談していた頃、彼女は私たちの精神的指導者と一緒になって私を助けるように言われたのです。彼女は物質界から脱け出すと、強力な催眠術の力が波状になって私に作用しているのに気づいたそうです。私がその力に耐えられるように助けるために、彼女は繰り返し自分の霊的力のすべてを使わなければなりませんでしたが、遂に、『私たちは、光に包まれ、解放されて、岩の上に立っていた』ということです。私の手紙を読んで彼女は謎が解けたようですが、返事にはこう書いてありました――『気をつけなさい。Zはまた催眠術をかけようとするでしょう。彼は、失敗したことに気づいたのです。次は、霊界で試みるでしょう』

「次の経験は大変なものでした。数週間後の夜、私は非常に鮮明な幻を見たようですが、それは、現実の体験だったのです。私は、七―八人のグループの真中にいました。グループの二人の姿は、はっきりと見えました。私の左側には、黒いベールをすっぽり被った女性がいました。ベールを被っていても、その割には驚くほどはっきりした姿で見えたのです。右側にはZがいました。『さて、これから彼女に第二の、より高度の奥義を伝授しよう』と彼は言い、私の右腕を強く摑みました。私は身を振りほどくと、真直ぐに立って、落ち着いて、こう言ったのです（今でも、自分の声がはっきりと聞えます）。『この儀式が進む前に、一言申し上げたい。私は、私とキリストの間に、いかなる物も、いかなる人間も介入することを許さない』怒号が聞こえ、手がさっと上がり、すべてが消えました。

「その後すぐに、私は入門のカードを破り、Zのことを忘れ、それからは、一度も彼と意識して個人的関係を持ったことはありません」

「けれども、私は、Zを名声のある若いフランス人の音楽家に紹介したことがあり、Zは、その音楽家が大変気に入ったようでした。（この人物をFと呼びましょう。）Fと私は、親友でした。当時、彼は自分の作品の一つに東洋の音楽を必要としていましたし、一方、Zにとって彼は非常に便利であったのでしょう。FもZに強く引かれていました。私は、例の経験の後、大いに心配になりましたが、自分の手に負えない状況だと思い、Fには何も言わず、彼がすべての不幸から守られるようにと祈っていました。間もなく、Fは手紙をくれて、自分の星幽界での様々な体験を語ってくれました。夢の中で、彼は色々な種類の不快な経験をし、『Zに助けを求めてごらん。助けてくれますよ』という声がずっと聞こえたと言うのです。それから彼は私がいるのに気づき、キリストを呼び求め始めました（これは、すべて彼の夢の中の出来事です）。すると、すべては消え去ったのです。このようなことが一度ならず起こったそうです。彼と再び会った時、初めて私は彼に自分自身の体験の話をしました。」

「次のことも述べなければなりません。この時、霊能力のある友人が私に会いに来て、こう言ったのです。『先週の夜、私は三度あなたに会いました。あなたは、危険な目に遭っている青年を助けるのを手伝ってくれと言ったのですが、それはどういう意味だったのですか』」

以上の事例は、はっきりとZによる計画的な精神力の利用を示している。彼の「信仰療法」の振りは、明らかに催眠術をかけようとしたのである。私に手紙を書いたこの女性は、指導者が故意に悪事をしようとしたとは思ったことがないと断言している。むしろ、彼は自分の基準に応じて正しく行動していたのである。しかし、他人を支配しようとするいかなる企ても、どんな方法でも同意なしに他人の精神を操作しようとすることも、自由意志の不当な侵害であり、魂の高潔さに対する犯罪でもあると思う。特に、その人物の信頼を得られない場合に、どうして、他人の個人的な霊的要求を判断できると言うのだろうか。その人物の霊的プライバシーを侵害し、最も深い部分の輪に手を出す権利があるのであろうか。前もって許可を得ずに、他人の名前を信仰療法の団体に送って、治療を依頼する事例が非常に多いので、心霊主義者の大規模な公開の壇上で、本人の承諾書のある場合のみ受け付けるようにという通告があったほどである。

関係者にとって幸いなことに、このような「信仰療法」の処置は、普通は効きめがないので、たとえ殺人の目的で精神を集中されても心配する必要はない。

しかし、原則は原則である。もう一度私の意見を繰り返すが、何度も述べたように、このような行為は、礼儀と誠実の法外な侵害であり、すべての隠秘学の伝統に反するものである。正直に言って、私は仲間の隠秘学者に破壊的な大潮流を向けたいと思ったことは一度もないが、それでも膝に乗せて尻を叩いてやりたい連中もいるのである！

第十三章　心霊的攻撃の動機　I

前章で述べたように、真偽の疑わしい心霊作用による攻撃の被害者が作り話をしているのかどうか知るのに最も簡単な方法は、動機を探すことである。もし動機が認められなければ、疑わしい点を想像力に有利なように解釈してやればよい。欲、肉欲、復讐、裏切りの心配などの平凡な動機を見つけるのに、心霊力による識別は必要ない。普通の目でもわかるであろう。しかし、隠秘学者仲間では影響を及ぼすが、普通の人が調べても気づかないような動機もあるのである。主に召使いの部屋を経て私たちの手に伝わった古い魔法の本には異性の愛情を獲得するための処方書が沢山ある。古代の〈奥義書〉には、より入念な儀式の規定が書いてあり、魔女裁判の報告書には、報酬を受けて、明らかに生来の好みではない相手に人々の愛情を向けることを引き受けた賢女に対する告発状が、しばしば出てくる。こういう効果は、真面目にとってよいものなのだろうか。それとも、食事制限なしに減量する痩せ薬の類と思うべきだろうか。

昔の媚薬についてはすでに述べた。昔の人々は、性欲を刺激する媚薬によく通じていた。現代人も全く無知というわけではない。占星術の出版物に載っている慎重な言葉遣いの広告を見ればわかるであろう。媚薬入りのチョコレートの製造を専門にしている会社がフランスにある。最近、この製品が一般に知られるようになったのは、二人の娘と一人の男性が、過量服用の結果死亡したからである。英国でも、いわゆる「強壮剤」の成分を含むカクテルが飲まれているが、その効力は周知の通りである。これらが「媚薬」でないと言うなら、一体何であるのか。

本書では、物質的次元のみに属している方法を問題にしているわけではないが、言及する必要がある。英国でさえ、媚薬は補助薬として隠秘学の実践に一度ならず使われていると考えられる根拠があるからである。

広範囲に亘って宣伝を始め、「隠秘学者の雑貨屋」とでも呼ぶべきうまい商売を築き上げていたある会社があった。この会社が提供する調合剤の一つに、「ヴィーナスの働きのための香」という薬があった。だが、警察が間に入って、二人の共同経営者は投獄され、会社は時期尚早になくなってしまったのである。

全く物質的方法の利用の他に、この方面でどんな精神的影響の利用方法があるか容易にわかるであろう。私は、非常に疑わしい事例をいくつか知っているが、こういう問題では、事実を確かめるのは非常に難しい。攻撃の方法は触知し難いものであり、痕跡を残さないので、被害者は性の心霊的面のみならず、肉体的な面、そしてより微妙な感情的面にも疑いを抱きもせず、全く無知であるかもしれない。さらに、最もつらい思いをした人々は、通例、最も口数が少ないものである。攻撃が成功した場合は、滅多に明るみに出ない。被害者にも、加害者と同じで、事件を隠したいと思う動機があるからである。

純粋な隠秘学の実践については、望み通りの結果を得るには二つの方法がある。望みの相手に心霊力の圧力を加えて、自分の影響下に置く方法と、精交（congressus subtilis）として知られている心霊作用による方法である。

精交とは、厳密にはどういうものなのであろうか。この問いに答えるには、性の超自然的面について今よりももっと多くを知らなければならない。そもそも、性の事実——申し立てられた事実——とは何であろうか。古代の人々は、この問題に関して非常に明確な意見を持っていた。彼らの意見は、しばしば私たちに手掛りを与えてくれるのである。もっとも、これらの意見に付随する神人同形説による解釈は容認しないかもしれないが。

大悪魔リリスが、この問題に大いに関係していると考えられている。カバラ学者によれば、リリスはアダムの最初の妻であり、彼がまだ独りでエデンの園にいた頃、夢の中で会いに来ていたという。主なる神は、この振舞に非常に狼狽されて、アダムの注意を引くためにイヴを創造されたのである。魔女たちもこのような悪魔の訪問を受けている。アヴィラの聖テレサは、神御自身の訪問を受けたと語っている。——聖母マリアは聖霊を迎えている。聖アントニウスは、美しい女の悪霊たちの幻影に誘惑された。修道女たちのもとへやって来た悪魔に襲われたという非常に多数の女子修道院の事例が記録に残っている。ジョージ・ムーアは、『シスター・テレサ』という大変興味深い修道生活の研究書で、若い修道女の間で突発した「片割れ」事件について述べている。若い修道女たちは、大洪水の際に溺死した人々の魂であるらしい天使のような恋人たちと密通したという話である。『創世記』や『エノク書』には、神の息子たちが人間の娘たちと一緒になり、その結果、悪魔の一族が生まれたと記してある。すべての国の民間伝承には、人間と精霊の結婚の話があり、通例、その結果は悲惨である。古典文学にも神や女神たちが人間のもとへと訪れる話がたくさんある。こういう物語について、何と言うべきであろうか。お伽噺や願望実現以上の要素があるのであろうか。愛人の正体を隠すために、悪魔の子を身籠ったと宣言する修道女の動機は容易に理解できる。修道院の他の人々が、この話を引き継いで、到る所に悪魔の姿を見る心理も同じように理解できる。

私が個人的に知っている事例をいくつか引用して、それらに照らして、幻想から事実をふるい分けられるかどうか調べてみよう。ある時、既婚女性に恋をしている青年が私のもとを訪れた。彼は、何度か彼女を訪問する非常に鮮明な夢を見たと言い、彼女も同時に彼を迎える夢を見たと言うのである。彼は、この操作のテクニックを完全なものにしたいと切望しており、私の所へやって来たのであった。私は、彼には同情的でなかったので、この奇妙な実験がどうなったか知らない。

数年前、さらに奇妙な事件を知ることになった。ある女性が私に話してくれたのだが、彼女は娘時代に婚約していた男性を大変深く愛していたが、西アフリカで宣教師として働いていた時に殺されてしまった。愛することのできると感じていた唯一の男性を失った彼女は、自分をずっと愛していた半病人のまた従兄弟と結婚したのである。夫と交渉を持つ時はいつでも、彼女は最初の恋人の姿を思い浮かべた。彼女自身は、背が低く、目も髪も黒く、小柄で華奢であった。血縁者である夫も彼女と似た容姿で、その上、ひょろひょろとした痩せっぽちであった。だが、彼女の三人の息子の容姿は、長身で、すらっとした金髪の北欧系であり、死んだ恋人にそっくりだったのである。この話の真実性は、彼女の一家の友人が私に請け合ってくれた。

私は、個人的に二人のいわゆる「取り替え子」を知っている。男の子の耳は牧神の耳のように先が尖っており、悪魔の息子がいるとすれば、彼は正に悪魔の息子であった。女の子は奇妙で魅力的で本質的に非―人間であった。彼女のお産は、ネコが子を産むように容易であった。この二人が受胎されたのは、母親が酒に酔っている時であり、二人とも目立って冷淡な性格で、場合によっては故意に残酷になった。二人とも見た目には風変わりであったが、少しも欠陥はなく、事実、平均より遙かに優秀な頭脳の持ち主であった。

性の深遠な面を少しでも知っている者なら、性交は肉体的なものだけではなくエーテル性のものであることがわかる。正常な男女の交渉と自慰との本当の違いは、この事実にある。前者が活力と調和の源となるのに対して、後者が消耗させ神経をいらいらさせる理由も、そこにあるのである。エーテル体を投射できる人間や、自分の最も密度の濃い媒質がエーテルである存在にとって、ある状況下で性交渉に加わることが可能であると考えられないだろうか。霊媒行為や病的な霊媒行為である憑依という理論を容認するならば、男女の一方が心霊作用によって制御されている時の性交の可能性について何が言えるであろう。こういう状態の時、どんな魂が受胎されるであろうか。

中世の伝承は眠りを侵す二種類の悪魔を認め、インキュバスとサキュバスと呼んだ。この二つが、好色な夢を見せるのだと言われていた。現代の心理学は、これらの働きを無視し、もっと適切な答えを出している。だが、霊能者は、昔の考えに重要な点があり、男の心の好色な想像（このことに関しては、女性の心も同じであるが）は、実際に、前章で述べた方法に従って人為的精霊を生み出すと考えている。霊能者の意見では、こういう精霊は、主観的イメージ以上の存在で、客観的なエーテルの存在として或る経験の起源に一役買っているのである。例えば、好色な夢や幻想を抱いていると、そういう特色のある思念の形体が生じる。母胎となった精神から独立して存在するようになった思念の形体は、その人物のオーラにあり、他人の精神からテレパシーによって投射された思念の形体と同じように、暗示を与えるのである。私たちは、どの程度、押し出された思念の形体によって自らにテレパシーで暗示をかけているかほとんど気づいていない。子供の頃、私は、古風の四柱式寝台の天蓋の真下に鳥籠を吊るすと、翌朝、中の鳥は死んでいると言われたことを覚えている。下で寝ている人間の吐き出す炭酸ガスに毒されて死んでしまうと言うのである。私たちも、自らが発散する軽卒で浄化されていない思念によって、どれ程心霊的に毒されているかわからないのである。

適当な夢のイメージが伴えば、オルガスムを得るということはよく知られている。昔の人々は、こういう体験は、悪魔たちの仕業だと思っていた。現代人は、それは肉体的緊張のせいだと考えている。一般には余り知られていないが、白昼夢を見るだけで意のままに同じ反応を起こすことができる男女がいるのである。テレパシーの暗示によって同じ反応を起こすことができないか、多くの魔女の集会の運営に関係しているのではないか、と考えてもよいであろう。

邪道には、この面に関して奇妙な側面がある。私は、自分が手掛けた事件を通してそれを知ったのである。世間との交渉もなく、未亡人の母親と一緒に暮している純真で擦れていない若い娘Y嬢が、X氏という有名な霊能者に相談に行った。このY嬢とX氏の交際範囲には、魔術の知識があるという評判の有名なZ氏がいた。X氏はY嬢に、彼女の前世の生を見たところ、彼女とZ氏の間には業《カルマ》の絆があり、Z氏に愛と磁気を注ぐことによって仕事の手助けができると語った。彼女は、毎晩床に就いて眠るまで、Z氏について黙想するよう指図された。この孤独で疑いを知らない娘は、この仕事に無条件に没頭した。だが、間もなく彼女は不安になってきた。常識に目覚め、自分に要求された黙想には、非常に心を乱す作用があることに気づいたのである。だが、X氏は、彼女の不安を和らげ、将来氏は彼女と結婚するであろうと予言して安心させることによって、忠誠心を呼び起こした。その頃はもう、彼女は、悲痛な思いをさせる情事を持て余しており、悲しみに沈んで仕事に手がつかなかった。Y嬢と氏は、この問題について何通もの手紙を遣り取りしていて、私も目を通している。私は、一切から手を引くよう懸命に彼女を説得した。X氏は、彼女の気持を弄び、もしも彼女が心霊力の支持をやめたらZ氏は苦境に陥るであろうと言って、うまく説き伏せて黙想を続けさせた。彼は、また、もしも彼女が忠実であれば、最終的には結婚に到る業《カルマ》の絆があることを彼女に再び請け合ったのである。Y嬢は、哀れなほど悩んで当惑し、三人が属している組織の若干の指導者のもとへ行った。指導者たちは私の忠告に賛成し、黙想をやめるべきだと言ったが、彼女の手元の例の非常に信用を危うくするような手紙を渡すように説得した。これらの手紙を手に入れてしまうと、指導者たちはこの事件すべては彼女の想像の所産であると言って、X氏とZ氏という選り抜きの悪党をその地位から追い出さずに、今まで通りの仕事をさせたのである。

この一件だけでも奇妙な事件であるが、まだ続きがある。同じ頃、精神異常に近い状態のある女性が私の所へ来て、彼女もX氏の意見を聞きに行ったことがあると語った。彼女の話によると、X氏は、彼女は自分では気づいていないがすでに霊界の奥義伝授を受けており、彼女の心霊的能力は正に開かんとしているが（彼の口癖である）、もしこの道で真の進歩を望むならば、夫と別居し、X氏が紹介する星幽《アストラル》界の異性の心の友と接触するように言ったのである。この貴重な忠告の結果、彼女の家庭生活は崩壊し、彼女は狂ってしまった。ある日、公園を歩いている時、彼女はZ氏と出会い、彼が自分の星幽界の恋人であると言った。X氏は彼女の言葉を確認し、氏は彼女に奥義を伝授する師でもあるという尾ひれをつけた。

私は、彼女を説得して、この事件すべてに即座に終止符を打ち、夫のもとへ帰るようにさせようとした。だが、彼女は星幽界での経験の後そうするわけにはいかないと言うのであった。X氏は、再び彼女に影響力を持つようになり、彼女は私が知っていた住居から出て行ったので、その後どうなったか全くわからない。最後に会った時の彼女の状態は悲惨であった。やつれて眼光鋭く、発作的に痙攣を起こしていた。

このような女性の話を誰が信じるであろう。明らかに私が読んだ手紙を読まなければ、誰一人として信じる者はない。これが唯一の事例というわけではないのである。私の同僚の一人も、X氏と関係のある似たような事例をいくつか知っており、私に話してくれた。こういう事例を知ると、神秘的な現象の誠実な研究者は、法令全書に、自分の力を悪用する隠秘学者を治安判事が効果的に処理できる法律があることに感謝するのである。一般によく知られている通り、奥義伝授を受けた隠秘学者は利益のために隠秘術を使わないので、どこかの自己宣伝をしている隠秘学者にハーフクラウンかハーフギニーを払って、不快な事件に巻き込まれても同情し難いのである。

以上の出来事から一体どんな結論が出せるであろう。私は個人的知識から、これらの事実を請け合うことができる。四人の女性は、説きつけられて、力を注ぎ出すことを目的とする黙想の方法に手を出した。注ぎ出される力の性質がどんなものかは、既婚女性は夫と別居するように指図され、独身の娘は、この操作の焦点である男性を慕うように勧められたという事実で明らかである。この男は、実践隠秘学と儀式に従事していることで知られているグループの指導者である。私の結論は、隠秘学の実験が進行中であり、結果はどうであれ、これらの女性たちは実験を実行するために利用されたのであって、有名な霊能者X氏が取持ち、悪名高いZ氏が操作していたということである。

この同じグループは、男色と関係のある一連のスキャンダルを繰り返しているという評判もある。これが単なる男色だけの問題であるならば本書の範囲外であるが、これは、超自然的力を獲得する手段として計画的に利用されたようである。隠秘学のより深遠な面の知識が少しでもある者なら、性の力はクンダリニー、即ちタントラの哲学によれば脊柱の一番下にとぐろを巻いている炎の蛇、西洋の隠秘学で言う仙骨神経叢の顕示の一つであるということを知っている。それを思念のコントロールによって管理する正しい方法があり、そのテクニックについては、拙著『純潔の問題』(The Problem of Purity)で説明した。だが、もう一つの方法では、この力を刺激して、それが吸収されない異常な回路《チャンネル》に入れて、魔術の目的のために取って置くのである。そういうわけで、ある種の黒ミサでは、まだ生きているか、または生贄として殺された女性の裸体を祭壇にするのである。A・E・W・メイスンは、このような処置について、『オパールの囚人』(The Prisoner in the Opeal)という著書で述べている。

しかし、熟練していない魔術師は、この種の力をコントロールすることはできない。力は発生するとすぐに、必然的結果になる。そこで、彼らは別の刺戟物、即ち女性ではなく、少年か若者を利用するのである。隠秘学と関係のある男色の実践の歴史は非常に古く、ギリシアの秘儀が頽廃した原因の一つでもある。

私は、拙著『健全なる隠秘学』(Sane Occultism)において、これらの問題をある程度詳しく扱っている。実際の事件の詳細な点については、先述の雑誌『真実《トゥルース》』の綴じ込みを参照されたい。

第十四章　心霊的攻撃の動機　Ⅱ

隠秘学者たちの間では一般に知られていることだが、入門儀式によってメンバーとなり、宣誓によって結ばれた隠秘学の結社との衝突は、楽しいことではない。すでに述べたように、訓練を積んだ隠秘学者の悪意のある精神は、危険な武器である。大勢の訓練を積んだ精神から成る集団の精神は、特にそれが儀式によって集中された場合、どれほど危険な武器になるであろう。

結社のメンバーの個人の精神力、そしてその集団の精神の集合力の他に、本物の隠秘学の組織が保護や破壊の作業に関係している時に、考慮すべきもう一つの要素がある。どの隠秘学の組織も、その奥義伝授の力を「接触者」と呼ばれる者、即ち、心霊的にあるいくつかの力と接触している一、二人の指導者に頼っている。これに加えて、古い伝統ある組織であれば、非常に強力な思念の形体が、その雰囲気の中に築き上げられている。どの入門儀式にも何らかの形で、＜密儀の誓い＞があり、それによって入門志願者に＜密儀＞の秘密を明かしたり、与えられた知識を悪用しないように誓わせるのである。この誓いには、必ず「罰則」と「呪文」が含まれており、その時、入門志願者は、裏切り行為の際に甘んじて罰を受け、何らかの「存在」に罰の強要を呼び求める。こういう誓いのいくつかは、非常に恐ろしい出来事であり、舞台演出で工夫のできる限り厳粛に執行される。隠秘学の結社が、うまく秘密を守ってきたところを見ると、これらの誓いを破る者は滅多にいないということがわかる。

隠秘学の結社と喧嘩をした場合は、この誓いの中の呼び出された力が自動的に争いに加わることもある。反抗的メンバーが伝統に従っており、間違っているのが指導者たちであれば、誓いの中の呼び出された力は強力な影響力で前者を守り、後者と衝突するであろう。これに反して、メンバーが〈密儀〉を裏切った場合は、この復讐し罰する力の流れは、たとえその人物の欠陥が発見されなくても、戦闘を開始するのである。ある入門式での出来事を目撃した人物から聞いた話であるが、どう見てもあらゆる点で正常な入門志願者が、慣例的なやり方で誓いを済ませた後、突然すさまじい叫び声をあげて皆を驚かせ、神経にひどいショックを受けたように数週間具合が悪かった。その後、その人物は隠秘学と一切の関係を断ってしまった。この出来事の真相は、全くわからずじまいであった。私自身が居合わせた時は、三人一組の入門志願者が誓いを立てたが、儀式の最中に突然二人だけしかいないことがわかった。調べてみると、三人目の人物は、恐怖に襲われて逃げてしまったのである。

この二つの事件で何が起こったのかは私にはわからない。背信行為があったのか、背信行為の意図があったのか誰にもわからない。だが、何かがこの二人に主に対する畏れの念を実に効果的に抱かせたのである。このような衝撃は儀式本来のものではないことは、非常に多くの儀式を経験したこの私が、こういう事例を二つしか知らないという事実でもわかる。私自身が入門儀式を受けた時は、嵐の航海から港へ入って来たような気持であった。

私が親しくしている優れた隠秘学者が、所属していた結社《オーダー》から追放されたことがある。私は、その理由を知らないが、その行動を見れば、多くの理由があったであろうと思われる。入門の際の誓いを無視して、彼は独立した支部会《ロッジ》を始めたのである。彼はやめるように警告され、テンプルを取り去ってやめた。だが、すぐに、或る注意深く隠した所で、別のテンプルを作り始めた。今度は、彼はさらに野心的で、より大いなる〈密儀〉を試みる準備をしていた。彼は非常に器用な技術家で、テンプルの設備を全部自分の手で使ったので、誰にも気づかれずに済んだ。ウエスト・ロンドンのみすぼらしい通りのノッティンガム・レースのカーテンの陰には、大いなる〈密儀〉の美しい小さなテンプルがあった。彼は数ヵ月間刻苦精励してこのテンプルを完成したのである。このことは彼が直接に打ち明けた人々以外は、誰も知らなかった。だが、実際に儀式を始める前に、彼は海辺へ短期間休養に行き、浜で坐っている時に心臓麻痺を起こして四時間後に死んだ。結社の秘密は守られたのである。

この同じ有名な結社と喧嘩をした別の人物は、腹癒せに結社の秘密を活字にして出版した。彼は、社会的地位もあり、かなり裕福で素晴らしい文才のある男で、すでに作家として有名になっていた。だが、秘密を発表してから、彼は落ち目になって富も名誉も失った。アハシュエロスの呪いがかかっているようであり、彼は国から国へ追われて、安住の地を得ることはなかった。彼の本を扱う出版社もなく、彼の本の書評を載せる新聞もなかった。

最後に、私自身の星幽界《アストラル》での小ぜり合いについて述べようと思う。私は、隠秘学の結社で一般に行なわれている悪習に関する一連の論説を『オカルト・レヴュー』に書いた（この論説は、『健全な隠秘学』ライダー社に転載されている）。私の論説は、主として霊感によるもので、自分が知らなかった事柄をかなり「暴露」していた。この場合は特に、私は明らかに自分が思っている以上に的を得ていたので、非常に面倒なことになってしまった。その最初の暗示は、不安で落ち着かぬ気分であった。次に可視の世界と不可視の世界の壁にたくさんの割れ目があるような気分になり、覚醒状態の意識と混ざって、星幽界《アストラル》がちらりと見えることがよくあった。私にとって、これは不慣れなことであった。私は、生来の霊能者ではないからである。私が訓練を受けたテクニックでは、様々な意識のレベルを厳密に分離しておき、各々の間の門を開閉する特定の方法を教えられた。その結果、自発的に心霊的性格が出てくることは滅多にない。顕微鏡を使って用意された材料を調べるようにしか物が見えないのである。

漠然とした不安感は、次第にはっきりとした脅迫感と敵対感となっていき、間もなく、悪魔の顔がちらりと見えるようになった。それは、心理学者が入眠時幻覚という不快な名で呼ぶ、眠りに入る時にちらりと見る夢のイメージに似ていた。私は、自分の論説を読んだ誰かを恐らく完全に動揺させてしまったのだろうと思ったが、特定の人物を疑うことは全くなかった。そこで、友人だと思い、尊敬していた人物からの手紙を受け取って、その人物こそ攻撃者であり、自分がさらに論説を発表したらどうなるかわかった時、本当にびっくりしてしまった。手紙を受け取るまで、その人物が私が批判していたスキャンダルにかかわり合っているとは、露とも思っていなかったからである。

私は、少々厄介な立場にあった。私は、一般原則について榴散弾を発射したのであるが、明らかに多数の友人や仲間を「やっつけて」しまったようで、はと小屋全体を動揺させたのである。私の立場が厄介だったのは、私は彼らが思っていたほどにはよく知らなかったからである。勿論、私は隠秘学の運動に関わっている誰でもが知っているように、この分野で時々濫用が行なわれていることは知っていた。だが、漠然と知っているということと、特定の事例を正確に指摘することは違う。明らかに私はうっかりと予期しなかったほど大変なことに関わってしまったのである。私は、小魚を釣りに行ってカワカマスを引っかけた小さな男の子のような気持であった。『オカルト・レヴュー』から論説を返してもらうか、そのままにしておいて、結果を甘受するか決めなければならなかった。私は、非常に強い衝動を覚えて論説を書いたのだが、何故そういう衝動を覚えたのかわかってきた。「見張人」という国家の繁栄に関係した隠秘学の階級の奇妙な一派についての章で一言述べたいと思っている。この一派の役目の一部は、星《アストラル》幽界の治安維持に関係があるようである。実際のところは、ほとんど知られていない。時々彼らの仕事に出会って、その断片を継ぎ合わせるだけである。後で述べるが、私も何度か彼らの足跡を横切ったことがある。黒魔術が行なわれている時はいつでも、彼らは輪に輪止めを入れるのである。それはとにかく、起こった事件を考慮すれば、この仕事を私にさせた衝動は、「見張人」から出たものであろうという結論に達した。いずれにせよ、明らかにこの仕事はなすべきことであった。浄化するためには、誰かがこれらの悪徳の巣に取り組まなければならなかったのである。そこで、私は自説を固守して、やり遂げようと決心し、問題の論説をそのままにしておいた。

間もなく、奇妙な出来事が始まった。私たちは、本当にどうしようもないほど黒猫に悩まされるようになったのである。これらの黒猫は幻覚ではなかった。近所の人々も被害に遭ったからである。私たちは、隣りの管理人と互いに同情しあった。この管理人は、箒で戸口の上り段や窓の下枠から多数の黒猫を追い払い、今までこれほど多くの、これほど恐ろしい黒猫を見たことはないと言った。家全体にこの獣のひどい悪臭が充満していた。当時、私たちの共同体の二人のメンバーは毎日仕事に出ていたが、ロンドンの別々の所にある会社にも同じ雄猫の臭いがしみ込んでいた。最初、私たちはこの災難を普通の原因のせいにして、近所に魅力的な雌猫がいるのであろうと結論した。だが、次から次へと事件が起こるので、これは只事ではないと思うようになった。春分が近づいていたが、隠秘学者にとっていつも困難な時期であった。緊張した空気があり、私たち全員ははっきりと不安を感じていた。或る朝、朝食を済ませて二階へ上がって行くと、突然虎に近い大きさの巨大な雌猫が階段を降りて私に向かって来るのが見えた。それは、本当に実体のある現実の猫のようであった。私は一瞬びっくり仰天してそれを見つめていたが、消えてしまった。すぐに私は、それが幻影、即ち魔術の力のある何者かによって投射された思念の形体であることに気づいた。そう気づいても余り慰めにはならなかったが、実際の虎よりはましであった。はっきりと不安を感じて、私は家人の一人にそばにいてくれるように頼んだ。私の部屋で二人で黙想していると、外で猫の鳴き声が聞こえた。その声に答える鳴き声が次々にあがった。窓の外を見ると、通りの彼方まで黒猫が点在しており、夜、屋根の上でするように、真昼だというのに、鳴き声をあげているのであった。

私は身を起こすと必要な道具を集めて、その場でお祓いをした。終わりに、もう一度窓から外を見てみた。猫は一匹も見えず、その後も見ることはなかった。猫の訪問は終わったのである。近所には、普通の数の猫がいるだけであった。

春分の日になった。春分は、隠秘学者にとって最も重要な時期である。霊界には、大いなる力の潮が流れており、それを扱うのは非常に困難である。星幽界に問題があれば、この時期にはいつも暴風になる。また、星幽界では集会があり、多くの隠秘学者は身体を脱け出して参加する。そうするためには、失神状態にならなければならない。すると、精神は身体を離れるのである。身体が空になっている間は、普通、この方法を知っている者に側にいてもらって、身体が傷つくことのないように見てもらう。

普通のやり方では、心理作用による攻撃を受けている時には、昼間は眠り、太陽が地平線の下にある間は目を覚まして黙想し、何としてでも覚醒状態の意識にしがみつく。だが、運の悪いことに、私はこの時期に星幽界へ旅立たねばならなかった。攻撃者もこのことを知っていた。そこで、私は思いつく限りの予防措置をとって準備をし、注意深く選んだ人々に見張りの輪を作ってもらい、慣例的な儀式をして作業場を封じた。事情が事情なので、私はその効きめを余り信じていなかった。攻撃者は、私より遙かに上級の隠秘学者であったので、私がどんなに封印をしても入って来られるからである。しかし、それでも些細な不愉快な経験からは守ってくれることはできた。

星幽界《アストラル》の旅の方法は、高度な技術を要するものであり、ここでは触れることはできない。心理学用語を使えば、それはシンボルを用いた自己催眠である。シンボルは、霊界への扉として作用する。シンボルに従って、入ることのできる霊界の区域が決まる。そこで、訓練を受けた隠秘学者は、星幽界を不安げな幽霊のようにさまようことはなく、よく知られた通廊を通って出入りするのである。

従って、私の敵の仕事は難しいものではなかった。彼女は、私が旅に出る時間も、身体を離れるために何のシンボルを使うのかも知っていた。そこで、妨害に対する準備をしたのである。だが、それがどういう形をとるか私にはわからなかった。

星幽界の旅は、本当に鮮明な夢であるが、選択、意志、判断の力は保っている。私の旅は、いつもは象徴的な色のカーテンで始まり、その壁を通り抜けて行くのである。今回は、カーテンを通り抜けるとすぐに、私は自分の敵が待っているのを見た。他の言い方では、彼女の夢を見始めたのである。彼女は、非常に華麗な自分の階級の正式のローブを着て現われ、私の道を塞ぎ、自分の権威によって星幽界の道を通ることを禁じると言った。私は、個人的に感情を害したからといって、星幽界の道を塞ぐ権利は認めないと答え、私たち二人が責任ある〈内なる首領〉に訴えると言った。その後、意志の闘いが始まり、私は空中をぐるぐる回って飛ばされ、非常に高い所から落ちるような感じがして、気づいてみると身体に戻っていた。だが、私の身体は元の場所にはなく、まるで爆撃を受けたかのように見える部屋の一角にうずくまっていた。〈撥返り〉というよく知られた現象によって、星幽界での闘いは身体に伝わって、宙返りをしながら部屋中を動き回り、動揺した見張り役の人々は、その通り道から家具を避けたのであった。

私は、その不快な経験に少々動揺した。私は、自分の経験が最悪のものであり、うまく星幽界の道から追い出されてしまったことがわかった。だが、もしこの敗北を容認すれば、私の隠秘学者としての経歴が終わるということにも気がついた。ポニーに振り落とされた子供が、もう一度乗りたいと思うなら、すぐに起きて乗らなければならないのと同じで、もし自分の力を保持したければ、何としてでも星幽界を旅しなければならないことを知っていた。そこで、私は、再び星幽界に入るために、見張り役のグループに立ち直って、もう一度円陣を作るように言った。私は、〈内なる首領〉に呼びかけると、再び身体を脱け出した。今度は、短く激しい闘いであったが、私は通り抜けた。私は、〈内なる首領〉の姿を見て、戻って来た。闘いは終わったのである。私は、それ以来二度と悩まされることはなかった。

しかし、ベッドに入ろうとして服を脱ぐ時、背中がひどく痛んだ。手鏡を持って、鏡で調べてみると、首から腰にかけて、巨大な猫にひっかかれたような傷跡がついていた。

経験豊かな隠秘学者で、私が揉め事を起こした人物とかつて密接な関係にあった何人かの友人にこの話をしたところ、彼女は、こういう星幽界での攻撃で有名であると教えられた。彼らの友人の一人は、彼女と喧嘩をして、全く同じような経験をして、引っ掻き傷を身体中につけられたということであった。だが、その女性の場合は、半年間身体の具合が悪く、二度と隠秘学に関わらなかったのである。

この話には、関係があるかどうかわからないが、奇妙なエピローグがある。私は、先にイオナでの変死事件について述べた。この不幸な女性は、芝土に刻まれた十字架の上で、裸で死んでいた。死因は発見されず、風雨にさらされて死亡したと判断された。だが、もし道に迷ったならば、さまよわずに、何故そのような儀式的なやり方で横になって死んだのであろうか。何故、家を出る時に服を脱いで、黒いマントだけを着て行ったのであろうか。何故、大きなナイフを持って行って、それで芝土に十字架を刻んだのであろうか。私は、彼女が亡くなる前の二、三年間会っていないので晩年の行動は知らないが、交際していた頃は彼女は前述の女性と関わりがあった。彼女の死体の唯一の傷跡は、引っ掻き傷であった。

第四部　心霊的攻撃に対する防衛法

第十五章　心霊的攻撃と防衛の身体的面

多種多様なタイプの心霊的攻撃を識別し、その実行に使用され得る方法を説明し、また、この問題を面倒にする様々な形の妄想、詐欺行為、自己暗示について述べた。そこで、今度は、その診断の問題を論じることができる。問題全体を実際的見地から考えてみよう。見知らぬ人間が来て、心霊作用による攻撃の話をした場合、どういう処置をしたらよいのであろう。

まず最初に、心霊作用による攻撃があると仮定する場合、慎重さが大いに必要であるということを留意しなければならない。心霊作用による攻撃は、比較的稀なことである。他の可能性すべてを除外するまでは、心霊作用による攻撃を扱っているのだと決めてかかってはいけないのである。

それほど以前のことでないが、私は真偽の疑わしい憑依の事例にぶつかった。それは、放置された便秘が原因であり、ビーバー油で十分にお祓いできたのである。何らかの肉体的症状――血色が悪いとか、口臭がするといったものであっても――があれば、資格のある開業医の診断が必要である。たとえ症状に心霊的要素が強く出ていても、その原因は肉体的であるかもしれない。敗血性の病巣は、本当は腐敗の中心であり、そういうものとして、それは塵が塵へと戻るのを助ける作用をする単純な形態の基本的生命に門戸を開くのである。血液の不純物は脳をだめにすることもある。腫瘍や膿瘍も脳の機能を乱す。こういうことは、身体を理解している人間によってのみ認識され得るのである。他のことでは私たちと同じだが、訓練を積んだ人間は、より良い人間であるし、最高の訓練を受けた人間は、最高の人間である。診断法の適切な訓練を受けられる唯一の場所は、総合病院である。さらに、物事がうまくいかない時に炉から栗を引き出せるのは、当局がその証明書の署名を容認するような人物である。患者が精神異常者であることがわかった時、資格のない開業医はどういう処置をするであろうか。真偽の疑わしい心霊作用による攻撃の被害者の大半は、精神異常者かヒステリー症患者である。初期の精神異常を見つけるのは非常に難しいし、ヒステリー症は大変狡猾で口先がうまい。毎日人間性を大量に扱っている医師は、この二つの症状のどちらも、それを見たことのない素人よりずっと早く発見するであろう。

隠秘学に共感的態度の医師を見つけるのは非常に困難であるといって、反論されるかもしれない。こういう議論は、医師の立場を誤解するものである。医師に隠秘学の作業に協力を求めているのではなく、身体の病気がないかどうか調べ、もし見つけたなら治療するように求めているのである。医師は、患者の通っている教会に関与しないのと同様に、患者のためになされる隠秘学の処置に関与していないのである。

医師が気質性の疾病の形跡はないと言ったり、静脈瘤症のような明らかに精神状態に何も関係のない病気を見つけたりした場合は、症例は最初の検査を通過したと言ってよいし、心霊作用の調査へ進む価値があると思ってもよい。もし症例が悪性のものであったり、長患いである場合は、恐らく医師は、患者が衰弱していることに気づいて、はっきりとした故障がなくても、適当な治療をするであろう。患者の身体の状態が良いほど、精神的抑制力とスタミナが多くあるので、それで十分効果がある。だが、できれば睡眠薬は使わない方がよい。投与する必要がある場合は、患者が眠っている間は、隠秘学の見張りの仕方を知っている者に見てもらい、寝室は清めて封じなければならない。

星幽界に出ている時に攻撃を受けた時は、普通はウサギが穴に戻るように大急ぎで身体に戻って、悪夢を見ていたかのように目を覚ます。だが、睡眠薬によって普通よりも深い眠りに入っている時は、目を覚ますことができないので、言わば星幽界に幽閉されてしまう。それは、心霊作用による攻撃の場合、何としてでも避けたいことである。いつまでも眠らずにいられるわけではないので、睡眠薬が不可欠な場合は、眠っている者の側にいる見張り人は、眠りが夢によって乱されているような徴候がないかどうか注意深く観察しなければならない。寝言を言ったり、身体を引きつらせたりしたら、見張り人は必要なお祓いをして、眠っている者の耳に、クーエが小さな子供に対して勧めているような慰め安心させる暗示の言葉を囁かなければならない。心霊作用による攻撃の最もつらい特色の一つは、睡眠中は無防備になるので、被害者が怖がって眠らなくなることである。キップリングの恐ろしい物語『通路の果て』を読んだことのある者なら、心霊作用による攻撃の被害者は、いつも拍車をはいて寝たという話を覚えているであろう。そうすれば、睡眠中に見えない敵と闘った場合は、自分に拍車を当てて目を覚ますことができるからである。

心霊作用による攻撃を受けている人を助けることは、身体面でもかなりできる。そういう症例を扱っている医師にもできる問題について述べているところであるから、物理的方法を考察した方がよいであろう。日光は、オーラを強化して抵抗力を増すので、非常に貴重である。このため、しばしば田舎へ行くように忠告するわけであるが、心霊作用による攻撃の被害者にとって、田舎の奥まった所へ行くのは余り賢明ではない。自然力は町から離れると遥かに強力になるし、もし被害者が先祖返り的な力の奔出によって脅かされているならば、人が集まる所にいた方がよい。海も避けた方がよい自然の力である。水というエレメントは、心霊的性格と密接に結びついているからである。心霊作用による病気を患っている者は、保養地を選ぶ時、水辺や高い山を避けなければならない。最も良い保養地は、内陸の温泉地である。ゲームやトレーニング、マッサージなど、身体の状態を良くするものは何でも非常に貴重であるが、独りで長い散歩に出るのは避けるべきである。しばしば、自殺の危険があるからである。心霊作用による攻撃の被害者は、何としてでも独りになってはいけない。

心霊作用による干渉を大いに和らげてくれる非常に簡単な方法がもう一つある。攻撃が心霊的中枢を通して行なわれることは明らかであるので、この中枢を閉ざせば被害者には多少とも免疫ができる。周知のことだが、鈍感で物質主義的人間は、敏感な人間なら発狂したり自殺したりするような幽霊屋敷で無事に暮らすことができる。やはり周知のことだが、胃に食物が入っていると心霊力を使った作業はできない。最高の結果が得られるのは、必ず断食している時である。これらの事実から引き出せる明白な結論は、心霊的中枢を閉じておきたければ、胃を空にしてはいけないということである。心霊作用による攻撃に直面している者は、二時間以上食物をとらずにいてはならない。

ある重要な心霊的中枢は頭にある。その活動を調べるのに最も簡単な方法は、頭から血の気を引くことである。これを効果的にするには、熱い風呂に入るか、辛い芥子《からし》を溶いた湯水に足を浸ければよい。もう一つの重要な中枢は、太陽神経叢にある。心霊作用による攻撃を受けている時、この部分にしばしば緊張感と苦痛を感じることがある。大きな魔法瓶に一杯に熱湯を入れて重くして、太陽神経叢、即ちみぞおちと肋骨の間の手の幅の広さの所に置くと、その部分の緊張を十分に和らげる。実際、熱くなくても圧力さえあれば、緊張を緩和できるので、堅いパッドをベルトで適所に押さえたり、コルセットを着用したりして楽になった場合もある。

心霊作用による攻撃に直面している時は、何よりも便通を良くしておく必要がある。身体の中に滓が沢山あることほど不利なことはないからである。

これらの簡単な身体の治療は、容易にできる。精神の病気を治したり、心霊作用による攻撃を完全に防いだりすることはできないが、苦痛を大いに和らげ、被害者がより効果的に抵抗できるようにし、緊張を緩和することによって、耐久力を増すのである。

心霊作用による攻撃の多くの場合、長く耐え抜いた者が勝つのである。人間の心霊力の攻撃は、大量のエネルギーを使うので、いつまでも続けられないものである。

「小さな鋤で足りる時は、大きな鋤を使うな」という古い格言がある。身体的な防衛法は、精神的な防衛法よりも遙かに少ないエネルギーの量で済むので、できるだけ前者を使った方が精神力の節約になる。薬を一錠服用すればよいのに、わざわざ儀式をして地のエレメントを払い清めなければならないであろうか。

これと関連して、食事の問題も考察する必要がある。神智学会の広く行きわたった宣伝のおかげで、菜食主義は隠秘学の訓練の必要条件のように思われている。だが、そうではないのである。西洋の隠秘学の伝統では、菜食主義はその体系に含まれておらず、人は、自分がいる土地の食物を控え目に節制してとるように教えている。私自身は、ヨーロッパ人にとっては、隠秘学と菜食主義を一緒にすることは賢明でないように思われる。その結果として過敏になって、この厳しい文明社会において生活しにくくなるからである。

菜食主義をやり遂げるには、それを完全に理解して非常にうまくしなければならない。そうであっても、植物性蛋白質を消化できない相当な数の人々がいる。植物性蛋白質は、動物性の物質ほどには食べやすくないからである。菜食主義が所定の人物に適しているかどうかは、経験と実験によってのみわかることである。食欲不振、エネルギー喪失、体重減少は、無視すれば、慢性病の原因になる。最初は菜食主義に合っていても、長年のうちに、神経炎、神経痛、座骨神経痛などの神経の痛みの症状が何か出てくるかもしれない。菜食主義の食事では充分な栄養を摂取できないという確かな指摘がある。必要な食物単位が含まれていないわけではないが、消化作用によって吸収できないために、そのまま身体の外に出てしまうのである。精神障害を複雑にしている神経痛の病歴がある場合はいつも、私は長期にわたる栄養不良が心霊的性格の異常発達の原因になっているのではないかと思う。こういう場合は、徐々に滋養分の多い各種取り合わせた食事をとるようにすれば過敏性は減少し、かつて形成された望ましくない霊界との接触点は消え、正常な状態に戻るであろう。だが、食事の変化は、消化作用を乱さないために必ず徐々に行なうべきである。

心霊作用による妨害を受けて困っている者は、すぐに隠秘学の実践をすべてやめ、いつもの黙想の代わりに子供時代の祈りの言葉を言ったり、新思想の治療法を行なったりしなければならない。星幽界の揉め事がある時は、心霊的中枢を開いてはならないのである。そういう場合は、物質的次元に戻って、断固としてそこに留まることである。昔の「パンチ」誌に、心霊作用による問題に苦しんでいる者の正しい態度を正確に表現していると思われる一枚の絵があった。昔風の四柱式寝台の床架に、めん棒を持った凶暴な女性が立っており、寝台のたれ幕の下から彼女の夫の頭が突き出ている。夫曰く、「おまえさん、俺をビシャビシャ叩いても俺の雄々しい心を潰せないぞ。だって、俺はここから出ないからな。」

心霊作用による攻撃の被害者が世俗的な事だけに心を向けていたら、どんな妖術師にとっても、がっかりさせられる相手になる。黒魔術をかけている時に、その相手が地元の映画館でチャーリー・チャップリンのおどけた仕草を見て大笑いしていたら、妖術師には何ができるであろうか。一本釘を打ち込めば、別の一本が抜ける、という古い格言がある。目に見えない危険を恐れているならば、ちょっと危ないスポーツでもやってみればよい。

第十六章　攻撃の性質の診断

心霊作用による障害における純粋に身体的要因を考察したところで、今後はその純粋に心霊的要因を考えてみよう。だが、身体の疾病が発見されたからといって、必ずしも心霊的要因を除去しないということをいつも念頭に置かねばならない。血液の異常などの身体の状態は、単純な形の心霊的性格を引き起こし、被害者は邪悪な星幽《アストラル》界の状況と接触することもある。科学によれば、それは譫妄状態とか幻覚ということになるが、隠秘学者は、それを病的な心霊的性格と呼び、それを緩和するために多くをなし得るのである。心霊的中枢を閉じることによって緩和する場合もあるし、患者の周囲から悪い心霊的影響を排除して、悪魔ではなく天使が見えるようにすることによって、苦痛を取り去り、幸福感を与える場合もある。病気の血流のために無理やり開かれた心霊的中枢は、その視界に入って来るものなら何でも見る。そこで、気持ちの良いもの以外は、心霊的中枢に近づかないように守ってやればよい。星幽界から全く引き離すことはできないかもしれないが、少なくとも被害者が星幽界の安全で楽しい所を歩き回れるように守ってやれるのである。病人の耳に暗示の言葉を囁くことによって、どれほど譫妄状態の放浪を指示しコントロールできるか人々は知らないのである。病人の星幽界の放浪に同伴し、その幻覚の中で声をかけてやることもできる。自分の知識によって、病人を脅かす悪霊を追い払い、安らかに夢の中を道案内するのである。

診断の最初に、心霊作用による障害を三種類に大きく分けなければならない。身体の疾病の副産物であるもの、悪意ある人間の行動によるもの、人間ではないものの干渉によるもの――この三種類である。最初のタイプは、すでに忠告したように、基本的準備として医師に依頼したならば、その医師によって容易に発見される。さらに、医師は詐詐欺師をうまく排除してくれるであろう。霊能者の世界で活動し、彼らの用語に通じている者は、心霊作用による攻撃を受けている振りをすることがあるからである。その動機は、金を借りるため、厚遇を得るため、ただ悪名を愛するがためという。人間的な常軌を逸した行動をする一般に思われているより遙かにありふれた動機なのである。身体の精密検査で脅されると、普通の場合、詐欺師は姿を消すか、急に元気になる。運に任せる決心をした者は、総合病院で外来患者を扱ったことのある医師によってすぐに見破られるであろう。

従って、隠秘学者が下さなければならぬ診断は、肉体のある精神による攻撃と肉体のない精神による攻撃の識別である。この識別をするには二つの方法があるが、互いに再照合するために、二つとも使用すべきである。少なくとも二人の別々の霊能者に患者を探魂してもらい、隠秘学者自身も、専ら先に述べた第一原則に照らして解釈した病歴から独自の診断をしなければならない。心霊学と科学を混合するのは誤りである。両者は互いの特色を消してしまいがちである。心霊研究と観察は別の人間にしてもらい、暗示や関係者の誰かの心に以前からある所信を読心術で読みとることによって、透視の調査の結果が損なわれないように適切な予防措置をする必要がある。そこで、隠秘学の調査の始めに、まだ何の所信も抱かないうちに、検体を測心法《サイコメトリー》に出すのは良いことである。

測心法の検体を適切に扱うのは決して容易ではない。他人の髪の束をポケットから出して測心してもらうために出した男性がいたが、その髪の束は数日間ポケットに入っていたので、勿論完全に彼の発散物が染み込んでいて使い物にならなかった。測心法の検体は、その人間のバイブレーションが充分に染み込んだ物でなければならない。最近常用した服、髪の束、装身具などは、適切なやり方で保存されていれば、役に立つのである。宝石のような結晶体は磁性を最もよく保つし、貴金属であろうとなかろうと、金属類でもよい。例えば、ポケットナイフは、磁性をよく保つ。木、紙、羊毛、木綿、人絹はよくない。特に、紙以下が悪い。絹とリンネル類はよい。インド・ゴムは使い物にならない。ガラス類は、その形によって磁性の保持力が異なる。光を屈折するようなカットであれば非常によいが、窓ガラスのように平らで透明であれば、ほとんど使い物にならない。石は、まあまあであるが、陶器はだめである。複雑な造りの物品は、素朴な造りの物品に劣る。例えば、マーキーズ型の指輪は、認め印付きの指輪に劣るのである。手紙がよく誤解を招くのは、しばしば受取人の磁性と同じ位、差出人の磁性を持っているからである。霊能者の中には、写真を使う者もいるが、厳密には、この方法は測心法ではない。写真によって呼び起こされて心に描かれたイメージは、像を映しているエーテルの相応するイメージを捉えるために使われるからである。

測心法の検体を取り扱う時には、非常に注意深くなければならない。検体は、それを取り扱う者、それに近づく者、さらに、それに思考を集中する者の磁性で容易に汚染されてしまうのである。例えば、検体を送るために包装している時に、それが提示する問題について考え込んだり、自分なりの仮説を立てたりすれば、探魂者は、検体の持主の状態の代わりに、あなたの思念の形体を捉えるかもしれない。包装に使う用具も磁性のないものでなければならない。私が知っている事例では、霊能者は、ある小さな装身具の持ち主は看護婦か病院関係者だと判断した。実際のところ、その持主は看護婦でも病院関係者でもなく、ただ手術用の脱脂綿で包装されていたのであった。

測心法の検体を包装する時には、急いで、できるだけ手を触れないようにしなければならない。包装するに充分な大きさの黒か白の（染めていない）「新しい」絹布を使い、検体に投げかけて、絹布の上から触って、急いで包み込むとよい。隠秘学の用語では、「新しい」とは、他の目的で一度も使われたことのないという意味である。例えば、古いドレスの切れ端とかクッション・カバーなどを使ってはいけない。この方法で取り扱うことのできないような検体は、砂糖ばさみやはさみの先で挾んで絹布の上に置いて包めばよい。検体は木箱に入れ、詰め物も必ず「新しい」物を使うように。一人の測心者の報告を信頼してはならない。少なくとも二人の探魂者に検体を送るべきである。検体を送る時、特にホロスコープ用の出生時を送る時には、ゴシップの種にならないように問題の人物の名前を教えないとよい。占星術者は、図表を回して話し合うのが好きなので困ってしまう。私は、そのために、非常に不幸な事件が起きた例をいくつか知っている。

手掛けた仕事の性質を理解している人物が作ったホロスコープは大変貴重である。十二宮の位置は、診断の助けになるだけではなく、治療の指針としても非常に重要である。従って、事件の性質や必要な情報を占星術者に説明することが最も好ましい。そうすれば、占星術者は、それに応じて図表を検討するであろう。隠秘学の治療家にとって、ホロスコープは、医師にとってのレントゲン写真のようなものである。

検査の結果を待っている間、それにまた影響を受けていないので、隠秘学者は独自の診断を下すべきである。診断を下すためには、隠秘学者は少なくとも二度は患者と面談しなければならない。最初は、指導したり質問したりせず、患者に自分なりに事実を述べさせて、病歴を聞く。患者が出ていった後すぐに、覚えている限りできるだけ詳しく病歴を省略せずに書かねばならない。患者がいる時にメモを取ることは非常に好ましくない。患者が神経質になるからである。警察裁判所風に言えば、患者は「自分が言うことすべては記録され、不利な証拠として使われる」と感じるのである。

二度目の面談に備えて、隠秘学者は記録を注意深く調べて、その大切な点や順序をはっきりと心に留めておかねばならない。いよいよ矛盾点や欠落している点について、患者に質問する時である。故意であろうとヒステリー症であろうと、この処置で嘘はすぐに発覚する。患者が二度目の面談で矛盾したことを述べれば、最初の面談での発言の記録に照らして、はっきりと明らかになるからである。本当のことを述べているならば、一度目、二度目の発言は一致する。事実を歪めていれば、すぐに矛盾したことを言うであろう。

自分が相手にしている人物の気質に、少々霊能者のようなところかノイローゼ患者のようなところ、またはその両方のようなところがあることを忘れてはならない。また自分の相手に対する態度や口に出さない考えも相手に深い影響を与えることも覚えておくべきである。自分の正直さが疑われていると思えば、相手は自信を失って、自分の体験は結局は想像力の所産であると考えるようになるかもしれない。その結果、相手は、診断上の見地からきわめて重要なことを隠すであろう。関係のある細かい点と無関係な細かい点を全部述べてもらうことによって、手掛かりを発見できるのである。

問題の病歴を扱う時に見つけたいと思う目印があっても、患者にそれを悟られてはならない。患者は、隠秘学者を信用すると、その見解を採用する傾向が大いにあるし、隠秘学者が何らかの見解を持っているのがわかれば、無意識に出来事を歪めて、その見解に合うようにするからである。偏見のない返事を得るためには、患者に質問の意味を臆測させてはならない。どんな考えで質問しているのか推測させないためには、特定の点に関する情報を明らかにするような一連の質問をしてはいけない。恐らく情報を得たいと思う点がいくつかあるであろう。最初に一つの点についての質問をし、それから他の点についての質問をしたらよい。例えば、患者の住居に問題の原因があると思うならば、方向を迷わせるためにわざわざと仕掛けられた臭跡を辿らないように、必ずこの点を患者が疑わないようにしなければならない。自分の考えが正しいとわかっても、実行に移る準備ができるまで、患者に事実を教えるべきではない。患者の不安を大きくすることによって、苦しみをも大きくするからである。性の問題が患者の災難に関係していると思っている場合に、患者に質問の傾向を悟られると、事実を確かめることは非常に困難になる。疑惑を抱かせなければ、遠回しに接してくる明敏で経験豊かな質問者に対して、患者は、気がつかないうちに、自らを明らかにするのである。このように遠回しに話すことによって、事件の真相を確かめられるだけでなく、患者に嫌な思いをさせずにすむのである。

病歴を取り扱う時に、患者の心霊的体験と生活環境の相互関係を見つけようと思うかもしれない。従って、日付と場所は入念に調べなければならない。いつ、どこで問題が始まったのかを知る必要があるのである。この二点についてできるだけ詳しい情報を得てから、そこに超自然《オカルト》的な重要性があるかどうか調べるがよい。日付を注意深く書き留めて、天体の位置換算暦で調べ、月や惑星との関係に注目してみよう。日付が春分・秋分、夏至・冬至であったか、または近かったかにも注目してみよう。また、何曜日であったか注意しなさい。事件の危機がすべて木曜日や、春分の頃、または満月に起きたことがわかれば、相当に重要な情報を手に入れたことになる。いずれにせよ、不可視の心霊力の潮が関係している事件を扱っているということだけは確信できるであろう。

問題の様々な危機が生じた場所についての情報も求めなければならない。特に、その最初の兆候に伴った状況についての情報を手に入れなければならない。その場所に行って、雰囲気を感じることができれば、非常に役に立つ。また、患者の住んでいる土地を訪れると、大変多くのことがわかるであろう。

入手し得る地理上の情報を得たら、大縮尺の陸地測量部地図との関係で、入念に検討しなさい。この地図や必要なすべての関係のある情報は、どこの公立図書館でも容易に入手できる。近所に先史時代の遺跡がないかどうか気をつけ、それがある場合は、問題の家と遺跡の位置関係に注意しなければならない。家の近くに遺跡があるかどうかだけではなく、二つの遺跡を結ぶ直線上に家があるかどうかよく見なければならない。その地方の歴史を調べ、さらに何らかの情報が得られるかどうか見なさい。ローマ時代の遺跡が問題の原因であることがしばしばある。衰退期のローマの軍隊《レギオン》は、非常に風変わりな宗教を持ち込んだからである。ドルイド教の遺跡があることも考えなければならない。家にある変わった物品——原始的宗教の神々の像や未開人の武器など——について質問してみなさい。これらの物品に強力な精霊が付いている可能性が大いにあるからである。

患者が他の土地へ行くと障害がなくなるかどうか尋ねてみなさい。返事がイエスであれば、障害の原因がその土地の状態であると推定しても大丈夫である。だが、返事がノーであっても必ずしも土地の状態が原因でないというわけではない。土地のせいではなくとも、その土地の住人のせいかもしれないからである。多くの場合、その人物の有害な影響力は、隠秘学の知識を故意に悪用した結果ではなく、不運な心霊的気質によるものであることを決して忘れてはならない。隠秘学の知識を故意に悪用するということは滅多にないので、そういう仮説を性急に容認すべきではないのである。容疑者が隠秘学に通じており、霊能者に対して敵愾心を抱いていることが確かめられる場合でも、意識的に故意に攻撃をしているとは限らない。無意識的で反射的なものである場合もある。いかにも隠秘学者は自分の媒質を充分に制御して、自分の意志と意識とは別に行動しないようにすべきであるが、実情は必ずしもそうではない。多種多様な発達段階にある人々がいるのである。より高次の力に目覚め、その力を完全に制御するまでの間には、必ず難しい時期があるのである。

夢の種類についても質問し、超自然的な攻撃の問題とは別に、患者が悪夢を見やすいかどうか尋ねなければならない。また、他にも心霊的体験をしたことがあるかどうか、もしあるならば、どういう種類のものであったか聞いてみるとよい。

最後に、患者の友人について注意深く質問し、その中の誰が霊能者であるか、誰が隠秘学の研究者であるかどうか調べなければならない。だが、決定的証拠があり、患者を救うために肝要でない限りは、誰にも嫌疑をかけないように大いに気をつけなければならない。思い違いがあり得るということを忘れてはいけない。最近のことだが、気質性の心臓病であるから婚約者と結婚すべきではないと医師に言われた男性が自殺したという記事が新聞に載っていた。検死の際、その男性の心臓には全く異常がないことがわかった。軽卒な診断を下した医師の気持ちを考えてみなさい。すでに心霊作用による攻撃を受けて取り乱している者は、影を見てもぎょっとするような状態なのだから、非常に慎重に扱わなければならない。確証が得られるまでは、疑わしいと思う点を述べる時にはとても用心深くなければならない。結局、大切な目的は治癒であり、説明ではないのである。問題が解決しない限り、患者にとって誰かに罪を被せることなどほとんど価値がないのである。自分の災難を正体未確認の心霊力の影響のせいにしておくより、逃れられない自分の周囲の誰かに対して疑念を抱く方が、患者にとってはずっと惨めである。他の何よりも心霊的問題においては、知らぬが仏ということが適当なのである。自分が効果的に防御できないような危険を患者に見せてはならない。手術をしようとする外科医は、患者に見えないように道具を布で隠す。賢明な隠秘学者も同じである。隠秘学の奥義に通じていない人々にとって、霊界は常に胡散臭いものであることを忘れてはならない。

前記のような線に沿って調べてみれば、調査に必要なかなりの量の材料を手に入れたことになる。注意深く検討して、因果関係を探してみよう。問題の悪化に常に関係のある出来事・場所・人物があるかどうか気をつけなければならない。今まで私が例として挙げた様々な典型的事件も考究して、自分が調べている事件と似たものがあるかどうかみなさい。典型的事件の説明に注意し、それが自分の扱っている事件を解明するものかどうか、または調査の方針を示唆するものであるかどうか調べてみなさい。

このようにして調査すれば、仮の診断に到達できるはずである。その診断が測心法用の検体を送った霊能者の調査結果によって確かめられれば、自分の考え方が正しいと自信を持って、大胆に進んでいってよい。

だが、霊能者たちは調査の主要部分で同じ結論を出しても、細部に関しては完全に一致することはないということを忘れてはいけない。患者の全生涯の合成写真を調べるのであるから、見るべき点が余りに多くて、誰もすべてを見ることなどできないのである。霊能者たちが互いに確認し合った事柄は証明済みと考えてもよいが、一人に見えても他の人には見えない事柄も必ずしも錯覚ではない。

第十七章　防衛方法　I

一般読者のために心霊作用による攻撃と闘う方法を説明する際に、私が思い起こすのは、賢明な商務省が無害・有害な薬が一杯入った小さな戸棚と共に船長たちに供給すべきであると主張した薬と外科に関する素晴らしい手引書である。急患が出た時は、立派な船長は患者に関係あると思われる章を読んで、最善を尽くすというわけである。こういう時には、個人的要素は非常に大きいものである。

心霊作用による面倒な事件の場合も同じである。診断を下すには、幅広い経験が必要であり、問題となる状況を対処するには、特別に訓練された能力と特別に開発された力が必要である。本書は、治療に関する論文というより、むしろ応急処置の手引書である。

強力な薬は専門家が使えば効果的であるが素人が使えば危険であるように、さらに強力な隠秘学の処方書は使用するには特別の知識が必要であるということに留意しなければならない。さらに、隠秘学の奥義を知らぬ者が見境なく処方書を使っても、その効きめは失われ、無益になることが多いのである。G・B・S（ジョージ・バーナード・ショウ）が戯曲「ピグマリオン」で上流社会に紹介した庶民の虚辞は、かつては強力な誓願の使い古された遺物、「聖母様の御名にかけて」であった。さらに、似たような事例は二つとないし、明快で典型的な事例は稀有な宝である。悪魔払いの祈禱師にとって最高の知識とは、常識と天性の才能、そして経験である。

診断を下し、事件の処置に進む準備ができたならば　悪魔祓いの祈禱師は次の三つのことをしなければならない――患者のオーラを治し、周囲の雰囲気を清め、問題の原因となっている悪霊との関係を断つことである。この三点は相互に依存しており、どれが最初でどれが最後というわけではない。雰囲気を清めない限り、傷ついたオーラの治療はほとんど不可能であるし、患者と悪霊の接触を断たない限り、雰囲気は清められないのである。

理論上は、最初に悪霊との接触を断つことが理想的である。だが、残念ながら実践上は悪霊との接触を見つけるのは大変であるし、発見後も取り扱うのは大変である。その間に、患者の体をもたせるために何らかの処置をしなければならない。悪魔祓いの祈禱師は仕事をする場所を自ら清めなければならない。攻撃の被害者が独力で自分を守る場合は、塹壕を掘って身を隠す間、何らかの一時的な防御物を急造しなければならない。

心霊攻撃に対処する際に最近にすべきことは、雰囲気を一時的に清めて、乱れた列を正すための息つく場所を得ることである。これは、自力の意志力よりも系統立った儀式によって容易に達成できる。目的を持ってなされるいかなる行為も儀式となる。身体を洗うこと以外の目的を持たずに風呂に入れば、風呂によって身体がきれいになるだけである。清めの儀式として風呂に入れば、その効能は肉体の次元を越えたものになる。従って、私たちは或る行為をする時に、エーテルの状態を清める手段としてだけではなく、想像力によってはっきりと星幽界の状態を清める手段としても行なうのである。想像力は、すべての魔術において、非常に強力な武器である。

有形の物体はエーテルの発散物が浸み込んで、かなりの長い間それを維持する。隠秘学では磁力と呼んでいるこういう発散物は、それに触れた敏感な人に深い影響を及ぼす。テーブルの上にブーツを置くと何者かと肩をすり合わせたのかわからないのであるから、自分の眠る場所ベッド近くのも賢明ではない。バスや汽車で何者と肩をすり合わせたのかわからないのであるから、自分の眠る場所をその人物の磁力で汚す機会をつくることはない。

私たち皆にとって幸いなことに、磁力は非常にはかない力であり、新しい時には影響力があっても、儀式によって故意に創造されたものでない限り、消えてしまうのである。心霊作用による攻撃の被害者を取り巻き、その所持品すべてに浸透している恐ろしい雰囲気は容易に除去できるが、その原因である状態が片付かないと、すぐに元へ戻って

178

しまう。

磁力を除去する最も効果的方法は、古い所持品をすべて残して新しい家へ移ることである。だが、大半の人々にとって、これは実行できそうもない助言である。幸いなことにこの方策とほとんど同じくらい効果的に目的を達することのできる方策が他にもある。とにかく、できることならば、心霊作用による攻撃の被害者を一時的に他の環境に移せばよい。その際、所持品はできるだけ少なくし、新しい服または洗濯屋から戻って来たばかりの服を着て移動させなさい。さらに、都合のつく限り自分の居所を秘密にするようにさせなさい。

流水を渡れば魔女をまくことができるという古い迷信がある。私の考えでは、どれほど迷信で被われていても、こういう昔から民間で信じられてきた事柄の多くは事実に根差している。この私の考えの裏付けとなるような経験が一度ある。私は、或る重要な隠秘学の仕事に加わることになっていたが、それに反対している者がいることを知っていた。それに関係している友人が、その仕事の予定日の前の晩に一緒に食事をしようと誘ってくれた。私たちは二人とも緊張した空気に気づいていたので、友人はその晩は家に帰らずに彼女の家に泊まり、攻撃者をまくために誰にも居所を教えないようにと私に言った。この妙案は全くうまくいったわけではなく、二人ともかなり苦しい一夜を過ごし、翌日も私は心霊的緊張を大いに感じたのである。そこで、私は元気づけのためにハイドパークを横切って指定の場所へ行くことにした。行く途中で、突然私は緊張感が和らぐのを感じ、手掛けた仕事を邪魔されずに行なうことができた。友人のこの経験を話すと、緊張感が和らいだ時に私がどこにいたのかと尋ねられた。地図でその地点を探すと、私は自分がサーペンタイン池の排水を流す地下の水管の上を渡ったことを知った。その時、私は流水についての古い迷信も知らなかったし、水管の存在も知らなかった。それでも、友人に会った時その話をしたくなるほどはっきりした安心感を抱いたし、その地点を指摘できたのである。

心霊作用による攻撃と信仰療法の両方の基礎であるこういう神秘的な力に関する正確な知識はほとんどなくても、この力の性質が電気に類似していると考えるだけの理由がある。だが、この力は生命のない力ではなく、性質的に、原始的であるが生命に似たものである。私の経験では、電気と細菌の生態を混合した類推をすれば真相に近づける。少なくとも現在の私たちの知識の許す程度、真相に近づくことができるのである。つまり、思念というものには、電気と細菌が結合した性質があるかのように行動すれば、推測航法のように知識もなく実際に見えなくても、充分に正確な操縦法がわかるのである。いつの世もすべての民族によって使われた民間魔術の様々な方法を考究すれば、それがこの推量と一致することに気づくであろう。

敏感な人が占い杖を使った時の効果で立証されるように、流水には特異な電気的性質がある。占い師に影響を及ぼすものが何であれ、それはおそらく心霊作用による攻撃に影響を及ぼすものと同じであろう。さらに、流水によって、いわゆる魔女だけではなく猟犬もうまくまけることを思い出す時、古い民間伝統をためして結果に注意すれば、無知な迷信だと言って非難され得ないと思うであろう。

さて、水は浄化の媒体である。キリスト教の洗礼式でも、儀式をしようとする隠秘学者による「場の準備」でも水が使われている。厳密に言うと、このように使われる水には塩を少々入れなければならない。洗礼のためであれ、教会員用の聖水盤に入れるためであれ、司祭が聖水を準備する時には、塩と水の両方を強力な祈願の言葉で祝福するのである。

隠秘学者に関する限り、塩は地のエレメントの象徴である。また、塩は結晶体であり、どの種類の結晶体も他の何よりもよく磁力を保持する。一方、水は心霊力の領域の象徴である。この二つの境界には、超自然的な悪の大半があるのである。実際、高次の精神的な悪が精神の空気の世界や魂の火の世界まで達することは滅多にない。特定の領域と接触したり、それに影響を及ぼしたいと思うならば、それに相応しい物質を基礎として使う。従って、塩と水の溶液は、塩と水が別々の状態よりも良い基礎となるのである。おそらく、しなければならない作業の領域全体を一度で包含できるからである。結晶体の不思議な性質に関して次のことに注目してみると面白い。エーテルの微妙な振動を捉えるためにラジオ装置には水晶が使われているということである。ここでも、電気と細菌の生態の類推が考えられる。

望ましくない心霊的接触を断とうとしている時に、そのために特に浄化された水風呂に身を浸すことは素晴らしい方法である。その後、新しい服か、少なくとも清潔な服に着替え、何とかしてできるものなら、違う部屋へ移動するとよい。それができなければ、ベッドの位置を変え、違った向きに置くように気をつけなければならない。つまり、今まで南北の向きに寝ていたならば、東西の向きになるようにベッドを置くのである。

　塩と水の溶液を祝福する際に使う祈りの言葉は次の通りである。

「（塩を人差指と中指で示しながら。）我は汝、地の被造物を生ける神によって（十字）、聖なる神によって（十字）、全能の神によって（十字）払い清め、天使と人間の主なる神の名において汝からすべての邪悪な力を一掃する。

（塩の上に手をかざして）地の被造物よ、汝の造り主を崇めよ。全能の父なる神、天と地の創造主、子なる我らが救い主イエス・キリストの御名において、我は汝を神に任えるように捧げる（十字）、父と子と聖霊の御名において。アーメン。

（水を人差指と中指で示しながら）水の被造物よ、汝の造り主を崇めよ。水の間に大空を造られた全能の父なる神の御名において、子なる我らが救い主イエス・キリストの御名において、我は汝を神に仕えるように清める（十字）、父と子と聖霊の御名において。アーメン。

（水の中に塩を投げ入れ。）おお、神よ、天と地の主よ、天と地にある万物の主よ、目に見え、また見えぬ主よ、我は汝に祈る、力ある御右手をこれら元素《エレメント》の被造物に差し伸べて、聖なる御名においてこれらを清められんことを。願わくは、この塩が肉体の健康に役立ち、この水が魂の健康に役立つように、これらが使われる所から、あらゆる不幸の力、あらゆる悪の迷妄と手管が追い払われるように、我らが救い主イエス・キリストのために。アーメン。」

　こうして清められた水は、風呂にも、額に十字を切る時に、またはある場所に振りかけて清める時にも使われる。このように使う時に、次の祈りの言葉を唱えてもよい。

「至高の御名において、父と子と聖霊の力において、我は悪のすべての力と種を追い払う。我は悪のすべての力と種をキリストの聖なる教会の呪文で縛る、鎖で縛られるようにしっかりと縛られて、外の暗闇に投げ捨てられ、神の僕を苦しめないように。」

指差したり、十字を切ったりする時(十字)、人差指と中指を伸ばし、薬指と小指は曲げて掌につけ、その爪に親指を重ねるようにする。祝福のために塩と水の溶液に手をかざす時、手は水平に、指をつけて真直ぐにし、親指だけは人差指と直角になるように伸ばす。

物理現象を起こすほどの超自然的力が働いている場合は、霊が姿を現わさないように予防措置をする方が賢明である。物理現象にはいくつかタイプがある。様々な音を出す場合は、通例は、きしむ音や重い物の落ちる音がし、それより稀であるが、鐘のような音や泣き叫ぶ声がする。実際に言葉が聞こえる場合は、幻聴の疑いがある。霊媒がいない時は、霊のメッセージは、聴神経ではなく霊的な耳に聞こえるからである。光が見える場合もある。通例は、石けんの泡のような光を発する霧のおぼろげな球の形をとる。大きさは様々で、単なる光の点であったり、直径六フィート以上のかなりの大きさのものもある。こういうおぼろげな光る球体の中に、霊能者は普通何かの姿を見る。それは時には人の姿であったり、時には動物の姿であったりする。白灰色の雲が煙のように床から柱状に立ちのぼってくるのが見られることもある。こういう雲は通常一ヵ所に固定して、光の球体とは異なり部屋の中を動きまわらず、伏せた大きなコップの中の煙が渦巻くような、雲内部の動きしかない。それより稀であるが、はっきりした臭いがしたり、さらに稀であるが、粉末状の物質や粘液が姿を現わしたりすることもある。軽い物が引っくり返ったり、部屋中に投げ散らかされたりすることもある。

エーテルのエネルギーの凝縮が生じるのを効果的に防ぐことが経験上判明している物質がある。酢に溶かして、部屋のあちらこちらに皿に入れておいた清められた塩は、程度の低い力には効果的に対処するが、高次の力には硝酸を使うのが一番良い。少量の硝酸を皿に入れて、大気にさらしておけばよい。事故を防ぐために、硝酸は水でよく薄めて使うのが最も良い。効き目があるのは皿の中の酸の力ではなく、その蒸発作用であり、薄めても生《き》の状態と同じように蒸発するからである。どういう風に作用するのか私には全くわからないが、心霊作用の実験者たちは、その価値をよく知っている。

現代ヨーロッパで使われる心霊作用《オカルト》による攻撃の方法は、精神的なものだけである。とにかく、私の経験したものに関する限りそうである。つまり、精神が精神に作用するのであり、身体に影響が出るのは偶然にすぎない。だが、東洋や未開地の人々の間では、他の面も考慮しなければならない。原始状態の生活や未開の地では、もっと遙かにエーテル性のタイプの魔術が使われているからである。こういうエーテル性の魔術を行なう場合、有形の物質が必要である。それは、物質についている磁性を利用するためである。抜け毛、切った爪、捨てた服、よく使う品々などは、すべて磁性を帯びている。従って、こういう物を捨てる時には、充分に処理されているかどうか気をつけるべきである。抜け毛や切った爪は、すぐに燃やしてしまわなければならない。捨てる服は、少なくとも戸外で三日間日光と風にさらすまでは、所有者の手から離してはいけない。衣類の磁性を充分に散らすには、物干し綱にかけるよりも、地面、特に掘り返したばかりの地面に置くとよい。家具の場合も同じである。捨てる前に、いつも坐っていた椅子や、とりわけ寝具は、完全に風を通し日に当てなければならない。同様の予防措置は、どんな中古品を置った時にも役に立つ。

下肥を捨てる時も注意深く手配し、信頼できる使用人に任せ、常に多量の消毒剤と防臭剤を使うようにしなければならない。新しい排泄物が原住民の手に渡らないように用心すべきである。体温がなくなれば、排泄物の魔術的価値は大いに減少する。汚れたハンカチも効果的な磁性のある絆であるし、包帯もそうである。実際、身体のどんな副産物の跡のあるものは何でもそうである。

しかし、心霊作用による攻撃の問題とは別に、魔術のために特に高く評価されている物質が二つある。精液と月経血である。前者は豊作祈願の儀式に使われ、後者はある種の祈願に使われる。未開地では、これらの物質を手に入れるのは非常に難しい。原住民はその重要性を知っているので、細心の注意を払って守るからである。だが、西洋人の奥様たちは何の疑いもなく汚れた衣類やシーツと枕カバーを洗濯屋の手に渡し、処理を任せ、週末にそれらが無事に戻れば満足で、それらを洗った水がどうなったか尋ねようなどとは思わない。世界の各地では、こういう魔術の物質の販売が、洗濯屋の儲けの多い副業になっているのである。

ヨーロッパでは、月経血と排泄物は、黒ミサの魔術的物質の一部であり、小麦粉と混ぜて聖餐用の平皿《パテン》になる。

家の悪い心霊的雰囲気を払う昔からある方法は、ニンニクを一面にばらまき、一晩そのままにして、それから拾い上げて燃やす方法で私自身の経験でも効果的である。田舎の人々は、嫌な客が来ることになると、マントルピースの上の花瓶にヒヤシンスの球根のようにタマネギを入れておき、客が帰るとすぐにそれを台所の火で儀式ばって燃やす。タマネギ類は有害な発散物を吸収すると信じられているからである。この点で注目すると面白いことだが、私の知る限りでは、或る炭鉱では鉱夫たちはタマネギが入った弁当を持って採掘場へ行くことを禁じられている。タマネギは地下のガスを吸収して有害になるからである。私にこのことを話してくれた人物が言うには、彼と他の人々がこっそりタマネギを持って入ったところ、散々な目に合って、この規則が賢明であるとわかったのである。

第十八章　防衛方法　Ⅱ

心霊作用の実際的な働きには二つのタイプがあり、別々に使ってもよいし、合わせて使ってもよい。各々の方法の解説書は他方を貶しているが、私は二つを合わせて使った方が断然最高の効果があると思っている。瞑想法として分類する方法は、平和、調和、保護、神の愛などという抽象的特性について瞑想する方法である。これは新思想派の方法であり、感情の状態を調和させ、有害な自己暗示を消すところにその価値がある。呼び出しと称する次の方法は、外部の力を呼び出して、その力を集中させるために形式的な方法を使う。この方法の複雑さには多くの段階があり、テクニックの種類は無限である。十字を切ってキリストを呼び求める最も簡単な祈りから、鐘、本、ロウソクを用いて行なわれる最も入念な悪魔祓いの儀式まで色々ある。この方法の真髄は、良い一般的な力から必要とされるエネルギーの特定の面を切り裂いて取り出し、何らかのシンボルを魔術の媒体として使って、その力を形体の次元に作用させることである。このシンボルは、心に描いた聖母マリアの青い衣でもよいし、浄化の象徴として振りかける聖水でもよい。または、護符として役立つように特別に磁性を与えた物でもよい。呼び出しの方法では、目的は霊の力を集中することであり、そこで何らかの形状のシンボルを用いなければならないのである。瞑想法では、目的は形体の範囲から逃れて、悪の入り込めないほど高揚した純粋に霊的な情動に到ることであり、従って、魂がこの純粋な空気に上昇することを妨げると思われるので、いかなる形式や術式の使用も避ける。

私の考えでは、後者の方法の実践者に当然の敬意を払うものの、術式の効能を利用する呼び出しの方法を使って、悪の存在しない霊的意識の純粋な空気に精神が昇ることができれば、遙かに良い結果が得られるのである。自力で高い次元へ到ることができるのは、瞑想の訓練の充分に受けた人々だけである。何らかの心理的工夫を踏切り板として使わずに感覚意識から「飛び立つ」のは非常に困難である。純粋に学問的理由で、効果が証明済みの方法を利用することを拒むことには目的はないように思われる。形体やシンボルの使用は精神が無形のものを把握するための心理的工夫にすぎないと気づけば、迷信的習慣という誤ちを犯すこともないであろう。迷信とはその意義が忘れられている形式を盲目的に使うことであるからである。

一方、自らの意識を浄化し調和するために瞑想法を使わない限り、形式的・儀式的方法のみに頼るのは賢明ではない。自分の仕事のこの面を無視すれば、自分自身のバイブレーションによって、魔法の円を清めるとすぐに再びそれを感染させてしまうであろう。狼狽して想像をたくましくして、考えられるあらゆる種類の悪を思い描き、思いもよらない種類の悪の可能性に空白を残すようなことがあれば、守護の「名前」で魔法の円を封しても無駄である。だが、魔法の円に守られて作業をするなら、調和の取れた瞑想を行なうことはもっと容易である。瞑想のみによって悪魔祓いを試みるのは、両手の力だけで重い物を持ち上げるようなものである。魔術の利用は、梃や滑車、ブロックの利用に似ている。やはり筋力が唯一のエネルギー源であるが、力学の原理を利用することによって、さらに力が倍増したのである。そこで、瞑想において精神統一のためにシンボルを使ってみれば、抽象的な思考による瞑想よりも遙かに容易に統一できることがわかるであろう。実際、緊張している時や危機に際して、その利用法をよく経験していなければ抽象的な思考をすることは不可能であろう。だが、十字架を思い描き、キリストの名を呼び求めることができないほどの状態に到ることは滅多にない。

心霊作用による攻撃は二つのタイプに分類できる。思念の形体によって起きるものと、力の流れによって起きるものの二つである。だが、後者の場合においてでさえ、力の流れはすぐに集結するか、自らの性質と同質の思念の形体を生育し始める。従って、すべての心霊作用による障害において、思念の形体は考察し処理すべき要因であり、事実、それは最も容易な診断の手段である。結合した思念の形体を知覚することによって、経験を積んだ霊能者は攻撃の性質を看破することができるからである。

思念の力は、地理的位置とは全く無関係のものであり、純粋な意識とその基調に同調することの問題である。地球の裏側で栄えた、最後の信者が死んで何千年もたつ、すたれた宗教の力を捉えることもできる。だが、思念の形体は名の問題である。思念の形体は空間的に位置する。思考と同じ速度で動かして、星幽界の最も捉え難いレベルまで退けることができる。そこで一つの思念に錨を降ろして、すべての実際的目的のために形体の次元を侵さないようにされるが、それにもかかわらず、空間を占めなくとも、空間の一定の位置に関係し得るのである。例えば、特定の物体と結びついて磁場に留まり、その物体について行く。直接的な磁場は、十二フィートから三十フィートの間で、遠い磁場は百フィートから三百フィートの間である。グラストンベリーやルルドのような強力な聖なる地には、これ以上に大きな磁場があり、多分二マイルほど広がっているであろう。これらの聖なる地は力の線によって相互に連結している。隠秘学の実践的な仕事をする時は、こういう事柄も考慮しなければならない。

古い寺院の跡のような力の焦点から発散している不穏な影響に直面した時は、儀式によって遠い磁場を処理しなければならない。高位の隠秘学者だけが使うことのできる方法なので、ここでは扱わないでおく。心霊作用による攻撃におけるすべての実際的目的のために考察すべきものは、直接的な磁場なのである。

直接的磁場を扱う最良の方法は、魔法の円を描くことである。お祓いだけでは、円の内で行なわれるお祓いほど効果はない。円は、追い払われた力が流れ戻ってくるのを防ぐ効果があるからである。この作業を行なう方法は色々あるが、多様な方法の原理は一つである。本書ではより強力な呪文を述べることはできない。呪文を使おうとする人物の奥義伝授の段階によって、効果的に利用されるかどうか決まるからである。相応しい段階ではないのにその方式を知っていても、効き目は射撃の仕方を知らないのに銃を持つようなものである。私がここで述べる方式は、すべての普通の状況に効き目のあるものである。異常な状況は、経験を積んだ者しか処理できない。

魔法の円を描く時、東を向いて真直ぐに立つ。東を向く理由は、操作しようとする磁力の流れは東から西へ流れているからである。最初にすべき行動は、自分のバイブレーションを落ち着かせ、オーラを浄化することである。そうするためには、自分の胸と額にカバラの十字を切る。額に触れて、「汝に、おお神よ（みぞおちに触れて）国と（右肩に触れて）力と（左肩に触れて）栄えとは（両手を合わせて）世々に到るまで。アーメン」と言う。

この式句によって、神の力が万物が従うべき宇宙の唯一の創造者であり至高の掟であることを肯定し、十字を切ることによって、自分のオーラにこの式句を磁性として確立するのである。この十字はキリスト教徒だけのシンボルでなく、ユダヤ教徒も躊躇なく使うことができる。使用されるのは、軸木と横木の長さが等しい自然の十字であって、カルバリの十字架ではないからである。後者は、軸木の長さが横木の二倍あり、犠牲の象徴である。軸木と横木の長さが等しい十字は、地球の四つの方位と四つのエレメントを表わしており、これに結びついた式句はこれらに対する神の支配を宣言し、それによって、式句を唱える者の領域に神の国を魔術的に作り出すのである。

次に自分が右手に十字軍戦士の絵に出てくるような大きな十字の柄の剣を握っていると想像する。剣を真直ぐに立てて、「神の御名において、力の剣を取り、悪と侵略を防御する」と言う。自分の実際の身長より二倍の丈があり、強大な鎧を着た姿で、力の剣を作り出したことによって充たされた神の力の勢いで震えているところを想像する。

次に力の剣の先で床に魔法の円を描く。剣の先の後に炎の線が描かれるのを想像の目で見なければならない。それは、変性アルコールを分解して点火した時に出るような小さな炎だが、青白い金色をしている。少々練習をすれば、この光の円を効果的に作り上げることができるはずである。描けるようになるまで円を描いてみなさい。円は必ず右回りに描かなければならない。つまり、東南西北の順で、床に表向きに置いた時計の針の動く方向と同じである。逆の左回りは、魔宴《サバト》で魔女たちが踊る方向である。右回りの動きは、太陽の動きと同じであるから、自然における神の掟の支配を肯定している。左回りの動きは、太陽と反対の動きであるので、神が自然を支配することを拒否しているのである。心霊《オカルト》作用による攻撃に抵抗する際には、神による万物の支配を断言するような基調に全術式を合わせなければならない。それは、自分が宇宙の法則と団結して、神の力で妨害を処理してもらうためである。

円を作った後、剣を視覚化するのはやめるが、まだ円を心に描いたまま、祈りの形に手を合わせ、東に向かってその手を挙げて次のように祈る。「力強き大天使ラファエルよ、東より来たるすべての悪から我を守り給わん」南を向いて、同じ祈りの言葉を大天使ミカエルに唱える。西を向いて、大天使ガブリエルに祈り、北を向いて、大天使ウリエルに祈る。再び東に向かい円を閉じて、カバラの十字の術式を繰り返す。

こういう魔法の円を描くことは、ベッドの周囲に描けば特に眠る場所の保護するために貴重である。円を描くのに、部屋の中を動きまわったり、家具を動かしたりする必要はない。円は心に思い浮かべれば、どこにでも描けるのである。

潮の干満によって円を再び確認することは必要である。つまり、日没後に描いた円は日の出まで有効であり、日の出後に描いた円は日の入りまで効力があるのである。同じ場所に何度も円を描くと、その影響力はかなり長い間持続するが、攻撃が活発な時には、朝夕作り直す方が賢明である。

円内で香を焚くのも非常に役に立つが、香の選択には注意しなければならない。成分不明の線香は絶対に使用してはいけない。線香は、普通は霊の形体化を助けることを目的に調合されるからである。大低の教会用品の供給店で売っている良質の教会用の香は安全で申し分ない。それは、伝統的処方に従って調合されたものだからである。安っぽい質の香は、こういう条件を充たさないであろう。

精霊や非—人間的存在に対処する時は五芒星形が最良の武器である。これは特定のやり方で描いた五つの尖端のある星形である。右手の人差指と中指を伸し、薬指と小指を掌に曲げて親指で押え、空中に五芒星形を描く。その際、肘をぴんとさせたままで、腕を伸ばして振る。最初は右腕を手が左腰の高さに来るように置き、伸ばした指が下向き、外向きになるようにする。空中に直線を描くつもりで右腕を振り上げ、腕を一杯に伸ばした時、頭上で指が真直ぐ上向きにする。それから肘をぴんとさせたまま腕をさっと降ろして、右側の出発点に相応する位置で止める。つまり、巨大な「V」の字を逆さに描いたことになる。次に、左肩の高さまで斜めに手を上げて、左を指差す。右肩の高さまで水平に手を動かし、その時指は身体と反対の方を差すようにする。今度は、出発点の左腰の側の所までさっと手を降ろす。これは非常に強力な印である。人間性の象徴である五芒星形の価値は、隠秘学者たちの間に知れ渡っているが、その効き目は描き方次第である。私が説明した描き方は、お祓いのための正しい方法である。

星印の効き目は、五芒星形に関する私自身の体験によって例証できるであろう。この話を信じられないと思う読者は、勝手に疑って下さっても結構である。興味を抱いている読者のために述べようと思うからである。

私は、あるインド人の隠秘学者の仕事に加わっていたが、邪道ではないかという疑念を持って抗議したところ、仕事から手を引くように言われた。私は仕事をやめたが、遠くから進行を見守ることにし、自分の疑念が正しかった場合は、暴露するつもりであった。数日後の午後、私は部屋で一人の友人と話をしていた。日が暮れてきたので、私たちはガス燈をつけて話していた。突然、二人とも同時にその部屋に霊気を感じて、同じ方向を見た。友人は敵意のある霊気を感じたが、私は彼女より心霊力があったので、それが誰であるかわかった。私は、例のインド人の姿が卵形の薄ぼんやりとした黄色い光の中に容易に見ることができた。私は友人に部屋を出て廊下で待つように言い、彼女が出て行くとすぐに、次に説明した五芒星形《ペンタグラム》を描いた。その際、本書では明かせない或る「力の名前」を唱えた。すぐに、ドアの側の角にあった姿は崩れて消えた。同時に、ぴしっという大きな音が鳴り響いたが、廊下の友人もこの音を聞いたということである。友人に部屋に戻るように言うと、彼女は入って来るなり、「ドアが大変よ！」と叫んだ。見てみると、ドアの羽目板の一枚が真二つに割れていた。ぴしっという大きな音は、明らかにこの羽目板が割れる音であった。私には説明ができないという、充分かつもっともな理由で、この出来事の説明はしない。何が起きたかだけ述べておく。読者は自由に解釈して下さって結構である。

部屋を封じることができない時は、オーラを封じられれば非常に役に立つ。真直ぐに立って、額、胸、右肩、左肩の順に十字を切り、次のような文句を唱える。「我の内の神なるキリスト、我が全身、全霊、全力を尽くして仕える御方によって（みぞおちの高さで両手をできるだけ前に伸ばし、両手の指を合わせ、さっと背後にまわして、もう一度両手の指を合わせながら言う）、我はキリストの加護の聖なる円を我が身に巡らす。その円を越えるような死に到る過ちはない」これは、古い修道士の術式である。非常に効果があるが、効き目は四時間しか持続しない。

他にも役に立つ様々な方策がある。心霊作用による攻撃に対処する場合だけでなく、どんな不当威圧や支配に対処する場合でも助けになるものである。

その影響力が圧倒的だと思われるような人物に会わなければならない時は、自分と相手の間に一枚の板ガラスの仕切りがあると想像すればよい。相手の姿は見えるし、声も聞こえるが、その磁性はこちらに及ばない。この板ガラスが全く現実の存在のように見えるまで、心に思い描きなさい。自分を苦しめる相手と交際せねばならないが、実際に会わない時は、レンガの壁の仕切りがあると想像し自分にこう言い聞かせばよい。「相手は存在しない。姿も見えず、声も聞こえず、全く存在しないのだ」

自分の活力を絞り取るような人物を相手にする時は、指を組んで両手を合わせ、みぞおちに置き、両肘を脇腹につけたままにする。両足も揃えておく。こうして身体のすべての末端を接触させて、身体の回路を閉じてしまう。この姿勢を保っている限り、身体から磁性は出て行かない。どんなに親切に話しても、恐らく相手は思いやりがないと言って嘆くであろう。

目をじっと見つめて自分を支配しようとする相手がいたら、見つめ返してはいけない。見つめ返せば、消耗的な闘いが始まるだけであり、敗けるかもしれないからである。相手の鼻の付け根のすぐ上、眉根の間をじっと見つめるとよい。普通の暴漢が相手なら、すぐに勝てる。だが、精神の力に通じている相手であれば、威圧することはできないであろう。けれども、相手もあなたを威圧することはできないのであるから、結局は行詰まる。相手を威圧しようとはせず、ただ眉根の間を見つめて、相手があなたを威圧しようとすることに疲れるまで待てばよい。それほど長く待たずに済むであろう。

先述の方法を使うことによって、普通の勇気と精神力のある者なら誰でも、麻薬やアルコールを避け、長い間食事をとらないようにしなければ、そして気おくれしなければ、普通の心霊作用による攻撃なら、頑強に抵抗して勝てるのである。異常な力の攻撃の場合は、少なくともうまく逃げて助けを求めるだけの時間を確保できる。

聖体も大変強力な精神力の源であり、聖体が保存してある教会や、宗教改革以前に清められた古い教会は、効果的な聖域である。

第十九章　防衛方法　Ⅲ

霊障は、望ましくない霊交を結ぶことによって生じる場合が少なくない。この問題の特質を理解するために、霊交という論題を考察しなければならない。

テレパシーによる暗示の問題については、すでにある程度詳しく述べた。霊交は、テレパシーによる暗示が能動的面であるとすれば、同じものの受動的面と考えてもよい。事実、霊交は、テレパシーによる暗示をかけるのに必要な状態を形成する。霊交のある二人の人間は、星幽のシャム双生児として説明できる。生身の身体は別々でも、星幽体は結合していて、二者の間には星幽の力が自由に循環している。それは、丁度母親の循環系が臍帯で胎児と結ばれて、同じ血が二者の間を自由に循環するようなものである。

この事実によって、多くのオカルト現象を説明できる。それは、結婚の真の秘訣であり、親子関係の多くの事実を説明する。また師弟関係のいくつかの重要な面も明らかにする。

霊交は、二人の個人の間だけではなく、一人の個人と一つのグループの間にも確立できる。この事実は、すべての結社の仕事に重要な役割を果たしている。人間と自然の他の世界との間に霊交を確立することも可能である。肉体のない存在や超人間的存在、事実、個人が思いやりのある協調関係を持つことのできるいかなる形態の生命とも霊交を確立できるのである。霊交の形式の基盤となる共感を抱く何らかの動機が必要であるが、一度形成されると、霊交はいつまでも深まっていく。奇妙な事実だが、霊交が長く続くと、こうして結ばれている者同志は、次第に互いに似てくる。「馬好き」の人間のタイプはよく知られているし、農民も次のような意味深長な表現があるくらいである。「父さんは豚小屋にいるよ。帽子を被っているのが父さんさ」

二人の人間が霊交を持っている時、消極的な者の方が個性を失って他方の青白き影となる傾向がある。そういうわけで、西洋の隠秘学者は個性を非常に重んじるので、東洋のグループのようなやり方で弟子を取らず、グループで儀式を通じて仕事をするのを好むのである。この方法はより非個人的であるからである。だが、そうであっても、一つのグループの個々のメンバーは変化を経て、集団の基調に調子を合わせるようになる。そのため、メンバー全員には、一つの共通分母があるのである。クリスチャン・サイエンティストや神智学者、クウェイカー教徒の暗号の小冊子に気づかない者がいるであろうか。集団瞑想をするどんな方法もメンバーにその影響を及ぼすのである。

勿論、この事実には尊敬すべきグループとの交際の価値の多くがある。同様に、尊敬に値しないグループとの交際の害もある。平凡な善人が不道徳な傾向のグループと交際した場合どうなるか考えてみよう。グループ精神に鋭く対立して退会せざるを得なくなるか、急速に、だが無意識のうちに、新しい仲間の基調に合わせてしまうであろうか。この事実に気がつかなければ、この善人の道徳観念は鈍くなり、当然のこととして、元来は嫌気がさすような事柄を容認するようになる。

一度霊交が確立されると、一般的な感情的調子以外のものも共有される。テレパシーと同じように、現実の考えが一人の心からもう一人の心へ移る。同じようにして、活力も伝達されるのである。この事実によって、あるタイプの信仰療法が説明できる。エーテルの活力が伝達される時には、関係者は互いの直接的磁力が問題になっている時には、それは必要でない。伝達は空間と無関係である。

目下私たちはこの力の正当な利用――治療、教え、初心者の育成――について考察しているわけではないので、そのやり方を詳細に考えないわけではないので、そのやり方を詳細に考えないでおく。どういうふうに作用するか充分に述べてある。何らかの理由で霊交の使用を断ちたいと思う時に、いかに断ったらよいかという実験的方法を考えることにしよう。

星幽界では、テレパシーの絆は一条の光、光輝く紐や何らかの似たような思念の形体に見える。このような形で、磁性のある絆を作っている者は、通例思念の形体を形成するからである。だが、時折、奥義の上級の隠秘学者であれば、接触を持ちたい相手と直接に光線をつなげず、光線の端に星幽界の動物を形成し、それに少量の自分自身の意識を移す。この動物の形体は見張人と呼ばれ、攻撃されない限り、自発的に行動しない。自衛する時は、自分が似せて作られた動物の性質に応じる。「見張人」を使うのは、意識をそれについて集中する必要はなく、出来事の記録を手に入れるためである。「見張人」の心霊的物質を再吸収すると、導師は「見張人」の意識内容がわかるようになるのである。この方法の不利な点は、「見張人」は心霊作用による攻撃を受けやすく、もし傷つけられたり、崩壊されたりすると、投影者も影響を受けるという点である。

思念の形体を相手にしている時は、それが想像力の所産であり、独立的存在であることを念頭に置かねばならない。想像力が作った物は、想像力によって消せるのである。思念の形体の作者が、それを想像力によって心に思い描いて作り出したならば、同様に、それをはっきりと心に思い描いて、何千もの破片に破裂したり、燃え上がったり、水に溶けたり、土に吸収されたりするところを想像できるはずである。想像力によって生じた物は、想像力によって死ぬこともあり得るのである。

この方法で思念の形体と思われる物が抵抗する場合は、それは恐らく人工的精霊である。さて、このような精霊は二つある。一つは、エレメントの本質を呼び出して思念の形体となった物によって入魂された精霊、もう一つは、秘術者の性質の何かを投影することによって入魂された精霊である。エレメントの本質によって入魂された精霊ならば、五芒星形を使用すればお祓いできる。秘術者自身の力によって入魂された精霊ならば、吸収として知られている別の方法を使わねばならない。

吸収は非常に程度の高い方法で、それをうまく使用できるかどうかは使用者の意識の状態次第である。所定の場合の所定の時間に自分が吸収を試みるのに適した状態にあるかどうか各人は自分で決めなければならない。自分のバイブレーションを完全に落ち着かせて、完璧な平静さとあらゆる努力感から解放されない限り、試みない方がよい。

しかし、試してみたいと思う人々のためにその方法を説明しておこう。

キリストを瞑想して自らを調和させ、バイブレーションが落ち着いたと満足した導師は、破壊するつもりの形体のイメージを星幽界の幻に呼び出す。その形体を詳細な点まではっきりと見て、その聖なる性質を探す。それが悪意や欲望の媒体であっても、吸血行為の媒体であっても同じである。この三つは最もよく見られる媒体であり、ほとんど確実にこの三種のいずれかに当てはまるのである。処理すべき力のタイプを識別したら、その反対物について瞑想する。その力が欲望であれば、清浄さと無欲に、悪意であれば、同情と愛、吸血行為であれば、すべての生命を創り、維持する者としての神について心を集中するのである。

瞑想している特性によって自分自身が一杯になるまで、この瞑想を続ける。清浄さと無欲が染み込んで、欲望に憐みしか感じなくなるまで、悪意に同情しか感じなくなるまで、そして吸血行為に関しては、自分の生命はキリストと共に神に守られていると安心して、それが助けになるというなら、吸血鬼に安らかに食事を済ませてやりたいと喜んで思うようになるまで、瞑想を続けるのである。事実、魔法の吸収をしようとする導師は、自分が吸収しようとする悪の空しさをはっきりと気づく境地に達するところまで行かねばならない。もはや悪に対する感情は存在せず、このようにして利を得ることができると信じている無知に対して憐みの念を抱く境地である。誤り導かれた魂を束縛の身から高め、教育し、自由にしたいと望む。導師がこれ以外の感情を自分の迫害者に抱かないような境地に達した時に、吸収を試みても安全なのである。

試みる準備ができたと満足したら、思念の形体を自分自身の方に銀色の紐で引き寄せる。思念の形体とみぞおちは、この紐で結ばれているのである。吸血行為をする思念の形体であれば、この方法でよい。他の二つのタイプであれば、自分のオーラを開けて引き寄せる。彼は文字通り吸い込んでしまうのである。この方法は、ゆっくりと徐々にすべきであり、数分間はかけなければならない。突然すると、導師は自分のバイブレーションを落ち着かせることができず、全く不快な状況に陥るかもしれないのである。

思念の形体が吸収される時に、導師はその思念の形体のタイプに相応する自分の性質が反応するのを感じる。それが欲望の力ならば自分自身も欲望を感じ、悪意の力ならば怒りを覚えるであろう。吸血鬼であれば、血を欲するであろう。すぐにこの感情を克服し、それと反対の特質の瞑想に戻って、自分のバイブレーションが再び調和するまで、その瞑想を保たねばならない。その後、悪の力の効力が消え、この世の悪がかなり減ったことに気づくであろう。すぐに精力と精神力の感覚が大いに増加するのを感じ、山に向かって次のように言えば、実現しそうな気がしてくる——「汝、海へ落ちよ」このような精神的高揚と力を感じれば、仕事がうまくいったことがわかるのである。だが、二、三日間は、時々瞑想を繰り返す方が賢明である。別の思念の形体が作られ、最初の形体に続いて送られて来るといけないからである。

思念の形体の送り手の方は、吸収されると、「力が失われた」ような感じがして、一時的に半ば虚脱状態に陥ることもある。だが、すぐに回復するが、その特定のタイプの悪の力は、しばらくの間かなり弱くなってしまう。性質的に更正の可能性があれば、送り手自身も永久にこのタイプの悪から解放されるであろう。

この方法の非常に有利な点は、実際に悪を根こそぎ破壊するということである。単に思念の形体を破壊しても、雑草の先だけを刈るようなものである。一方、それは最高のピッチに調子を合わせた上級の隠秘学者によってのみ達成し得ることである。心を乱したり、悩んだり、少しでも気おくれしたら、敢えて試みない方がよい。

霊交が一条の光、紐、その他の同種の形で、みぞおち、額、その他の身体のどの場所に付いているのが見えたら、霊交を断つ最良の方法は、魔力のある武器を作って、それで切ることである。事実、霊交が感じられたら、まず最初に紐を視覚化して、それがどこに付いているか見なければならない。最も一般的な場所は、みぞおちである。

次に前述の十字の柄の剣を作って、神の祝福を念ずる。それから燃え上がる松明を思い描いて、聖霊の力を切に求める。松明は聖霊の象徴である。そして、剣で紐または光線を寸断する。次に松明の清められた炎で切れ残りを焼くと、それは縮んで身体に付着している部分から落ちる。

勿論、このような切断の後は、絆の再形成を防ぐために、普通の人間としての用心をしなければならない。絆の形成に責任のある人物に会うことも、その人物からの手紙を読んだり返事を出したりすることも拒否しなさい。実際、星幽界でのコミュニケーションを断ったのと同じくらい徹底的に断固として、少なくとも数ヵ月間は、物質界でのコミュニケーションも断たねばならない。

しかし、完全に圧倒され支配されて、自分自身でこの操作ができない場合もある。仕事を引き受けてくれる友人があれば、「代理」による秘術を行なうことができる。

そうするためには、二人とも同意しなければならないが、代理人になる者は元来の被害者に決行の日時を教えてはならない。後者が完全に支配者の掌中にあって、心ならずも計画をふいにしてしまうといけないからである。

友人が確実に眠っている時刻を選んで、代理人は友人に心を集中し、自分がその側に立っているところを想像する。友人から伸びて宙にある霊交の紐や光線を視覚化する。支配者に付着している端が見えれば、もっと良い。

それから先述の剣や松明を作り出し、この二つを手に、霊交の線に踏み込んで、自分の身体で線を断つのである。線を断つのに、剣や松明を使ってはならない。言わば、自らの肉体で断つのである。こうして友人の霊交の絆を断って、それが自分を包み込んでくる時に、今度は力一杯剣と松明を振るのである。霊交の線は必ず包み込んでくる。タコの触手のようなものだからである。知らないことは熱意で補って、ハンマーと火ばしで立ち向かうべきである。散々な目に合うと、触手はまるまって引っ込んでしまう。勿論、この闘いは想像の中で行なわれるが、はっきりとした鮮明なイメージを描くことができれば効果がある。

この方法を例証として、このやり方で処理した事例を述べようと思う。私は、ある女性を助けてほしいと頼まれた。彼女は生涯病身であったが、多くの医師に相談しても満足のいく診断を受けたり、助けてもらったりしたことはなかった。どの医師も気質性の疾病はないと言い、回復させようと努力して失敗すると、通例、純然たるヒステリー症だと口を揃えて言うのであった。彼女は、慢性の疲労、消化不良、吐き気の発作、目をくらますような頭痛、心悸昂進で苦しんでいた。だが、彼女は少しも神経症的性質ではなく、物静かで分別のある知的な女性で、毅然として自分の病気に耐えていた。

私は心霊的診断を下し、次のような結論に達した。前世のいくつもの生で隠秘学の道に入った彼女は、その前の生では男性として生まれ、進行を促進するために東洋に旅して、結局チベットの結社の一つに入った。だが、不幸にもこの結社は邪道であった。そこで彼女はハタ・ヨガを学んだが、それは身体の機能をコントロールするヨガである。

現世の生でも彼女は訓練によって得た能力を維持していたが、そのテクニックは忘れてしまっていた。その結果、彼女の感情的状態は、正常な場合は心に支配されない自律神経系統に影響を及ぼしたのである。そこで、感情が乱れるといつも彼女の潜在意識の精神作用は自動的精神に漲って、身体の機能的組織の調子を狂わせてしまうのである。私の考えでは、多くの機能性の疾患を解決する手掛かりになる。隠秘学の瞑想を実行しているうちに、数多くの人々は自動的精神を支配できるようになるが、それは身体器官の機能をコントロールする。有名な科学者サー・フランシス・カルトン（優生学の創立者）が呼吸作用を精神的にコントロールする実験をして、自動機能が停止してしまい、不安な思いで三日間、自動機能が再び確立するまで、意志力と自発的な注意力によって息をしなければならなかったということが思い出される。

しかし、この女性の場合には、機能障害以上の問題、即ち特殊な非常に著しい長期に亘る極度の疲労があった。私は、彼女と前世に入ったチベットの結社の間にまだ霊交があると考えた。隠秘学者にはよく知られているように、霊交が非常に強力であれば、何度生まれ変わってもメンバーである結社に戻るのである。優れた秘教が自己宣伝をする必要がない理由の一つである。自分のメンバーを知っているので、星幽界で捕えればよいのである。

だが、尊敬すべき結社の保護を受けることには計り知れない価値があるが、評判の悪い結社と同様の関係を結ぶのは非常に不快なことである。この特殊な事例では、前世で彼女が属していた結社は全くの衰退期にあり、その指導者たちは故意にメンバーの活力に頼っているというのが私の考えであった。

この仮定に基づいて、先述のような方法で星幽体《アストラル》を投影し、夜この女性を訪問した。寝ている彼女のみぞおちから、黒く弾力性のある紐のような物質が伸びているのが見えたが、それは少年がよく噛んだスペイン甘草に似ていた。この紐は宙に伸びていた。その端を見てみると、荒漠とした山々の岩山の上にある中国風の屋根の僧院の幻が僅かの間、遠くに見えた。

私は、自分の星幽体《アストラル》で一本の黒い物質を横切って切断するという単純で都合の良い方法でこの状況に取り組んだ。すぐに黒い物質は私のみぞおちに移動し、一瞬、私はこの女性を顎で使って、その全財産を食い物をしたいという誘惑的な思いが押し寄せて来るのを感じた。そういう思いを振り払い、星幽体の甘草のような紐を前記の方法で「激しく攻撃し」、投げ捨てて、切れ残りを焼き、それがまるまって闇に消えて行くのを満足げに眺めた。それから私は自分の力で勝ち得た眠りに落ちていった。

私は自分の考えを何も彼女に話していなかった。暗示を混ぜずに、隠秘学の仮定のみに基づいてこの事件を解決したかったからである。翌朝、彼女の様子を見に行くと、ベッドでたっぷりとした朝食をとっており、前日会ったあの青白い疲れ切った女性とはまるで別人のようであった。

私の質問を待たずに、彼女は言った。「何がどうなったのかわかりませんが、何かが断たれ、自分が自由になったような気がするのです」

朝食後、彼女は床を離れて散歩に出たが、通りで彼女を看ている医師と出会った。彼女の様子が余りにも大きく変わってしまったので話しかけられるまで、医師は気づかなかった。

私は、昔の結社との磁力の絆を再び結ばぬために、隠秘学の研究との関係を一切断つべきであると思うと言って、潜在意識が機能をコントロールする身体の組織に崩壊の暗示を与えないようにする方法も教えた。数年間は彼女の健康状態は良かったが、後年、残念ながら、隠秘学の研究を再開して、かつてのような状態に逆戻りしてしまった。恐らく、彼女にとってあれほどの禍をもたらしたチベットの結社と再び接触するようになったのであろう。

第二十章　防衛方法Ⅳ

危機に際して守護天使が出現したという話が余りに多くあるので、最も疑い深い人物でさえ、解明すべき真相があると認めるに違いない。

デヴォンの伝承では、タヴィストックの近くのバックランド大寺院に保存されているドレイク提督のドラムを危機に際して打ち鳴すと、提督自身が英国艦隊を指揮しに戻ってくると言われている。ニューボルト（サー・ヘンリー・ニューボルト、一八六二〜一九三八、英国の詩人・小説家・海軍史家・批評家）は、この伝説を名高い詩において不滅のものとした。

「俺のドラムをデヴォンへ運び、海岸近くに吊るせ。
　火薬が尽きた時、打ち鳴らせ。
　スペイン人がデヴォンに狙いをつけたら、俺は天の港を出航し、
　昔と同じように、イギリス海峡で奴等を追い払ってやろう」

国民を指揮しに戻って来る英雄という考え、即ち危機に際して出現する守護天使は、国民の心の奥底に封じ込められており、何事もそれを根絶することはできない。第一次大戦の塹壕から生還した兵士たちによって、数えきれないほど多くの例が報告されている。

再び、古いカバラの知恵を参考にしてみよう。カバラは隠秘学の知識の宝庫である。カバラによれば、人間の魂には良い天使と悪い天使がいて、各々、右肩・左肩の後ろに立っている。前者は人間を鼓舞し、後者は人間を誘惑する。

両の天使を現代思想の用語に翻訳すれば、フロイトの言う潜在意識であろう。

だが、フロイト説の学徒は、どの人間の右肩の後ろにも光の天使が立っているということに気づいていない。これこそ、神秘的な超意識であり、高次の自己であり、アブラメリンが熱心に骨折って求めた聖なる守護天使なのである。油断している時、自分の低次元の自己の奥底から邪悪な思いに誘われ、隔世遺伝的なものが働くのを感じ、とんでもない思いや行為さえをも考えるということがある。闇の天使の言葉を聞いたのである。

同じように、窮地に陥りながらも肉体の生命以上のもののために闘っている非常時に、別の声が聞こえる。光の天使の声である。私の知る限りでは、肉体の生命のために闘っている時には、この声は決して聞こえない。ベールの彼方が見える者にとって、死は大いなる悪ではないのである。だが、自己そのものが押し流されてしまいそうな精神的危機には、その魂の叫びが聞き届けられ、霊界の霧の中から何者かが姿を表わす。呼び求める者にとって理解できる姿で出現するのである。強度な緊張によって一時的に意識が拡がるのか、つかの間の心霊感なのか、ベールを通って出現する存在は自由意志でそうするのか私にはわからない。こういう出来事の詳細は決して手に入らないものである。非常時のみに起こり、ほんの一瞬のことであり、魂以外には何の痕跡も残さない。

低次元の自己でさえ試みの時に上昇できるならば、高次元の自己が精神的危機に降りてこないわけはないと私は思うのである。神秘家の目的は、この高次元の自己のみに生きることである。隠秘学者の目的は、この高次元の自己を脳の意識において顕示することであり、「直接に神を見る」ことである。低次元の自己が出現して、人間に恐ろしい行為をさせることは確かであるが、同様に、高次元の自己も「軍旗はためく手強い軍勢の如く」援助にやって来ることも確かである。

深刻な心霊的危機からいかに自分を救い出すか教えてくれた不思議な声についてすでに述べた。他の非常時にも、私は突然意識のレベルが拡がったり、転じたりするのを経験している。高次元の自己が降下して、支配するようになったのである。騒動の最中に、突然高みに持ち上げられ、自分の人生のすべての状況が鳥瞰図のように拡がって見えるのである。高所から国を見るようなもので、直観的に物事の結果がわかるのである。感情の乱れは一切なくなり、船首を風上に向けて止まった船のように、安全に嵐を乗り切っていく。私がこの状態に入る時は、前世の自分の記憶がいつも鮮かに蘇る。問題の声が私自身の高次元の自己の声であって、他の存在の声ではないと思うのは、このように同時に過去が蘇ってくるからである。

私の考えでは、精神的危機の際には、神の掟を信じている人間は、身を起こしてその加護を切願でき、奇跡のように見える事によって救われる。だが、自然の法則に反する事があるはずはない。従って、こういう奇跡は、まだ私たちに未知の一つの法則の働きの例であるにすぎないのである。ちょうど未開人にとって太陽や月の蝕が奇跡に思われるが、天文学者にとってはそれは正確に予測できる一つの自然現象であるようなものである。

何が私たちの生活にコントロールの変化を引き起こすのだろうか。自動車のエンジンには三つの変速装置と一つの逆進装置があるという事実は知られている。私たちの心にもギアがあって、ギアを一つ変えると心霊的性質が誘発されるのではないだろうか。裏表がひっくり返って、私たちの心の中の猿や虎を制御できなくなる時はないだろうか。

物質界の背後には星幽界があり、その背後には精神界、そしてその背後には霊的世界がある。各々の世界はその下の世界の原因として作用しており、各々は順番にその上のより稀薄な世界に管理されている。私たちが「ギアを入れ換える」時、意識は濃密な世界からより稀薄な世界へ移り、物質界の出来事はその最終結果であるような遙か彼方の原因の中を動きまわりだすのである。こういう原因をうまく操作すると、すぐに結果に影響が出る。

ギアを入れ換えて、物質界から星幽界へ入ると、心霊的意識と余り魔力のない世界にいることに気づく。二人の隠秘学者が心霊的に戦っており、一方がもう一段ギアを換えられるほどの段階にいる隠秘学者であれば、意識は星幽界から精神界へ上昇し、より強い魔力の領域に入るので、状況を完全に制御する。もう一人の隠秘学者には抵抗できないのである。だが、さらに一段上の意識に移行して純粋に霊的な力のギアを入れることのできる稀有で神秘的な人物はどうなるのだろうか。そういう人物は導師よりも高い段階に属している。隠秘学の知識が全くないのに、この神秘的で霊的な意識を持っている者は多勢いる。高次元の思考様式と低次元の思考様式の間には、不動の大いなる深淵があるが、彼らはそれを剣呑にも飛躍してしまう。危機に際して、信仰を強めてこの神秘的な意識に入り心安らかにしていれば、隠秘学のテクニックのみに頼っているどんな隠秘学者の上に立てるのである。

だが、神秘的意識の問題は、隠秘学者の心霊的方法と伝統的テクニックという当面の問題の範囲外である。気性が異なれば方法も異なるが、神秘的な方法は万人好みではない。

しかし、隠秘学者はキリストの力を無視しているわけではない。宇宙の至高の諸力の体系の一つとして認めている。だが、キリスト教神秘主義者の心はキリストの力で占められているが、隠秘学者は喜んでそれに独占的地位を割り当てないであろう。西洋の伝統では、それはカバラの生命の樹の十の聖なるセフィロトの中心的セフィラ、ティファレトによって象徴されている。

キリストの力は、均衡をとり、補正し、治癒し、救い、清める宇宙の要素である。有形であろうと無形であろうと人間的要素が関わっているあらゆる心霊作用による自己防衛において、このキリストの力に頼るべきである。精霊、思念の形体、クリポトなどの非―人間的要素を相手にしなければならない時は、宇宙の創造主としての父なる神の力に頼り、可視、不可視の自然のすべての世界の最高神として肯定する。聖霊なる神は、入門式に使われる力であり、霊障のある時に頼るべきではない。この力の影響は状況を強烈にし、霊界との境のベールをさらに薄くする傾向があるからである。

隠秘学の分野の非常に奇妙な面で、ここで言及すべきことが一つある。大したことは明らかにできないし、率直に言って私自身も実際に経験した状況以外には余り多くを知らない。それは「超自然《オカルト》の警察」として私が知っているものである。他の人々は他の名で知っているかもしれないが、私はそれは本当に現実的で具体的なものであると信じている。その組織は物質界にはないし、私の知る限り、その現世での活動は両の手で拾い集められていない。私は何度もそれと出会い、その活動において自分の役目を果たしているし、それに関係したことがある人々と話したこともある。彼らも私と同じように、この不思議な組織に協力する時は、内なる声と状況によって行動を指示されたと必ず言うのである。

私の考えでは、「超自然《オカルト》の警察」は国家単位で組織されている。人々は複数の管轄区を出入りしたり、一つの管轄区から別の管轄区へ回されたりするように思われるからである。私の経験では、それは特定の政治的偏見を持たず、犯罪の目的に用いられた隠秘学の方法と社会に対する攻撃のみに関係している。

一、二の実例を挙げれば、この問題が明らかになるであろう。或る時、一人のインド人の隠秘学者をめぐって悶着が起きたことがある。この人物は、英国へ道場を創設するためにやって来た。彼は祖国の政策に深く関わり合っており、イギリス人とそのやり方すべてをひどく嫌っているのは疑いようもなかった。彼と接触のある純粋のアングロ・サクソンは私は一人だけであったと思う。私の知る限り、彼は世俗的な次元の政治運動には関係していなかった。彼の考えというのは、瞑想のグループを組織して、東洋の再生力のある霊的な力を大英帝国の集団霊《グループ・ソウル》に注入しようということであった。大英帝国の集団霊は全くなっていないと彼は断言するのであった。だが、私は、私たちの集団霊は彼が言うように死にかけてはおらず、大戦直後で疲れ果てているだけだと主張した。さらに、イギリスをそれほど嫌っている人間がどうしてそれを再生できるのかわからなかった。また、その再生とやらが私たちの好みに合うものになるかどうか確信できなかった。この人物Xは、非常に精神的プライドが高く、彼の根本的考えは、イギリスはインドの精神的覇権を認め、東洋から霊感を受けるべきであるというものだった。当時、私は若くて経験も浅かったが、どんな種類の霊的な力が私たちが作っている回路を通って流れ込んでくるのだろうかと自問し始めた。大戦中にイギリス人の隠秘学者グループが似たようなことをドイツのためにしようとしたならば、どんな傾向のことをしたであろうか。ドイツ人の集団霊に影響を与えて、軍国主義的理想を放棄して、国際連盟に全力を注ぐように仕向けたのであるまいか。我がインドの友も、イギリスの帝国主義的傾向から私たちの足を洗わせようとしているのではないだろうか。白人の人種的偏見に怒っていても、イギリス人が自国のことだけに専念して他の国民に構わないでくれたら、世界は人類にとってもっと良い場所になると思わないだろうか。私は益々不安になったが、Xは優れた霊能者だったので私の不安を看破して組織中のグループから脱けるように言われた。

私はイギリス人の集団霊に対して悪意のある何事かが企てられていると強く確信していたが、その範囲や効力を測る手段は全くなかった。スコットランド・ヤードに持ち込むような類の話ではなかったし、その上数人の私の個人的友人はXの善意を信じて、彼の組織しているグループに加わっていたので、彼らを不快な事件に巻き込みたくないと思っていたのである。当惑して、私は物質界では何もすまいと決心し、霊界の師に頼ることにした。

当時、私は〈師〉と直接面会できるような段階にはいなかったが、テレパシーで彼らと接触してみるつもりであった。私は、自分がテレパシーで交信しようとしている相手が、人間であるのか非─人間であるのか、肉体を持った有形の存在か無形の存在か知らなかった。その頃、私はまだそれほど隠秘学の研究を深めていなかったのである。

私が頼みの綱としていたのは、一つの抽象概念と、かつて困った時に霊界の「何者」かと接触することができ、その「何者」かが非常に心強い友であることがわかったという知識だけであった。

テレパシーで接触する普通の方法は、連絡をとりたい相手の姿を思い浮かべ、名前を呼ぶことである。私は、思い浮かべるべき相手の姿も呼ぶべき相手の名前も知らなかった。だが、全力を尽くしてやってみるつもりで、比喩を使えば、この肉体の窓から頭を突き出して警察を呼んだ。すると答えがあったのである。「内なる声」がはっきりと明瞭に答えたのである。

「Y大佐のもとへ行くことになるでしょう」

私はこの答えに面食らった。Y大佐はどちらかと言えば著名な人物で、一時紹介されたことがあるだけであったし、泰山鳴動して鼠一匹という類のことに尽力を請うなど思いもよらないことだった。私は、この恐るべき戦士を相手に捨て身で立ち向かって、物笑いの種にはなりたくなかった。私は心理学の勉強をしていたので、潜在意識の作用には通じており、それが分裂した時どういうことになるか知っていた。そこで、この状況はかなり注意深く処理しないと、失敗の結果、不快な思いをすると感じた。

そこで、私は「内なる声」に次のように答えた。

「しるしを下さらなければ、信頼できません」

返事は、「Y大佐は、次のあなたの講演に出席するでしょう。その時、お話しなさい」ということであった。

私は答えて言った。「Y大佐が私の講演に出席されるはずはありません。あの方の連隊には海外派遣の命令が出ています。講演の前に出国されてしまうでしょう」

返事が戻って来た。「Y大佐は、次のあなたの講演に出席するでしょう」

私は言った。「結構です。それがしるしなのですね。Y大佐がいらっしゃれば、お話しします。いらっしゃらなければ、この問題は成行きに任せましょう」

ある町で私が講演をする日が来た。やがて私が公会堂に着いて、最初に見たものは、Y大佐が階段を昇って来る姿だったのである！　私は、イニシアチブをとる決心をして、講演後すぐに真直ぐ大佐のところへ行き、「あなたにお伝えしたいことがあります」と言った。

「知っています。そう言われたのです」と彼は答えた。

事の次第は次のようであった。或る晩、大佐は二匹の犬と共に宿営で坐っていた。突然、犬たちは落ち着きをなくし、見えない何かを調べ始めた。大佐は内なる耳に、私が彼の助けを求めにやって来るので助けてやりなさいという声をはっきりと聞いたのであった。彼はこの出来事に深い感銘を受けて、私と共通の友人を訪問し、私が何か困っていないかと尋ねた。大佐に頼まれて、友人は私にどうしているかという手紙をくれたが、名前を挙げなかったので、私は事の重大さに気づかず、どっちつかずの返事を出したのである。

大佐は私の話を聞くと、一切を彼に任せるようにと言った。そこで私は彼の言葉に従った。

これだけでも充分に奇妙な偶然の一致であるが、その続きはさらに奇妙である。Y大佐と別れた後、もう一度霊界を尋ねて、さらに何らかの処置をとるべきかどうか聞いた。今のところ何もすべきではないが、さらに何か為すべき時になったら連絡があるという返事であった。後でわかったことだが、私がY大佐と会った数日後に、Xはイギリスを出たのである。

五ヵ月ほどの間何もなかったが、ある晩、薄暗い部屋で炉辺に坐っていると、「内なる声」が今こそXの件で行動する時だと言うのがはっきり聞こえた。Z氏のところへ行って話をしろと言うのである。さて、Z氏は非常に著名な人物で、優れた隠秘学者として知っていたが、本人に会ったことはなかった。私は内なる声に、私にとってZ氏に近づくことは不可能である、会ってはくれないであろう、霊界の方で道を開いてくれない限り、実現するはずはないと答えた。返事ははっきりとしていたし道は平坦であろう、と。そしてその通りであった。

二日ほどして、訪問者があった。時々しか会わない旧友であったが、普通に挨拶を交し、消息を交換すると、彼は言った。「是非紹介したい友人がいるのですが、あなたの仕事に興味があると思うのですよ。彼のところへ御一緒しませんか。Z氏という方です」言うまでもないことだが、私は同意した。

約束の面会の時、Z氏に紹介されると、毒を食わば皿までという心境で、「お伝えしたいことがあるのですが」と言った。彼は私の話にじっと耳を傾け、問題のインド人の名を口にすると、居合わせた友人は叫んだ。「今この問題であなたが処置を考えているのは奇妙ですね。Xは二日前にイギリスに着いたのですよ」

次のことに注目してみよう。Xがイギリスを出るとすぐに、私は手を控えるように指示され、五ヵ月して戻って来たとたん、行動を開始するように言われたのである。偶然という長い腕をソケットから抜き取る用意がなければ、何らかの指導的な霊的存在が活動していると結論しなければならないだろう。これは私の経験した多くの例の一つでしかない。これ以上は、紙面の制約上、触れないでおく。

「超自然《オカルト》の警察」は霊界においてだけ役目を果たすが、その他に邪道の隠秘学と闘うために団結している隠秘学者グループがいくつか存在する。各々の名称があるようだが、私は知らない。私はいつも包括的な「追跡の結社」という名称で呼ばれるのを聞いている。様々な場合に、私は彼らの側について小ぜり合いをし、厄介な侵略者を観察したことがある。彼らは「超自然の警察《オカルト》」と共に組織されたのだと思うし、確かに霊界の協力を示すような情報を得る手段を持っている。彼らは思いがけない方面で同盟があるようであり、驚くべき数の糸を引くことができる。どういう心霊的武器を使うのか知らないが、物質界においては、主に新聞による暴露と、望ましからぬ人物を動かして、決して落ち着いて組織をつくらないようにすることに頼っているようである。彼らのやり方を知っているので、私は様々の会報に彼らの特徴が出ているのに時々気がつく。彼らの活動には、立派な市民なら感謝して当然である。

私と彼らの出会い方は、隠秘学者が必要としている情報を「呼び出す」方法とその情報を供給してくれる一連の思いがけない状況を説明するのに役立つ。

隠秘学に興味を持ち始めた娘時代に、私は一人の導師に接触するようになったが、その人物が邪道の者であることにすぐ気づいて、関係を断った。この人物と別れて間もなく、私は友人たちと競技会を観たが、その中の一人は隠秘学を研究していたので、共通の関心事について話し始めた。自分でもわからない衝動に駆られて、私は彼に他人には決して話したことのないことを打ち明け、前述の導師との経験を語った。驚いたことに、彼はこの導師について何でも知っていた。私の新しい知り合いは、邪道の結社の追跡をその仕事としている隠秘学者グループと関係があるようであった。彼らは、すでに問題の邪道の導師の計画を妨害し、結社をやめて二度と再組織しないことを誓わせたのである。彼らには、最近この誓いが守られておらず、導師が再び結社を組織して儀式を行なっていると思うべき理由があったが、どうしたら彼を捕えることができるかわからなかったのである。そこへ私が現われた。競技会に打ち上げられた人間の浮き荷であるこの私が、彼らが必要としている情報をまさに最も必要な時に与えたのであった。隠秘学においては、こういうことが余りに規則正しく起こるので、偶然とは言えないのである。

私の考えでは、この超自然的な警察隊とは、彼らを必要としている者は誰でもテレパシーで接触できる。私が使うように教えられたシンボルは、黒いカルバリー十字架で、緋色の地に円のついたものである。これを想像して心に描き、心の中でじっと見つめていると、呼びかけは、額の中心から投影されて、霊界へと送り込まれるのである。

すべての隠秘学の結社は、ドイツ、チベット、モンゴル、南アメリカなどにあると言われたりしている一つの本部から指示を受けているのを証明しようという様々な試みがあった。個人的には、私は本部があるとは思わない。私は、隠秘学の運動内部の活動をかなり色々と知っているが、良きにつけ悪しきにつけ、中央集権的指示を示すような活動は一度も見たことがない。実際、すべては反対の方向を示しており、共通の文献と共通の理想、そしてすべての派に共通ではないにしても、一式のシンボル以外には、何の連鎖のつなぎもないのである。シンボルもよく理解できる同義語に容易に置き換えられるものである。隠秘学の分野の見解は、プロテスタントのキリスト教のそれと類似している。ローマ・カトリックとは違うのである。隠秘学には教皇はいないからである。

また、ボルシェビキの過激主義が結社に足掛かりを得たことは、例えば私自身の結社への申し込みを見てもわかるが、企てはあったかもしれないが、実際には一度もないと思う。平均的隠秘学者は政治には興味を抱かず、不可視の事柄に関心を持っているのである。その上、たとえボルシェビキの過激主義に染まったとしても、隠秘学の結社は調整されていないし分散し過ぎているので、恐るべき政治的武器にはならないだろう。

隠秘学の結社は、シオニズムのためにユダヤ人によって支配されているとも言われている。これは全く正しくない。隠秘学の運動に加わっているユダヤ人はほとんどいない。だが、確かにユダヤ民族の伝統的神秘主義カバラは西洋隠秘学の主な拠り所の一つであるし、この伝統を研究する隠秘学者は誰でも少なくともヘブライ文字が字訳ができるだけのヘブライ語を知っていなければならない。現代の神秘的なカバラの研究は、ほとんど非ユダヤ教徒のみによってなされており、正統派ユダヤ人学者は、その文献について、ほとんど、または全く何も知らないし、その神秘的意味についても全く無知である。

私ほど隠秘学の運動に関して厳しいことを言っている者はいないが、もし組織的な悪影響の体制があると思ったなら、はっきりとそう言うであろう。私は、隠秘学の運動の誠実さに非常に関心があるからである。だが、善悪の概念は人によって違うかもしれないが、良いものであれ、悪いものであれ、隠秘学の運動の総合的組織などというものが存在するとは心底思っていない。勿論、自分が目にしたことしか語れないが、私ほど運動と密接な関係にありながら、そういう組織とどこかで出会わないということはないと思うのである。私は非常の多くの組織と出会い、非常に多くの悪事を目にした。それは否定するつもりはない。だが、この総合的組織という悪は目にしたことはないし、邪推している人々の想像力の内以外には存在しないと信じている。隠秘学の運動の真の絆は、共通の理想に対する献身であるが、この理想に到る道は、人それぞれ実に様々である。

隠秘学の運動を組織化する仕事を課せられた人がいるならば気の毒である。様々な派の隠秘学者に協力を説き勧めることは不可能であるからである。自分が不慣れなテクニックは疑わしく、不案内な接触は邪道に思われるのである。私が知っている派の指導者の大多数は自分たちこそ正道であると称し、他の派すべてを非難した。国防義勇軍に入って行進する息子の姿を見て、「うちのジョックの他は、みんな歩調が乱れているわ!」と叫ぶ老婦人のようである。私はかつて隠秘学会の連盟を作って毎年一回大会を開催することを夢見たが、実行不可能であるとすぐにわかった。隠秘学者たちを彼ら自身のために組織化できないならば、他の者のために組織化できる見込みはないであろう。

西洋隠秘学の最も広く行なわれている濫用は、堕落行為、麻薬、愚かな女性を食い物にすることである。その最悪の欠陥は、軽信、無学に近いいい加減な学識、一般的な愚鈍さである。あらゆる種類の占いと偽の信仰療法も汚してはいけない地を汚している。自分が抱いていない理想を公平に評するのは難しいが、運動の一部が染まっている大いに粉飾された博愛主義は、私には誇るべきものには思えない。「良い木には良い実がなる」私が見た「実」は少々熟し過ぎのように思われたのである。

隠秘学における最も素晴らしい人々は、自分が属している結社外では全く無名である。入門の誓いの中の非常に一般的な一筋によって、志願者は仲間のメンバーの氏名を明らかにしないことを誓うからである。この誓いが破られた時には、一般の人々は意外に思うであろう。一般の人々は隠秘学を信用していないので、公的立場にある人物は自分が隠秘学に関係していることを知られるわけにはいかない。そこで彼らは隠秘学への興味を注意深く隠し、共感を寄せてくれて慎重であると思われるような相手にしか明かさないのである。

しかし、手掛かりを知っている者には容易に隠秘学者を見分けられる。文体の分析に慣れている者なら誰でも、聖書をいつも読んでいる人物を探り当てることができる。隠秘学の儀式を知っている者なら誰でも、儀式に慣れている人物の文体や演説にその特徴を見出すのである。私も遂に入門者の名前の秘密厳守という秘儀の誓いを破って、次のような示唆をしても許されるであろう。ベーコン――シェイクスピア同一人物論争の解決の手掛りは、ベーコンとシェイクスピアが同じ結社のメンバーであったという事実にあるのではないだろうか、と。

結　論

本書で私は一つの困難な仕事を遂行するよう努力したが、それは十分に遂行するのは不可能に近いような仕事である。紙面の制約ゆえに私の考えを着実に説明できないからである。そうするには、一冊の本では足りず、一つの図書館が必要であったであろう。私は、読者が隠秘学の文献に通じているだけではなく、その実践の経験もいくらかあると仮定しなければならなかったが、後者の場合は前者よりさらに稀なことである。同時に、私は、筆を進める際に、隠秘学について通り一遍の知識しかない人にも理解してもらうために充分な説明をしようと努力した。

本書は精神異常の治療の手引書としては満足すべきものではないし、またそうなり得ないものである。有効な調査ができる方面において指示することしかできないのである。是非とも調査を要する問題に注意を向けることに役立てば、本書の目的は果たされるのである。

中世の迷信を再び取り上げたといって非難されるかもしれない。この非難に対して、私は罪を認めねばならない。だが、私は答弁として次のような反訴を提起しなければならない。火のない所に煙が立つわけはないし、潜在意識の心理学に関する近年の発見に照らして見れば、中世の迷信は検討する価値があるということである。

心霊研究の文献や異常心理学、そしてクリスチャン・サイエンスの感化に源を発して何百もの野放しの新興宗教に普及した、その活動の劣悪な面に通じている者なら誰でも、昔の魔女狩りを行った人々と全く同じ現象がこれらの様々な運動や思想の分野に見られることに気づかざるを得ないであろう。

魔女術を使ったという罪に問われた不幸な人々にはヒステリー症の徴候が大いにあることがわかったのだから、魔女宗の説明はついたし解決もできたと言われてきた。だが、魔女宗の底流となっている本当の動機を研究すれば、ヒステリー症や同類の精神状態に光明を投ずるかもしれないということがわかるであろう。

歴史は繰り返すとも言われてきた。目下のところ心霊的・隠秘学的な問題に対する関心の一大復興が見られる。魔女宗の非常に有望な兆《きざ》しが私たちの中にあるということも容易にわかるであろう。

本書で私が引き合いに出した事例は一人の人間の経験によるものであることを忘れないでほしい。自分のことを書き留める場合には大方の人より慎重ではないかもしれないが、私の経験の範囲は決して例外的ではないのである。バケツでざっと一すくいしただけでこれだけ多くのことが明らかになるならば、計画的に底引網でさらってみれば一体何が出てくることやらわからない。

私の主題の扱い方は必然的に大雑把なものにならざるを得ないので、様々な角度から大いにこの問題の解明の助けとなるような書物に注目していただきたく思う。

隠秘学者のみならず、心理学者や精神病専門医、そして心霊現象に関する事柄の研究家は、モンタギュー・サマーズ師の研究とロドカー社の事業に深く感謝せねばならない。この二者は、魔女術についての主要な文献の正確かつ完全な翻訳の入手を可能にしてくれたのであり、これらの文献は、魔女宗の撲滅に実際に関係していて、直接体験によってその性質に通じていた人々が書き残こしたものである。

これらの文献に加えて、マルドーンとカーリントンによる『星幽体の投射』にも注目していただきたい。この書は本物の魔女たちが魔宴《サバト》に出席する方法について大変興味深い説明をしている。私はマルドーン氏が妖術に専心していると言うつもりはないが、確かに氏には伝統的な魔術の力がある。氏に今日このようなことができるならば、過去において魔女たちに同様なことができなかったわけがない。とにかく、氏が宗教裁判の全盛期に生まれ合わせていたならば、きっと焚刑の憂き目に会っていたと思う。

ウィックランド博士による『死者に囲まれた三十年間』も、権威となる文書を引用したり理論づけたりせずに、個人的体験の正確な典拠をあげている書物である。この本は、精神病院の医師の記録であるが、その妻は霊媒師であり、人に憑く霊体に関する一連の非常に驚くべき調査をしている。

モル博士の催眠術についての著書には、現代の文献には出ていないような注目すべき現象が記録されている。現代の文献に出ていないのは、調査をする人々がその種の現象を誘い出すことが余りうまくないか、初期の研究者の経験のおかげでそういう事柄について述べることに慎重なせいであろう。

T・W・ミッチェル博士の『医療心理学と心霊調査』は、心霊的攻撃の徴候だけではなく擬似攻撃の徴候にも通じていなければならない研究者にとって価値のある本である。この二つの攻撃が区別できれば、大いに不快な失敗に迷わずに済むからである。異常者にまんまと一杯食わされたことに気づくのは、不面目な経験である。

マイヤーズの『人間の人格』は、勿論、心霊現象の研究者なら誰でも通じていなければならない古典である。分厚い二巻の原典は手に余るという者には、素晴らしい要約版もある。

ニコルの『夢の心理学』とハートの『精神異常の心理』は、非常に啓発的な小冊子であり、どちらも門外漢のために書かれたものなのでわかりやすい。二人とも精神作用について多くのことを明らかにしており、こういう作用を理解しないで心霊的攻撃を扱おうとするべきではない。拙書『精神の機構』は、結婚前のヴァイオレット・M・ファースの名で著したものだが、現代心理学の一般的な手引書として役に立つと思う。

現代の魔女術という問題を取り上げる場合は、疑い深かったり迷信深かったりすることなく心理学者の観点から精神作用を理解しようとし、今まで存在すら知られずに消え去っていった多くの事柄を発見しようという覚悟で取り上げたい。

附録　隠秘学の実際

ダイアン・フォーチュン
植松靖夫訳

神聖な中心地
(*Sacred Centers*)

「…鉛と錫《スズ》は大地より生ずるものにあらざればなり…それらを生み出したるものは一つの泉なり。その泉中に一人の天使立ち居たり」

『エノク書』

ある種の場所や土地が人間に強大な影響を及ぼしていることについては異論のないところであろう。

エジプトは、その最も名高い例と言えそうである。なにしろ殆《ほとん》どの人が、帰るまでには何らかの体験をしているのである。大サハラ砂漠の絶えず動いている砂が起こす電気がその原因だと言われている。つまり、電気によって通常の振動率が変化をきたし、その結果意識が拡張するというのである。だが、これには当然個人差がある。全く唯物的な人物であるならば、心霊的作用を受けやすい人とはかなり違った具合に影響を受けるだろう。残念ながら、我々は通常人の経験を殆どしたことがないのだが、通常人の経験は、霊能者の曖昧な幻視よりも人間にとっては多くの場合興味深くて有益なものなのかも知れない。

どの国にもこのような地域は存在するのだが、不幸にしてキリスト紀元以来、教会に専有されてきており、またその及ぼす影響力たるやちっとも神聖でも何でもないかもしれないのに、「聖」という称号を冠せられている非常に重要な中心地も幾つかある。どの類《たぐい》の影響力を持っているのかを知る手懸りとなったかも知れない昔の古い名前はこうして葬られ、かくして古代の伝承も失われてしまうわけだが、それというのも教会がただ一種類の経験を認めるのみだからなのである。つまり純然たる宗教的恍惚感の経験がそれで、これは極めて感情的で原始的なものであるから、普通の人の精神にとっては何よりも素晴しいものとなる。というのは、これは一種の酩酊状態で、完全に自己本位の個人的体験であり、ある特定の筋道に沿って発展して行く個人的なもので、物理的見地から見ると、方向づけられていないために殆ど決まって不成功なものになってしまう。私が物理的な結果を強調するわけは、その神秘的作用が別のレヴェル、つまり意識の状態に対して向かっている限りは、人間は霊魂の旅行に対するその影響力をぼんやりとしか感じたり理解したりできないからである。

　このような扉を開けた人たちに対して教会が指導することは殆どない。高度な宗教的感情を経験することは誰にでも許されることではないからである。そこで価値の再調整——さらに進んだ意識の幻視ないし拡張、及び物質の帳《とばり》を突破すること——の代わりに生ずる結果は、既に述べた通り、不成功なものになる。何故なら、その体験は、未熟で覚悟のできていない情神にとっては、余りにも衝撃が大きすぎて、正常な人生観が持てなくなってしまうからである。

　この種の経験にはもう一つ別の側面もあるのだが、それについては我々は殆ど耳にしたことがない。クリポトの畏るべき地下宮殿へと通ずる暗黒の入口に入り、もはや尋常の人の路ではないところを歩んでこの旅から帰還すると、その人は悪に対して強い執着を抱くようになる。

　神秘学派の場合、秘儀参入者はそれぞれ、経験が失せてしまったり、何かを復興するどころか、かえって破壊したりしないようにと、注意深く監視され指導を受ける。我々は神聖な土地へと赴くが、それが宗教的な性質のものとなるか、または自然（曖昧な言葉である）との接触ということになろう、ということ以外には一体如何なる類《たぐい》の経験を期待してよいのか何も教えられず、つまり意志も知性も不用意なまま消極的な精神状態で出掛けて行くのである。だから真の価値というものは感情の嵐の中にすっかり消え失せてしまうことになる。

先に記《しる》した通り、私は古い昔の名前の中に、それに及ぼされた影響の秘密が隠れているものと信じている。それらの名前は物理的なもの、あるいはむしろ地中深くに眠っているものと関わりがあると思われる。

魔術関係の書物には、金属はそれぞれ特定の惑星と関係を持っているとか、人間は皆、ある惑星の影響を受けているとか書かれているが、この言葉には、将来科学者により科学の言葉で説明されるような科学的事実が含まれているかもしれない。

一九二八年に起こった日食の間に、コリスコ博士は金、銀、鉛、錫を融合した溶液を使って幾つかの実験を行なった。日食前、日食中、日食後に写した実験模様の写真には、作用の変化が明らかにあらわれていて、天文現象がある影響を、少くともこれらの溶液には顕著な影響を与えたことを示していた。

地質学的にそれらの地域を研究し、教会から与えられたのとは違う昔の名前や性質を研究したり、その特有の活力に果して我々の手が届き、さらにそれを意識的に我々の目的に合うよう誘導できるものかどうかを調べてみるのは興味深いことであろう。

こういう線に沿って努力することにより、人間は、地球にその肉体的物理的焦点を合わせている天体の力と協力することができ、大いに健康と権力と知性を増強することができるのである。

どこの国にも、「頭」と「心」の中心、あるいは「精神」の中心とも言うべき地域があり、それらは、他国の同様な中心地と関係を持っていて、それらを結ぶと時には面白い図ができることがある。「頭」の中心地は当然その国の首都であるから誰でも容易に突き止めることができるのだが、「心」ないし「精神」の中心地は漠然としていて、比較的少数の者にしか知られていない。一つの国の中にある中心地の数が、人体の中にある中心部の数と同じということも十分にあり得ることである。というのは、国は独自の確固たる生命と魂を持っているからである。

純粋に宗教的な方面での例を一つ挙げることにしよう。英国の大聖堂、つまりダラム、チェスター、リンカーン、ウェルズ、ウィンチェスターそしてカンタベリーの六つの大聖堂を結ぶと、三角形を二つ合わせた形、即ち六角形が出来あがる。しかし、これらの中心地は実に古い土地で、キリスト教伝播以前の時代には異教徒の寺院があった場所だから、本来の影響力を恢復しようと思えば、その昔の名前や、名前の意味を捜し出さねばならないことになる。右記のさまざまな場所が、全て基本的に同じ影響力を及ぼすことができるというわけではない。もっとも、キリスト教の影響に同調しながらもそれ以上の深みに入らずにいる者だけが、特定の振動に接触することはあり得よう。

鉱物および金属の世界は、最も古い最も濃密な世界であるだけに、そこには多くの秘密が眠っているのに違いない。我々がその世界の意識に接触できれば、人類の為になるものが大いに恢復されるかもしれない。

古代ドルイド教徒が惑星の運動と自然科学的事象の間の関係について知っていたことは、彼らの環状列石によって証明されている。英国の南部で、彼らはシルベリー・ヒルを地球に見立てて、惑星の軌道を正確に算定した。金星の軌道はウィンター・ボーンにある石の環であらわされている。太陽と月の寺院は丘の真北に位置し、太陽の軌道がその丘を取り巻いている。火星の軌道はマースデンに、水星の軌道はウォークン・ヒルに石でそれぞれ表わされており、また木星の軌道はカスタリー・キャンプに、土星のはストーン・ヘンジに表わされている。アイルランドにも七つ教会があるし、ケント州のストウティングには五つ（伝説では七つとなっているが）の教会があるし、その他にも沢山ある。これらはいずれも異教徒の寺院だったものである。

異教徒の数多くの信仰地を発見したアウグスチヌス（?―六〇四。ローマの修道士。五九七年英国に上陸し英国人のキリスト教化に尽力。『神の国』の著者とは別人）が、五九七年に教皇グレゴリウス一世に手紙を認《したた》め、助言を仰いだ時、彼が受け取った返事はこうであった――「彼らが馴れ親しんできた場所に一層心安く足しげく通うように、そういう場所を、出来る場合には利用し給え」

英国の至るところに、このような場所があるのだが、それは、ドルイド教徒らが何も知らずに建造物を作ることがなかったためである。彼らの古代の智慧を取り戻すべく、努力したいものだと私は思っているが、その智慧についての証拠はルイス・スペンス氏の『ブリテンの秘儀』*Mysteries of Britain* に見事に著わされている。

過去と現在と未来が解きほぐしてもらおうと待ち構えている世界の、偉大な潜在意識に接触する何らかの方法をドルイド教徒たちが持っていたものと私は確信している。その訓練が永きに亘る難儀なものだったことは確実である。というのは、規律正しい修練が確かに、誰もに潜在的に備わっている能力を伸ばしてくれることは、秘儀参入者であり且つ秘儀を人に伝授できる師と幸運にも出会うことのできた人たちにより証明されているからである。しかし、私は師だけでなく、時と場所も考慮すべき要素だと思う。

我々はあたかも自分たちが、この世界に属するものでなく別箇の生き物であるかの如く、この不思議な世界を闊歩している。だが実は、我々自身がこの世界であり、この体の中に世界のあらゆる部分を持っているのだから、我々はこの世界に関わるあらゆるものの影響を受けているに相違ないのである。岩石や金属塊のもつ磁性、動植物の生気、これらはそれぞれの役割を果しているのだが、もし我々が自分たちの知性を役立たせることが出来るならば、期待を上まわる結果をもたらせるものと思われる。

古代の魔術師は、例えばドルイド教徒が、そして後には薔薇十字会員がしたように他の者たちと手を結び、強力な団体を作らなければ、彼は大なり小なりのけ者なのだから、密《ひそ》かに作業を行なわねばならなかった。

現代の魔術師は専門家で自由契約者であり、言ってみれば、飛行機で途轍も無いスピード記録をだした男とか、医者とか、顕微鏡や電気器具を扱う科学者のようなものである。このような人たちは訓練を積んだ隠秘学者《オカルティスト》であり、導師の資格を得る途上随分進んだところにいると言えよう。彼らは熟練の専門家であり、一つの全体像を構成する有能な要素となっており、その要素を統合すれば、我々の生きている世界に関する知識が我々の手に入ることになるだろう。なにしろ彼らは普通の人間の意識の範囲を遥かに越えるところにまで到達していて、その修練たるや、古代の先達と比べても優《まさ》るとも劣らないくらい苛酷なものなのだから。

Ⅱ

「我には亦この檻《おり》のものならぬ他《ほか》の羊あり」
『ヨハネ』第十章第十六節

人間に似ているようでいてその実似てはいない存在が棲息する様々なレヴェルの世界が人間世界を貫いて通っているが、その別世界の住人たちはお互いにも、また人間にも見えもしなければ知ることもできない。それは振動率が違っているからである。甚だお粗末な譬えではあるが、一つ扇風機を引き合いに出すことにしよう。ゆっくりと回転している時には、羽根がはっきりと見えるけれども、回転率が上がると、ぼーっとしたものしか見えなくなってしまう。

この例は一つの感覚、即ち視覚に関してのみ有効なものであるが、そこから敷衍して全感覚についても考えてみれば、お互いに知らずに同空間をどういう具合に周期の異なる存在が同時に占有しているか想像できよう。

このことから、同じ場所で心霊的には同じ目的を持った様々な体験を色々な人たちがする理由も明らかになる。我々は皆それぞれ独自の振動率をもっていて、誰でもその基本的振動率のうちの少くともどれか一つに同調することができるのである。だから、これはまだ遠い将来のことかも知れぬが、いずれ我々が交渉したいと思う生命体のあらゆる波長に、自分の振動率を意識的に同調させることが可能になる日がやってくるかも知れない。そんなことが将来可能かも知れぬということは、ロウ教授の論文にも著わされている。教授はテレパシーに関してこう述べている。「思考は一種の電気的作用であり、伝達することは可能であるに相違ない。その伝達を達成するにはまだ何百年もの歳月が必要かも知れないが、しかしその日は必ずやおとずれるであろう」

これまでは未知の見えない世界に住んでいた生物を将来我々は全感覚をもって実際に認識できるかもしれないので

ある。

神聖な場所から発生するエネルギーの源泉に惹かれている生命体は人類のみだというのはどうもありそうもないことである。他の生命体も同じ理由からその場所を探しているのではないだろうか。

この世界には異なる強さの潮流が数多く存在していて、それは東洋の用語では「タットヴァ」と呼ばれ、その強さは数分から数千年に及ぶほど多様である。長期に亘る潮流の方は文明の盛衰とか地表の変動といったものを想起すれば理解できよう。この潮流は北天の大星座のうちのある星座の支配下に存在するものである。短い周期の潮流の方は、人間がある神聖な中心地を次第に使用しなくなってしまったことにその原因があったり、また別の中心地が次第に活発化してきたことによることもある。最近百年かそこらの間に、多くの埋没していた都市の発掘とか、多神教を擁していた大文明の発掘がなされている。

ある場所に何人かの祈禱者がいて、その場所に向かって何らかの欲望や願望を集中したりすると、電気的な渦巻が生じそれが一つの力を引きつけることになる。その力は一時的ではあるが確固たる集合体となって人間がそれを感じたり使ったりし得るほどのものになる。社《やしろ》とか寺院、そして後世には教会が建立《こんりゅう》されることになったのは、そのような力の集合体の周りになのである。これらの建築物は、それぞれの場所に向けて宇宙から降り注いでくるものを受け取る、云わば盃である。

この種の様々な問題について教えてくれるものは殆どないありさまであるから、ここで一つ**余り知られていないかなり原始的な心霊的中心部**がもたらす危険の数々について述べるのもよかろう。危険があること自体はドルイドもローマ人も気づいていた。だからこそ彼らは祭壇を作り森林の住人たちに生贄を捧げたのである。これは供祭行為である。こちらが与えなければ、相手が取り上げてしまう。そしてその相手が取り上げるものとは、生憎《あいにく》こちらが手放すわけにはゆかないもの、つまり生命力なのである。彼らは人間に近づき、人間と付き合ってその振動率に同調しようとするが、それは人間の中に不死という彼らの願望が宿っていると言われているためである。

「この檻《おり》のものならぬ他《ほか》の羊」たちを助けてやりたいと思うのならば、我々は彼らの要求するものを理解したいと願うことにより、そして後の世の高邁な理想について知らせてやることにより彼らを助けることができるのである。またそうすれば、生贄は我々の健康と正気を損なわないもので済むことにもなるわけである。

だがしかし、忘れてはならぬことがある。彼らは随分昔の原始的な種族であり、住む世界も違えば、規則も我々のとは違っている。だから彼らと遭遇することによって、我々は心身ともに重症を負うことにもなりかねないのである。なんと言っても、我々とは殆ど何も彼《か》もが違っている者たちの凄まじい衝撃の矢面に立てるような具合に我々の体は変わってくれはしないのだから。

妖精との結婚なるものがあると言われているが、しかしこれは振動率の同じもの同士間でのみ可能であって、それとても理解し合って一緒になるのでなければ、悲嘆の涙に暮れるのが一般である。

牧羊神《パン》とその仲間はまだ我々にも見たり聞いたりできるのだが、彼らとの出会いにしても、物語などを読んでその気になっていたらそれとは大違い、それ程壮麗な出会いでは決してない。それどころか、不愉快でぞっとする場合が普通で、とても勧められるべきものでも、望むべきものでもないのである。我々はこの未知の領域へと心も軽《かろ》やかに入り込んで行くことはできるかも知れないが、そこから抜け出すとか、不快な拘束から逃《のが》れるという段になると、それは容易ならざることで、必要とあらばいつでも助太刀が身近にいてくれるというわけにはゆかない。

黒魔術
(*Black Magic*)

黒魔術は普通の人間なら研究したり追究したりしようとは思わないものであるが、また身にふりかかる恐れのある病変ないし異常を考慮せずに隠秘学の技術的方法を研究することは殆ど不可能でもあり、勧められるものでもない。隠秘学に向けられている一般大衆の注意関心は、多くの場合、その黒い側面に限られている。黒魔術の啓示は、日常的事件に対して向けられるのと同じ種類の注意力をいつでも喚起させることができるのである。しかしながら、隠秘学の知識を多少なりとも心得ている人ならば誰でも、似而非魔術師が本当の悪魔に触れることなぞ無理な話であるくらいは、すぐに思い浮かぶことであろう。ちょうど動物たちが屠殺場であることに勘づくのと同じように、悪を感じとることはできても、彼らには自分たちの記録している事実の意味を理解することもできなければ、また参列者が何故そんなことをしているのかを理解することもできないのである。

黒魔術の技法は、白魔術の場合と何ら異なるところはない。全く同じ原理に則《のっと》って行なわれ、同じ方法が用いられ、精神集中の訓練法も同じことが必要とされる。違っているのは術者の態度と、用いる象徴表現、そしてその象徴によって引き起こされる力である。これは、言ってみれば交響楽団の指揮者にも、ジャズ・バンドの指揮者にも同じ音楽教育が必要なのと同じことである。ある象徴表現と力は黒魔術の領域のものだと言う時にさえ、我々は遠慮がちに言わねばならない。というのも、ちょうど外科医が時には大変な危険をおかすことがあるように、それらの象徴が全く正当に使われ、その力も全く正当に呼び起こされたものかも知れないからである。しかし、それらの魔術の方法のうちのどれかが、もし観衆に見せられたならば、その場合にはためらわずに黒であると分類できるとは断言してもよかろう。何故なら、その魔術は、何かの役に立とうと言うわけでもなくそこにいる傍観者の卑しい本能を必ずや駆り立てるからである。またこれは文明人の間では場違いなものであり——もっとも原始人の間では十分無害なものだが——下品な扇情主義を目的として行なわれているものではあるが、そういう類《たぐい》の性魔術や血の魔術の技法もある。故意による悪霊の呼び出しもその仲間に加えねばならない。これは通常、復讐を目的として行なわれるのみである。ところが、生来残酷な性質をもっている人間がいる。彼らは復讐のために容易に悪霊を呼び出してしまう。そして、その作用の如何なるかを体験するや、魔術のための魔術を好むようになり、そこから得られるスリルを求める残虐鬼へと身をおとしめるようになるのである。人間の性質の中に潜《ひそ》むこの妙な特質は、一般に考えられているよりもずっとよく見かけられるもので、心理学者がサディズムの名のもとに認識しているものであるが、この特徴にもし我々が気づかないのならば、我々は黒魔術のある種の側面を理解できないことになろう。何故なら、その側面の鍵は、サディズムにこそ求められるべきものだからである。

本質的に黒魔術的なものではなくとも、ある原始的な型の力を呼び出す行為は、極めて腐敗的なものになりやすく、だから、実験室のように設備の整った情況のもとで熟練した熱心な術者によってのみ行なわれるべきである。この行為は、どの導師にとっても重要な訓練の一部となっている。というのは、宇宙的力が呼び出されると、その力は必ず組《ペア》になって現われ、等しいと同時に正反対でもある作用と反作用をともなっているからである。しかし、術者は不均衡な面ないしクリフォト（クリポト）的面だけを呼び出そうとは夢にも思いはしない。それはあまりにも危険な作業だからである。実践的な目的のために、四大精霊を扱う場合には、例えば獅子頭をした女神セクメトのようなカーリー（ヒンズー教で、死と破壊の女神。シヴァの配偶神）のお気に召す高尚な姿をしている時に扱わねばならない。だが、その力の粗野な姿を隠秘学者は理解していなければいけない。さもなければ、隠秘学者はその力とひと悶着おこすことにあるであろう。

隠秘学を真剣に研究する者は、こういう事情をわきまえておかねばならない。また隠秘学の研究をしているからと言って、「黒」だと決めつけるべきではない。それどころか、もし隠秘学を研究しないのであれば、それは浅薄な研究者ということになろう。ところが、黒魔術を人前で演じたり、衆目にさらす者たちは間違いなく非難されなくてはいけない。何故なら専門家でもない人間がこのようなことを知るのは不要であるし、普通の人にとっては、そんなことを知らないでいた方が身のためだからである。魔術のことをあれこれと考えていると、魔術と接触することになりかねないし、また魔術を扱う際に秘儀参入者がする予防策を講じなければ、悪影響をこうむることにもなりかねない。

魔術を白魔術と黒魔術に明確な線でもって分けることは不可能である。全く無知なためにあるいは刺戟が好きなために、世人が行なう灰色魔術とも言うべきものもある。従って我々は灰色のものも認めねばならない。こちらの方は、白ないし黒のものよりもずっと沢山存在しているのだが、これに関して一つ言っておかねばならないことがある。つまり、白は飽くまで白であるが、灰色が黒へと徐々に変化していくのは程度の問題だとも言えるのである。さてどんな種類の魔術に対しても使える厳密な検査方法が一つある。つまり、白魔術の場合は、十分に宇宙の法則を考慮に入れて常に術が定められ、実行される。霊的原理が何であろうとお構いなしに、宇宙の法則を考えずに勝手なやり方で行なわれるのが灰色に分類される。さらに、宇宙の法則に故意に反抗する術が黒と分類されるのである。

それでは例を挙げて明らかにしよう。現代生活の精神的食事には、精神的な意味でのビタミンが不足していると気づいて、古代の異教の神々の霊感に頼る人たちがいる。この場合、アフロディア・アナデュオメネとアフロディテ・コテュトとは別のものであることに気づいてさえいるならば、黒魔術にはならない。事実、これは現代人の精神にとっては、この上ない有益な治療薬となっている。またこれは、我々が知らず識らずのうちに、絶えず少しずつ服用しているものでもある。というのも、実に数多くの美術や詩が古典から霊感を抽き出しているからである。この術を、狭量な者なら黒魔術と呼ぶかもしれないが、いやしくも人生への洞察力や心理学の知識をもちあわせている人なら誰もそんなふうには思わないであろう。

一方、見境なく心霊学や予言や心霊研究などの類《たぐい》をちょっとかじってみることなどは、我々の定義では灰色に分類される。その理由は、個人的な欲望しか考えていないということと、実際に自分が行なっていることの霊的特質が何であるか自らに問うことがないということである。灰色魔術からは明らかな悪はすぐに現われてきそうにもなく、それどころか、目立って姿を見せるのは、山ほどのまことしやかな信心深さ、つまり現在行なっていることを祝福して下さるようにと神に訴えはするが、それが神自身の意志によるものかどうかについては神に決して訊かないような信心深さなのである。そしてそこで行なわれている事は罪のない楽しみ、あるいは精神を物質主義の世界から引き離そうと活発に働きかけ、信仰を強めさえすることが当然のこととされている。その影響については考えられてはいないが、経験から広範囲に及ぶことが分っている。またその影響は必ずしも生まれながらにして健全な性格の持ち主である人間を道徳的に堕落させるわけではないが——我々はしょっちゅう襲ってくるその堕落的変化を彼らから追い払わねばならない——確かに精神の性質、殊に論理的能力と判断力の性質を著しく低下させてしまう。どんなやり方にしろ、見境なく心霊主義や超自然現象にちょっかいを出すのは断じて好ましからざることだと私は思うし、またそれは真面目な仕事として没頭している人には相応しくないものである。

魔術的身体
(*A Magical Body*)

「ホーヴェンディル」なる想像上の人物に自らを仕立てて心気昂然たる冒険を楽しむ退屈で平凡なフェリックス・ケ

ナストンという男についての物語（キャベルを一躍有名にした小説『ジャーゲン』（一九一九）のこと）が、ジェイムズ・ブランチ・キャベル（一八七九〜一九五八。アメリカの作家）にある。この手のお遊びは子供の場合にはありふれたものだが、やがて我々の周りには獄舎の闇が押し寄せ、すばらしい体験と実験ができた畑は、実のり始めるようになると姿を消してしまうのである。

精神が錯乱状態になって、精神を支えている大梁《おおはり》がゆるむと、創造的想像力は我々を破滅させるような奇妙なものを作り出してしまう。それは太古の昔の亡霊となって我々を脅《おびや》かすかもしれぬし、また現実を省みない快楽主義者へとおとしめるかもしれぬ。意識の中心部がなおしっかりしていて抑制力を失わずにいれば、精神内のその破壊的要素は服従させられて、芸術という創造的なものに姿を変えられるだろう。そうなれば、その破壊的要素はすっかり洗練され様式化されてしまうので、神話とか伝説の昔ながらの材料に影響を及ぼしている時を別にすれば、ほとんど、元の内容は見分けられなくなる。我々は神話と伝説というこの連結点により、芸術家の創造的想像力と、神話を術式として用いる導師の技巧との間の関係を明らかにすることができる。両者は共に、識閾下の精神の同じレヴェルのところを動かそうとしているし、また両者は互いに相手の何かしら一部を自らの裡《うち》に備えてもいる。ことによると、芸術と魔法の中にある創造力の度合は、一方の中に他方がどの程度入っているかの割合で決まるのかもしれない。

導師が持っている様々な技術の中には、ちょうど先述のアメリカ作家キャベルが、あの退屈な主人公に「ホーヴェンディル」なる想像上の人物の姿を取らせて、させたのと同じような経験の媒体を自ら作り出すという技法がある。夢想のようなものを材料として作られたその道具を用意して、我々は星幽界の夢の世界へと入り込み、その中で我々の識閾下の生活を劇的に演ずることができるのである。これが精神衛生上良いことなのか悪いことなのかは、そこへ我々が持ち込む良識の度合次第で決まる。現実から幻想への逃避は危険な心理学的策略かもしれないが、現実からちょっとお休みするのは、補償作用とか休息ということになって、大いに勧められるべきことであるかもしれない。

しかし、もしもその内的世界が、この世界の因果関係を掌《つかさど》る世界であったならば、その種の冒険がもたらす影響は広範囲に亙るものとなろう。というのは、そうなると我々はあらゆる種類の妙《たえ》なる影響力を始動させ、その影響力はどんどん輪を拡げて行って、遂には我々の時間と空間の領域にまで到達することになるかもしれないからである。その冒険は軽蔑すべきものではないし、忍耐強く続ける大胆な実験はその努力と危険――危険があればの話だが――に十分価するだけの成果をあげてくれるかもしれない。私個人としては、その行動の心理を理解している均衡のとれた性格の持ち主にとっては、殆どあるいは全く危険はないと思っている。事実、創造的想像力に身をゆだねてする他のどんな仕事にも付き物の危険と同じ程度の危険しかないのである。下手な建築家の上に家が倒れてくるかもしれないし、無能な技師の足許《もと》で橋が崩れるかもしれない。それに、人間の才能の産物はほかのどんなものであれ、もしそれが本来爆発すべき性質をもっているのならば、その創り主を吹き飛ばし殺してしまうであろう。しかし、だからと言って、人間の努力を要する正当な分野となるには危険が大きすぎるとして、科学技術の粋《すい》を放棄しはすまい。

そこで、そういう実験に関して注意すべきことがある。その作業はまだ始まったばかりの段階にあるので、実験は仮りのものではあるけれども、異常な人間だけでなく正常な人間の精神の不明瞭な面に解明の光を投ずるのに役立つことになるかもしれない。

私は夜ホーヴェンディルの体を借りて出て行く方法に永年通じてはいたけれども、「魔法名」をもらうまでは、うまくそれを実行することはかなわなかった。師から与えられたにしろ自分で見つけ出したにしろ、魔法名はホーヴェンディルの体を形成する過程上、ある重要な要素となるようである。真珠が形成される際に、僅かばかりの砂粒が果たすのと同じような役割を、その名前は果たすようである。魔法名を用いる時の心理については、今ここですぐに私が述べられないほど、もっと研究する必要がある。その用途は伝統的なもので、その有効性は私が実践して証明したとだけ言うにとどめておこう。活発な想像力の持ち主が大体そうであるように、私も空想力の飛翔に夢中になることを知らぬわけではない。飛翔中は、私自身がロマンチックな冒険の中心人物である。また小説家が殆どそうであるように、私は自分自身の一部を登場人物の中に注いできた。だが、魔術的な人格によって創られるものはそれとは別物なのである。何故なら、もしそれが何がしかの価値をもっているとするなら、それはどうみても我々自身よりも大きなものでなければならないからである。どうして、あるものの一部が、それを生み出した全体よりも大きいことなどあろうか。

問題は、人類の進化の歴史を溯って、知性がまだ原初段階にある意識の面を抹殺していない時へとたどって行くことにより、そして今日の精神を、識閾下の活動を導くために活用することによって解決されよう。実はこれは、精神病質者の場合を裏返しにした方法なのである。精神病質者の場合は、上昇してきて意識的精神へと押し寄せてきて、意識の中核の王座を強奪するのは原初的段階の意識なのである。

魔法名の使用は、過去へと溯って行き永い間成長を必要としなくなってしまっていた意識のある面を再び覚醒させる過程と何らかの関係をもっているのかもしれない。原始的な名前は、擬音ないしは説明的言語でできている。だから魔法名の野蛮な音節は、遙か彼方をさまよい歩く魂の中の記憶を甦らせる働きがあるのかもしれない。退化の際に折りたたまれなかったものを、進化の過程で拡げることは我々にはできない。どんな場合であれ、何かが姿を現わすためには、その前に準備段階がなくてはならないことを我々は忘れているのである。人間精神の高次元の力を発揮させるために犠牲にされねばならなかった力を我々は進化の初期の段階にある時には持っていた。もし、これらの力を持ち続けながら、失われた秘密を恢復することができるならば、我々はホーヴェンディル的意識を作り出す方法を持つことになる。そしてこの意識はその創造主の限界を超越することになろう。というのは、我々は過去を現在につけ加えてしまったのだから。あるいは、別の言い方がよろしければ、普通は潜在意識が占めている領域にまで意識を拡大してしまったからである。

私自身が行なった体験では、自分に向かって魔法名をとなえると、自分が、一つの理想化された姿の中にいるような気がしてきた。その姿は、体型《タイプ》は違わないが、規模《スケール》が途方もなく大きく、超人的ではあるが、それでも自分自身であると分かった。ちょうど、実物よりも大きな立像でも実物によく似ているのと同じようなものである。ひとたび分かってしまえば、思いのままにこの理想化された形の私の肉体と性格を再び想像することができたけれども、**自分**

の魔法名を口にしなければ、自分をそれと同一視することはできなかった。それが自分であると断言するや、たちまちにして同化がおこるのである。こうして目に見えるようになった姿へと意識は移動して行き、私は**裸のまま**夢の世界へと踏みこんで行った。古代の彫像さながらの裸の状態で、少しばかり想像力を働かせると、私は自分が演じたいと思う役を象徴している何でも好きな長服《ローブ》でも掛け布《ドラペリー》でも身につけることができた。

星幽界《アストラル》にあった人間性が弧を描いて退行して物質に浸っている間に潜在意識は形成されたのである。そして今もなお潜在意識は星幽的精神作用をとどめている。その作用は、感情的価値とか映像といった形であらわれる。基本的な意識の作用を理解し、その真価を十分に認めるためには、潜在意識の作用を理解せねばならないし、また同じく、我我が星幽界で活動できるようになるには、潜在意識のレヴェルの精神に接近する方法を恢復せねばならない。だからこそ、いつでも星幽界の印象が主観的潜在意識の様々な要素によって大きく乱されているのである。文明社会に住む普通の人間の潜在意識は大方、主観的になっているのだが、原始的民族の場合は概《おお》ね客観的で、つまりは、星幽界の環境を意識しているのである。また、だから原始的な民族の間では魔術が広く行なわれているのである。なにしろ彼らは生来の魔術師なのだから。隠秘学者は訓練をしているうちに識閾を再び潜在意識にまで拡げられるようになる。しかし、原始的人間の場合、その精神活動は潜在意識のところでおしまいになったのだけれども、進化を遂げた人間の場合は、精神のもつ諸々の力が、色々なレヴェルの世界へともどって来て、潜在意識のもつ星幽的機能の果す作用よりも優勢になってしまうのである。

しかしながら、星幽界への参入ということが意味するものは、心霊能力の開発利用ということにとどまらない。星幽界はエーテル・エネルギーの大貯蔵庫を管理する世界であり、我々が星幽界へ入る権利を獲得することになれば、同時に物質界のエーテル二次界へ入る権利とそこを管理する力をも獲得できるのである。そしてこれらの二次的世界からこそ、肉体の活力は生まれて来ているのであり、またそれらの天然の大貯蔵庫と接触することによってこそ、特異な磁性をものにできるのである。その磁性は、数々の基本となる接触を果している人たちに顕著である。

「緑の光線」との接触は、「ケルト人の秘儀伝授」の名で言及されることもある。ギリシア人とドルイドたちが行なった儀式は「上層星幽界」のものとされ、アッカド（バビロニア地方の古代都市）とバビロンの恐ろしい神々を目撃したもっと昔の時代の儀式である「下層星幽界」の儀式とは区別対照されていた。美術をもったギリシア人と音楽と踊りをもったケルト人は、「緑の光線」の真の秘儀参入者であった。星幽界と接触していた影響は今日でもなおケルト民族の気質の中に明瞭に見ることができる。

「緑の光線」は本質的には芸術家の光線である。何故なら、芸術の創造的要因となっているのは潜在意識、即ち星幽的精神だからである。そしてこの精神作用の割合に従って、霊感《インスピレーション》の程度が決まる。技巧というものは、意識的な精神の作り出すものであるが、真の創造的な芸術的衝動というものは、その民族の古代の星幽的精神から生まれるものであり、識閾下に潜んでいるものである。手と目を訓練することにより非常に苦労して身につけた技巧がなければ、創造的な星幽的衝動の出現もあり得ない。だが星幽界との接触を果しておきながらそれを物質界の形態へと変形できない人たちが実に大勢いる。彼らは物質界から抜け出て星幽界へと入りこんでしまう傾向がある。我々は彼の中に、精神的不安定の状態に向かうあの極端な芸術的気質を見ることができるのである。

同様に、ある種の狂気とか、純粋に肉体に原因があるいくつかの狂気の徴候といったものの中には、星幽界に関する我々の知識を頼りに説明してしまえるものもある。ちょうど星幽界を知覚できるようにと人為的に心霊的中心部を開いてくれる種類のハシッシの薬物があるように、それと同じように作用してくれる有毒な血液の状態というものもある。精神異常者の抱く幻覚は多くの場合この血液の状態によって説明される。彼らは実際に病的な心的過程を体験しているのであり、自分の周りに星幽界の住人がいるのが見え、また彼ら自身の霊気《オーラ》を満たしている彼ら自身の思考形態も見えるのである。心理学はこの最後の現象を十分に申し分なく説明してくれるけれども、その前の方の現象を理解していない。そこで満足できる説明が可能な方の現象とつじつまを合わせるために、こじつけの説明に訴えるわけである。狂気を扱う心理学は心霊体験の現象の多くに解明の光を投ずることができる。私は軽蔑してこんなことを言ってるわけではない。そうではなく、それが紛れもない真実だから言ってるのである。というのも狂気が生む幻覚は、現代科学により解明されてきている一種の星幽的現象だからである。

ほかの多くの点についても科学による解明が待たれている。そして科学、殊に人間の精神と肉体の両面の性格を取り扱う科学が、星幽的影響力の機能と性質を理解するようになれば、大きく飛躍して、科学的発見の新時代が開かれることになろう。現在のところはまだちょうど一滴の水がビーカーの口にぶらさがってるみたいに、我々はその理解を目前にしてうろついているところなのである。重力が毛管引力に打ち勝った時、流れが始まるであろう。そして目に見えぬ測定不可能な現実を理解した時に、科学的発見と治療の新時代の幕開けとなろう。この理解の欠如こそが、現在科学の妨げをしているのであり、癌および内分泌物の研究のような方面の研究を不成功に終わらせているのであるが、癌も内泌分物も隠秘学者が知っているとおり、ともに星幽界と密接に関係あるものなのである。

ヘルメス的接触もキリスト教的接触もどちらも選択できるのに何故隠秘学の真面目な研究者（秘教儀式には真面目な者しか必要ないが）は現在「緑の光線」の接触を追求するのかという疑問がここで出てくるのはもっともなことであろう。ヘルメス学徒は秘儀伝授を完遂するためにその接触を求めているのであり、それによって彼は諸々の力を物質界にまで引きおろして物質界にその力が現われるようにするのである。彼が秘儀を伝授された療法士でもあるならば、特にこの接触は彼にとって重要である。それというのも、病気に到る過程および恢復する過程は星幽的状態と密接にかかわっているからである。星幽的状態は意識には直接的に影響を与え、肉体にはエーテル界にあるその人の分身《ダブル》に影響を与えることによって間接的に影響を与える。従って、秘儀伝授を受けた療法士は必然として星幽界との接触をもたねばならないのである。

解説

江口之隆

本書『心霊的自己防衛』の著者は本名をヴァイオレット・メアリー・ファースという。彼女はヨークシャー出身の孤児であり、後にファース家に引き取られて成長している。この養父母ファース夫妻が共に熱心なクリスチャン・サイエンス信奉者であったことが果たして少女ヴァイオレットにとって幸運であったのかどうか、これは誰にも判らない。クリスチャン・サイエンスを否応なしのバック・グラウンドとしたヴァイオレットは、続いて心霊主義から神智学へとオカルト路線を歩むこととなった。

二十歳のヴァイオレットが隠秘学と心理学にいよいよ傾倒する契機となった事件は本書の序章に記された通りである。強烈な個性を有する女上司との衝突によって、その後数年間を半病人として送っていたヴァイオレットを救ったのが、旧『黄金の夜明け』団アメン・ラーテンプルのプレモンストレーター、5＝6セオリカス・アデプタス・マイナーのJ・W・ブロディ＝インズであった。

ヴァイオレットはブロディ＝インズ率いるA∴O∴No・2の新参者として、*Deo Nhn Fortuna*〈不幸の女神〉という魔法名を名乗っている。〈不幸の女神〉——魔法名としては何とも縁起の悪い感じを受けるが、大体の話、魔法名にはいいかげんなものや意味不明のものが多いのである。旧イシス・ウラニアの5＝6パメラ・カーデン・ブロックの魔法名 *Shember* は意味不明であるし、ホルステンプル所属のミニー・コンスタンス・ラングリッジの魔法名は野放図にも〈ケ・セラ・セラ〉であった。

ヴァイオレットはブロディ＝インズの下で健康を回復し、一九一九年にはロンドンへ出てロンドン大学でフロイト心理学を修めることになった。このため彼女はA∴O∴No・2の系並組織であるロンドンのA∴O∴No・3に移籍している。この組織の首領は他ならぬモイナ・マグレガー・メイザース、6＝5アデプタス・メジャーであった。

一九二二年、フロイト心理学で知識武装したヴァイオレットは、いよいよペンを持って社会にうって出ることになった。筆名は魔法名をもじった〝ダイアン・フォーチュン〟である。ここに初めて魔術作家フォーチュンが世に登場する。

一度ペンを握るやダイアン・フォーチュンの精力的活動は世人の耳目を集めるには充分すぎるものであったが、同時に組織の首領の反感を買うにも充分であった。フォーチュンが『オカルト・レヴュー』誌等に次々と発表した記事の内容がA∴O∴の秘密保持路線に抵触したため、ついに彼女はトラブルに巻き込まれたのである。早い話が、フォーチュンとモイナ・マグレガー・メイザースの〈女の戦い〉であった。

フォーチュン対モイナの争いの原因は『オカルト・レヴュー』誌上の秘密暴露事件よりも前から存在していた。一九二〇年頃からフォーチュンは現在『コスミック・ドクトリン』と呼ばれる一連の霊界通信文書を星幽《アストラル》界の〈師《マスター》〉から受け取っており、この文書の魔術的正統性をめぐって首領モイナと冷戦状態に入っていたのである。そこに秘密暴露事件が生じたため、両者の仲は完全に決裂してしまった。A∴O∴及びモイナと訣別したフォーチュンは一九二二年に『内光協会』を創立、以後数々の著作を発表している。彼女の全作品は次の如く分類される。

Ⅰ　〈魔術的著作〉

○『愛と結婚の秘教哲学』Esoteric Philosophy of Love and Marriage.
○『健全なる隠秘学』Sane Occultism.
○『秘教結社とその仕事』Esoteric Orders and Their Work.
○『参入者の修行と仕事』Training and Work of an Initiate.
○『日常生活に於ける実践的隠秘学』Practical Occultism in Daily Life.
○『心霊的自己防衛』Psychic Self-Defence.

○『神秘的カバラ』The Mystical Qabalah.

Ⅱ・〈心理学的著作〉

○『純潔の問題』（ヴァイオレット・メアリー・ファース名儀）The Problem of Purity.

○『精神の機構』（同右）The Machinery of the Mind.

○『召使い問題の心理学』（同右）Psychology of the Servant Problem.

Ⅲ・〈心霊術的著作〉

○『隠秘科学に照らしてみた心霊術』Spiritualism in the Light of Occult Science.

○『死の門を通って』Through the Gates of Death.

Ⅳ・〈神秘主義的著作〉

○『コスミック・ドクトリン』The Cosmic Doctrine.

○『心のアヴァロン』Avalon of the Heart.

○『集禱の神秘瞑想』Mystical Meditations on the Collects.

Ⅴ・〈ジャーナリズム的著作〉

○『応用魔術』Applied Magic.

○『隠秘学諸相』Aspects of Occultism.

Ⅵ・〈小説〉

○『タヴナー博士の秘密』The Secrets of Dr. Taverner.
○『あの人は悪魔』The Demon Lover.
○『翼牛』The Winged Bull.
○『山羊足の神』The Goat-foot God.
○『海の女司祭』The Sea Priestess.
○『月の魔術』Moon Magic.

Ⅶ・〈その他〉

○『すみれ』（詩集）Violet.
○『ソーヤ豆』（食事療法）The Soya Bean.

* * *

本書『心霊的自己防衛』はフォーチュンの著作数ある中で最もサービス精神に富んだ、一般向けするものと言えよう。専門的な医学・心理学的知識を駆使し、謎めく内的世界を案内しながらもユーモア精神を失うことのない作風はフォーチュンの独壇場である。本書は彼女自身の自伝的要素及び当時の英国魔術界の様子を語り、興味の種は尽きない。

『心霊的自己防衛』をより楽しく読む方法として、人物推理がある。本文中にアルファベットで表されている人物が誰であるかを推理するのであるが、このゲームにはかなりの近代英国魔術史（殊に『黄金の夜明け』系中心）の知識が要求されるので、余り一般受けしないかも知れない。ともあれ、推理の一例を紹介する。

人物当ての容易にして代表的な例は、第三章、四章、五章に登場する導師《アデプト》Zの正体に関することである。Zは大変な魔術的実力の持ち主であり、またフォーチュンの最初の〈師〉とされているから、これがブロディ＝インズを指すことは明々白々である。傍証としては、ブロディ＝インズの小説『魔女の魂のために』中に、本書第三章に記された戸口に五芒星形を描いて魔女の活動を妨げる術と同種の技法が述べられていることが挙がる。（コリン・ウィルソンはその著書『オカルト』において、本書第四章のエレメンタル的狼の件を引用し、フォーチュンが助言を求めた〈師〉の素性を「それがクロウリーであることは殆んど確か」と付け加えている。ウィルソンは何を血迷ったのだろうか？）ちなみにブロディ＝インズは魔術技法数ある中で最も困難な〈追儺〉に長けており、旧『黄金の夜明け』団セカンド・オーダー用回覧文書『飛翔する巻物』第三十四巻において、その実行体験を記している。

本書第十四章に記されている黒猫を使うフォーチュンの〈敵〉は、どう見てもモイナ・マグレガー・メイザースであるが、章末に記されたフォルナリオ嬢変死事件の魔術的犯人すらモイナであるというフォーチュンの暗示に疑念を抱く人は多い。フォーチュンは死体に引っ掻き傷があったと主張するが、裸で磯場をうろつけばそんなものいくらでも生じる。そして、大体の話、モイナはフォルナリオ事件の二年前に死亡しているのである。

＊　＊　＊

『内光協会』を組織して一人立ちしたフォーチュンは一九二八年頃に医師ペンリー・エヴァンズと結婚、その後の年月を著作と講演に精力的に費している。『内光協会』は彼女の手で本格的通信教育制を有する現代的結社に変身、これゆえにフォーチュンは営業ペースに乗った魔術結社の創始者とも言える。

一九三〇年代はフォーチュンにとって教義面での新時代となっている。若き日のフロイト心理学研究や『愛と結婚の秘教哲学』によって性の問題を考えていた彼女であったが、一九三五年に『黄金の夜明け』系カバラ著作の華『神秘的カバラ』を完成させてから、再び性という難解な命題に挑戦することとなった。フォーチュンの後期魔法小説『翼牛』、『山羊足の神』、『海の女司祭』、『月の魔術』は共に古代異教信仰と性をテーマとしたものであり、やや錯乱気味の『月の魔術』を除けば、どれもエンタティンメント的要素すら有する面白い作品である。

古代異教信仰と性——この二主題に関してはフォーチュンよりも遙かに深く追求していた同時代人《コンテンポラリー》がいた。これぞ誰あろうエリファス・レヴィの生まれ変わりであるアレイスター・クロウリーである。（どうでもよいことであるが、フォーチュンがブラヴァツキー夫人の生まれ変わりを自称しなかったことは私には不思議に思われてならない。）

ダイアン・フォーチュンとアレイスター・クロウリー、この両者が何時頃から接触を保っていたかは判明しないが、遅くとも一九三六年以降の関係は否定出来ないところであろう。フォーチュンとクロウリーは各々別の角度から性の問題を追求し、結局共通の回答を古代異教信仰の内に見出している。両名は各々黒魔術と白魔術の代表格のように思われているが、実は一枚のコインの裏と表だったのであり、両名の差異は世渡りの上手下手だけであったとも言えよう。

ダイアン・フォーチュン——一九四六年口腔内外傷に起因する敗血症のため急死。享年五十五歳。

* * *

ダイアン・フォーチュンと彼女の『内光協会』に関して、より詳しくは本大全第一巻『黄金の夜明け』の該当部分を参照して貰いたい。本書『心霊的自己防衛』は後年無数の類似品を生むことになる名作であり、読者が初めてフォーチュンを知る上で最適の作品と思われる。その昔、少年の身で生意気にも本書を読もうと苦労していた私は、こうして今、日本語版の解説を拙い文章で記していることに深い感慨を覚えるのである。

本書は、一九八三年四月、〈世界魔法大全〉第四巻として刊行された。

心霊的自己防衛

一九八三年四月三十日初版第一刷発行
二〇〇八年十一月二十日新装版第一刷発行
二〇一九年八月二十日新装版第二刷発行

著者――ダイアン・フォーチュン
訳者――大島有子
発行者――佐藤今朝夫
発行所――株式会社国書刊行会
〒一七四-〇〇五六　東京都板橋区志村一-一三-一五　https://www.kokusho.co.jp
電話〇三-五九七〇-七四二一　ＦＡＸ〇三-五九七〇-七四二七
装丁――山田英春
印刷所――株式会社エーヴィスシステムズ
製本所――株式会社ブックアート
ISBN――978-4-336-05090-8
●――落丁本・乱丁本はおとりかえします。

訳者紹介
大島有子（おおしま　ありす）
一九五五年生。
英米文学専攻（アメリカ詩）。

現代魔術大系2
魂の旅路　**パスワーキングの歴史と技法**
ドロレス・アッシュクロフト＝ノーウィッキ／松田和也訳
Ａ５判／三五二頁／四二〇〇円

多くの魔術結社が耽溺している魔術技法〈パスワーキング〉について、その歴史、文化的バックグラウンド、心理学的側面、秘教的理論面、そして実践の具体的な指導までを網羅した類書のない体系的著作。

現代魔術大系3
輝ける小径　**パスワーキングの実践**
ドロレス・アッシュクロフト＝ノーウィッキ／高橋佳代子訳
Ａ５判／三五二頁／四六〇〇円

魔術結社〈光の侍従〉が魔術の訓練用に作成したパスワーキング・シナリオとその解説。カバラの〈生命の木〉の三十二の小径ひとつひとつに独立したシナリオを当てはめながら、カバラの理論を現実的に体験できる。

現代魔術大系4
カバラ魔術の実践
ウィリアム・ジョージ・グレイ／葛原賢二訳
Ａ５判／四五〇頁／四六六〇円

本書は〈聖盃の血盟〉四部作の一冊であり、多数の魔術関係の出版物を著したグレイの著作のなかでも異色の書。カバラの実践修行を体系的に解説した、西欧魔術の訓練には欠かすことのできないバイブルである。

現代魔術大系6
ＱＢＬ　**カバラの花嫁**
フラター・エイカド／松田和也訳
Ａ５判／二一〇頁／三四九五円

クロウリーの愛弟子で、異彩を放つ天才的魔術師エイカドの代表作。ヘブル文字を中心に展開する伝統的なカバラに立脚しながらも、ホルスのアイオーンに終着するエイカドの信仰告白の文書でもある。

税別価格。価格は改定することがあります。

中世絵師たちのタロット

オズヴァルド・ヴィルト／今野喜和人訳
A5判／三七〇頁／四八〇〇円

ガイタの慫慂によりヴィルト自らが制作したタロットの意味を解き明かした歴史的名著の邦訳。序文＝ロジェ・カイヨワ。「タロット教義の源流を辿る貴重な宝の書がついに姿を現した！」（鏡リュウジ氏）

タロットの宇宙

アレハンドロ・ホドロフスキー／マリアンヌ・コスタ／伊泉龍一監修／黒岩卓訳
菊判変型／六八〇頁／六八〇〇円

カルト映画界の鬼才による、半世紀にわたるタロット研究の集大成。基礎的な諸要素に加え、解釈を深めインスピレーションを高める方法、リーディングの実例など、入門者から熟練者まで必携の大全。

四柱推命大鑑

御堂龍児
A5判／四六〇頁／三八〇〇円

陰陽五行説に基づき、人の運命と吉凶を探る中国の占術、四柱推命。古代より信頼度の高い占術として知られるその理論を、現代日本での実用向けに要点を絞り、明解かつ詳細に解説する。

七政四余　最高度の占星術

判田格
A5判／三四六頁／四〇〇〇円

四柱推命や紫微斗数の源流でありながら、その難解さゆえに真伝が途絶え、歴史の暗闇の奥に埋没していた占いの帝王にして幻の運命学が遂に復活。中国原本・張果星宗の占法を解明した待望の真伝実践書。

税別価格。価格は改定することがあります。

ヴェールを脱いだカバラ

S・L・マグレガー・メイザース／判田格訳

Ａ５判／四〇四頁／四二〇〇円

あまたあるオカルト文献の中に、峻厳なる霊峰の如く屹立する超弩級重要文献『光輝の書《ゾハール》』——長らく翻訳不可能と言われてきた、オカルト史上に燦然と輝く不滅の金字塔がついにヴェールを脱ぐ！

魔術　理論と実践

アレイスター・クロウリー／島弘之他訳

Ａ５判／五八〇頁／五七〇〇円

二十世紀最大の魔術師〈獣６６６〉アレイスター・クロウリーの畢生の大著。〈魔術〉の秘奥の教理と教義を白日のもとに暴き出し、全世界に衝撃を与えた、驚天動地の歴史的名著。オカルティズムのバイブル。

神秘のカバラー

ダイアン・フォーチュン／大沼忠弘訳

四六判／四一六頁／三二五〇円

〈黄金の夜明け〉団で魔術を実践領域で復活させたフォーチュン女史。その研究の精華である本書は「生命の木」を詳しく解明し、実践カバラーのテキストとして多くの入門者に使われてきた古典的名著である。

霊的治療の解明

ハリー・エドワーズ／梅原伸太郎訳

四六判／三四四頁／二八〇〇円

「キリスト以来最大の霊的治療家」、「霊的治療家の最高峰」と讃えられるハリー・エドワーズが、不治の病に侵された患者たちを次々と救ってゆく奇跡の治療の数々についてみずから語った衝撃の記録。

税別価格。価格は改定することがあります。